Dialectical Behavior Therapy

辯證
行為治療
華人經驗的策略與技巧

五南圖書出版公司 印行

DBT

作者簡介

劉珣瑛

現職
馬偕紀念醫院精神醫學部資深主治醫師
馬偕醫學院醫學系教授

學歷
英國倫敦大學國王學院精神醫學研究所博士
中國醫學大學中醫學系學士

經歷
馬偕紀念醫院精神科主任
馬偕紀念醫院自殺防治中心主任
台灣身心關懷協會理事長
台灣兒童青少年精神醫學會理事
台灣自殺防治學會理事
台灣憂鬱症防治協會理事

吳書儀

現職
馬偕紀念醫院精神醫學部資深主治醫師
馬偕紀念醫院精神醫學部一般精神暨身心科主任

學歷
倫敦大學國王學院精神醫學研究所博士
高雄醫學大學學士後醫學系學士

經歷

馬偕紀念醫院精神科住院醫師、總醫師

馬偕醫學院醫學系助理教授、副教授

張依虹

現職

馬偕紀念醫院精神醫學部社會工作師

大學社工系實習督導與社福機構督導

教育部部定講師

大學兼任講師

專技高考社工師

心理衛生專科社工師

學歷

東吳大學社會工作研究所碩士

國立中興大學法商學院社會學系社會工作組學士

經歷

國軍北投醫院（現三軍總醫院北投分院）社會工作師

仁濟療養院社會工作師

林誼杰

現職

馬偕紀念醫院精神醫學部臨床心理師

學歷

中原大學心理學研究所臨床心理組碩士

經歷

馬偕醫護管理專科學校兼任講師

陳淑欽

現職

馬偕紀念醫院自殺防治中心臨床心理師

學歷

國立政治大學心理所碩士

國立臺大心理所臨床組博士班學生

經歷

輔仁大學臨床心理所兼任講師

馬偕醫護管理專科學校兼任講師

東區少年服務中心社工組長

周昕韻

現職

馬偕紀念醫院自殺防治中心諮商心理師

衛生福利部「醫事人員COVID-19心理健康支持方案」心理師

全台103年特消防人員災後心理創傷協助方案特約心理師

台北市一葉蘭喪偶家庭成長協會特約心理師

犯罪被害人保護協會特約心理師

衛生福利部建構問題性飲酒與酒癮者醫療及社會復健服務模式計畫特約心理師

臺北市政府衛生局委託民間團體辦理社區心理衛生分區服務實施計畫特約心理師

學歷

東吳大學心理所諮商組碩士

多倫多大學心理系學士

經歷

新北市八仙塵暴罹難者家屬的個別悲傷輔導特約心理師

台灣失落關懷與諮商協會秘書長

國立臺北護理健康大學生死與健康心理諮商系兼任講師

新北市衛生局自殺關懷訪視計畫關懷訪視員督導

亞東紀念醫院自殺防治中心諮商心理師

林承儒

現職

馬偕紀念醫院自殺防治中心主任

台北馬偕失智症照護中心主任

學歷

國立陽明交通大學衛生福利研究所博士候選人

澳洲Australian Institute for Suicide Research and Prevention, Griffith University research fellow

美國羅徹斯特大學自殺研究及預防中心進修

中國醫學大學中醫學系學士

經歷

馬偕紀念醫院精神科住院醫師

馬偕紀念醫院精神科主治醫師

張軽竑

現職

馬偕紀念醫院精神醫學部臨床心理師

政治大學、輔仁大學、中正大學、中山醫大、中原大學等心理研究所臨床
督導

臺北市百齡高級中學特約心理師

學歷

國立成功大學行為醫學研究所臨床心理組碩士

經歷

馬偕醫護管理專科學校兼任講師

新北市所屬國中小學特約心理師

馬偕醫護管理專科學校學輔中心兼任心理師

詹美玉

現職

馬偕紀念醫院精神醫學部臨床心理師

學歷

國立臺北護理健康大學生死與健康心理諮商系碩士

國立臺灣大學心理學系學士

經歷

國內各大學心理學研究所臨床督導

馬偕醫護管理專科學校兼任講師

台灣身心健康關懷協會理事、監事

新北市臨床心理師公會理事

林穎

現職

馬偕紀念醫院精神醫學部主治醫師

學歷

臺灣大學生醫電子與資訊所博士候選人

國立陽明大學醫學系學士

經歷

馬偕紀念醫院精神科住院醫師、總醫師

馬偕紀念醫院日間照護病房主任

史丹佛大學睡眠中心短期訪問學者

序言

我第一次接觸到DBT是在2006年5月美國自殺學會的年會。當我擔任馬偕紀念醫院精神科主任時期（2003～2009），正值臺灣自殺死亡率逐年上升達到最高峰，因此於2005年5月我與黃俊雄前院長暢談想在馬偕醫院成立自殺防治中心的理想與願景，期望能為臺灣的自殺防治貢獻一點力量。當下立即獲得黃前院長的大力支持，於2005年9月成立了臺灣第一個自殺防治中心，並訂出自殺防治中心的服務目標，包括建立自殺高風險個案的持續關懷與個案管理制度和自殺遺族的關懷等。在強調實證醫學的時代，深感自殺防治應立基於具備實證基礎的服務模式，因此，我於2006年帶著幾位年輕主治醫師們（方俊凱、林承儒與吳書儀）一起前往美國參訪自殺防治機構並參加美國自殺學會的年會，期望吸取國際經驗以發展馬偕自殺防治中心的服務模式。在該次年會中，Marsha Linehan教授有多場DBT演講與工作坊，這是我第一次接觸認識DBT。雖然只聆聽幾場次的演講，但我卻打從心底非常認同DBT的生物社會理論以及以行為改變結合認可接納的治療策略，因為這些理論基礎與治療模式跟我在兒童青少年精神醫學領域的兒童發展理論與介入處遇相當契合。最重要且令我為之振奮的是，DBT是針對自殺行為而設計的心理治療，且已有多個隨機分配有控制組的實證研究確認其療效！由於當時我還聽不太懂什麼是辯證策略，因此在會後向Marsha請益，討論中獲益良多也很受感動，企盼能將DBT的治療模式引進臺灣。

回到臺灣後隨即起而行，2006年9月組成了DBT讀書會小組並進行技巧訓練手冊的翻譯，同年11月起試辦技巧訓練團體（各八週的情緒調節團體、人際效能團體）由做中學。連續二年辦了幾梯次的技巧訓練團體，的

確看到自殺高危險個案在學習技巧後的進展，卻也深感諸多不足與困惑，決定正式拜師學藝。我原本規劃由讀書會核心成員中的吳書儀醫師與二位心理師一起前往華盛頓大學Linehan的治療中心接受DBT訓練，但因醫院進修制度上的限制，無法安排三位治療師同時前往受訓。因此，2009年邀請了華盛頓大學DBT治療中心的副主任Kathryn Korslund來臺灣舉辦DBT工作坊，並當面商討規劃馬偕團隊如何進行DBT三階段正式的完整訓練。

得到Marsha Linehan慨然允諾後，2010年3月和10月，Marsha本人與副主任Kathryn專程來臺灣提供馬偕醫院團隊治療師為期兩週的強化密集訓練課程，在一週的教學指導後，臺北院區與淡水院區的團隊隨即招募個案開始提供標準化DBT治療，大約六個月後，在第二階段的一週強化訓練中展示我們在六個月期間的DBT計畫執行和臨床案例。這些培訓確實是「密集」的，從早上八點開始到晚上六、七點以後，甚至午餐或晚餐時間仍在小組中討論培訓內容等。Marsha的教學風格令人印象深刻，講課中隨時進行的角色扮演與示範，著實是密集而深入的訓練！2010年9月及2011年7月吳書儀醫師與陳淑欽心理師至西雅圖華盛頓大學Linehan的DBT治療中心分別接受一個月及半年的DBT密集訓練，並在其間展開越洋的視訊心理治療督導。2012年底Kathryn再次來臺灣進行第三階段密集訓練，教授DBT新技巧及確認馬偕醫院DBT團隊的運作。至此，接近三年期間，馬偕醫院DBT團隊在追求新技術的使命、感動與堅持下，竟然跨越時空排除萬難的在世界另一端完成了完整DBT訓練。

馬偕DBT團隊自2010年迄今連續十二年期間，未曾間斷的持續提供完整的DBT服務，並定期舉辦DBT工作坊，希望傳播DBT給國內更多心理衛生專業人員，以幫助重複自殺自傷個案。鑑於國內青少年自殺自傷行為的增加，在2018年10月邀請哈佛醫學院附設精神醫院McLean醫

院的家庭教育計畫主任Alan E. Fruzzetti來臺灣教授青少年的辯證行為治療（DBT-A），並由劉惠青主任協調兒童青少年精神科的主治醫師、心理師、社工師組成另一支超強DBT-A團隊，2019年開始於每年暑假舉辦DBT-A服務自殺自傷的青少年及其家長。此外，為了幫助另一類型過度控制的自殺自傷個案，於今年（2022）六月邀請Thomas R. Lynch教授線上授課，介紹他所發展的Radically Open Dialectical Behavior Therapy (RO-DBT)。

過去十多年來馬偕醫院DBT團隊能不斷發展並持續提供服務與教學推廣，應特別感謝接棒的孫藝文、方俊凱和徐堅棋歷屆主任們。雖然他們不在DBT團隊中，卻秉持著理想抱負與關懷弱勢的胸懷，不受限於健保制度下的人力成本與營收，在行政上給予DBT團隊最大的支持。此外，在我擔任精神科主任期間所創辦的台灣身心關懷協會，自2008年迄今，持續支持DBT相關的教育訓練，特別是合作辦理國外學者們來臺演講並贊助經費（同步中文口譯等費用），在此特別致謝台灣身心關懷協會歷屆理監事對DBT事工的支持。

最後、但也是最重要的，我要感謝馬偕醫院DBT的所有團隊成員。本書各章節撰寫者都是從2010年起完成Marsha與Kathryn的三階段強化訓練且懷抱熱誠持續留在團隊中提供DBT服務的優秀治療師。林承儒主任、吳書儀主任與林穎醫師忙碌於臨床、教學、研究的多重角色，即便有行政主管或博士班修業的繁重壓力，仍排除萬難的在DBT團隊中貢獻心力。此外，我也要感謝雖未參與本書撰寫，但卻從開始迄今留在DBT團隊中打拼的精神醫學部葉筱玫社工師、田曉寧護理師；自殺防治中心林芝帆諮商心理師、林家華護理師等。DBT治療師們長年犧牲奉獻願意在晚上的下班時間，輪流加班帶技巧訓練團體，讓個案們在不影響工作或學業下，仍能安

心參加技巧訓練團體學習技巧。感謝上帝讓我能有這麼棒的團隊切磋琢磨DBT技巧、共同成長！

　　這本書是寫給想深入認識DBT的臨床治療師、老師，或心理衛生相關系所的學生們，特別是想運用一些DBT原則與策略幫助個案調節情緒、改善人際關係的人，歡迎和我們一起踏上認識DBT的旅程。在過去十多年的DBT臨床實務、擔任DBT培訓講師、教學與督導實習心理師或精神科住院醫師的過程中，我們一直希望為臺灣本土撰寫一本關於DBT的簡要教科書，因為如果有中文治療手冊並佐以臨床案例來示範DBT原則和策略的應用，初學者可能會學得更快。當五南圖書邀請我們為DBT撰寫本土教科書時，團隊同仁們立馬響應，期望讓臺灣心理輔導等專業人士更可以理解和應用DBT。即使您不熟悉DBT，我們希望藉由閱讀本書所獲悉的DBT原理，對您在治療複雜、嚴重和長期問題的個案也能有所助益，因為DBT的原則和策略提供了一個全面而靈活的啟發式框架，有助於將複雜的臨床情況簡化為一系列系統的、開放式的思考或介入處遇。無論您的治療取向為何，本書所展示DBT的框架可以幫助您在不同觀點中找到綜合與平衡，將治療要素系統地安排成一個全面的、個別化的治療計畫。若治療師希望能正式以DBT幫助臨床個案時，仍需要熟讀Linehan博士的原始著作《邊緣型人格障礙的認知行為治療》（Linehan, 1993）和《DBT技巧訓練手冊》和《DBT技巧訓練講義及作業單》（瑪莎林納涵著，張老師出版社），並接受正式的DBT工作坊培訓及持續的督導或諮詢。

劉珣瑛

馬偕紀念醫院精神醫學部資深主治醫師

馬偕醫學院醫學系教授

目 錄

第一章
辯證行爲治療的介紹：治療的假設、功能與階段

劉珣瑛

一、前言：辯證行爲治療的發展歷程與實證研究

美國華盛頓大學 Marsha Linehan 博士於 1980 年末到 1990 年代中發展了辯證行爲治療（dialectical behavior therapy, DBT）。Linehan 教授因著個人早年的生活經驗與磨難，激勵她發展出辯證行爲治療來幫助情緒失調、有慢性自殺自傷的個案，學習建立有價值的生活。基於自殺個案的高風險特質，Linehan 教授認爲發展具有實證基礎的治療方法至關重要。於 1970 年代後期當她在美國大學擔任自殺研究人員時，開始嘗試將有實證基礎的認知和行爲治療應用於高度自殺風險的個案，其中許多個案是符合邊緣型人格障礙（borderline personality disorder, BPD）的診斷標準，特徵包括人際關係障礙、衝動和情感失調的組合。個案通常經歷了極其痛苦和強烈的情緒，卻缺乏理解或管理強烈痛苦情緒的能力，並且自幼長期不被環境重要他人認可，甚至有受虐或創傷史；個案缺乏穩定的依附關係、在生活或治療中難以維持穩定健康的人際關係。

Linehan 博士爲了幫助這些具有高度自殺危險的邊緣型人格患者，從遍尋當時最有實證基礎的治療措施和原則開始，先集結認知行爲治療的技巧訓練、後效管理、暴露和相關程序（例如，系統減敏感）以及認知重構等，嘗試用來治療她所服務的重複自殺自傷的邊緣型人格患者。傳統認知行爲治療是一種以學習爲導向的療法，目的是讓個案改變他們的思維和行

為,並學習新的思維和行為模式與新的應對技巧。然而,Linehan博士發現個案對於傳統認知行為治療反應不好,因為個案通常合併多種共病、不斷面臨各種人際危機、生活困難,當許多領域的問題一起出現時,治療師很難同時構建許多的治療目標並訂出治療優先次序;而且個案在強烈情緒起伏下難以反思和改變思維模式。當傳統認知行為治療聚焦在個案需要如何去改變時,個案可能因為過去的努力常常失敗而感到恐慌或感到不被認可。當個案感到不被認可而對治療失望時,就很難從認知行為治療的改變導向中受益。因此,Linehan博士採取接受策略,接受個案的脆弱性與限制,但她發現單純只有接受策略也是無效的,個案會認為什麼都不會改變而感到挫敗與絕望。在累積許多臨床經驗後,她發現複雜、嚴重和多重診斷的慢性自殺個案需要開發新的治療方法,因此發展了辯證行為治療,針對不斷面對無數危機與生活難題的多重問題個案,以結構化的治療來組織問題、列出治療階段(stage)和標的行為階層(target hierarchy),訂出治療優先次序,讓治療師可以掌握治療重點、減少混亂。在治療中以行為治療作為改變策略,引入禪宗的了了分明(mindfulness,正念)的接受策略,並以辯證法(dialectics)哲學來平衡和綜合改變和接納的策略,成為結合辯證、技巧、治療風格的結構性治療。接受和改變策略是DBT的基本辯證,讓個案和治療師不會陷入全有或全無的概念和行為;並提出DBT的治療假設(assumptions)來引導個案和治療師進行有效治療。Linehan博士也發現情緒嚴重失調的個案,自幼生物體質是高度情緒化的氣質(temperament)並且成長於不被認可的環境,常常缺乏改善生活所需的許多技巧,他們還沒學會如何理解和管理自己的情緒,難以在不從事有害行為(例如,自殘、自殺行為和其他魯莽或冒險行為)的情況下忍受壓倒性的情緒。因此,提出了生物社會理論(biosocial theory),強調情緒與環境的交互作用,作為治療的核心理論,並在技巧訓練團體(skills training group)中系統化的教導有效行為、以彌足行為缺陷和期望的行為改變之間的差距。在每次個別治療中以功能性行為分析(functional behavior analysis）了解個案行為的前因和後果，一旦行為分析建立了在某些行為之前和之後的事件鏈（chains），接著在每個環節插入技巧訓練團體中所學到的技巧，透過有系統地應用更多功能性行為來打破這些適應不良的鏈。以認可（validation）技巧支持治療關係，以了了分明的練習強調當下的非判斷性體驗和有效的做，而不是生活中的反應性行為反應。最後，Linehan 博士創建了一個多模式治療框架來構建和管理 DBT。標準 DBT 的治療模式包括每週的個別治療、結構化的技巧訓練團體、電話輔導諮詢（telephone coaching）的多面向治療模式，來幫助個案將治療應用於他們的日常生活和挑戰，並以每週一次的諮詢團隊（consultation team）來保持治療師的有效性和動機及維持辯證平衡。

　　Linehan 博士開發 DBT 後，秉持著實事求是的科學嚴謹態度，進行了多項隨機控制研究（randomized controlled trials, RCT）及控制研究（controlled trials）來評估療效。第一個關於 DBT 的 RCT 於 1991 年在 Archives of General Psychiatry 中發表（Linehan et al., 1991），該研究比較了 44 名患有邊緣型人格障礙的自殺傾向女性，隨機分配至 12 個月 DBT 與常規治療（treatment as usual, TAU）。研究結果發現，與常規治療相比，DBT 治療組的個案自殺行為較少（包括自殺行為和非自殺性自傷），自殺行為的醫療嚴重程度較低，精神病住院天數較少，退出治療的可能性較小。這些發現證實了 BPD 患者中發生的最嚴重和最有問題的行為（自殺和自殘行為）是可以治療的，這與當時的研究領域認為 BPD 患者難以治療，甚至無法治療的普遍傳說相矛盾。後來 Linehan 博士以上述研究樣本進一步做成本分析，結果顯示，儘管標準化 DBT 包含了個別治療、團體治療與電話諮詢等全面性的治療，但其成本卻低於 TAU。成本節省主要來自接受 DBT 治療組的精神科住院率降低（Linehan et al., 1993）。因此，DBT 治療不僅有效，而且具有成本效益，減少了住院的旋轉門及其對個案功能和福祉的不利影響。在另一項隨機控制研究中比較 DBT 與社區心理專家的心理治療，結果發現，與社區心理治療專家的治療相比，

DBT 組治療後自殺行為較少、醫療上嚴重的自傷行為次數較低，也有較低的急診或住院的次數和治療退出率（drop-out）。而在較不嚴重的 BPD 患者（最近沒有自傷行為者），DBT 更能減少自殺想法、無助感與憂鬱。在 BPD 合併藥物依賴的患者，DBT 可降低非法藥物的使用（Linehan et al., 2006; Harned et al., 2008）。除了針對門診或社區自殺自傷的邊緣性人格疾患進行療效研究外，Linehan 博士與其他學者們也以嚴謹的科學研究驗證了 DBT 運用在住院的邊緣性人格患者（Bohus et al., 2004）、自殺自傷青少年（McCauley et al., 2018）、高自殺風險的邊緣性人格合併藥物依賴（Linehan et al., 1999; Linehan et al., 2002）、創傷後症候群（Harned, et al., 2014）、跨診斷的情緒調節障礙（Neacsiu et al, 2014）等不同疾病的治療有效性。此外，Linehan 博士等更進一步深入研究影響 DBT 療效的因子與機轉（Asarnow et al., 2021; Bedics et al., 2015; Lynch et al., 2006; Neacsiu et al., 2010），及在 DBT 治療模組之間的療效差異（Linehan et al., 2015）。基於上述這些重要的臨床實證結果，DBT 已被美國精神病學協會（2001 年）和英國衛生部和國家臨床卓越研究所推薦為 BPD 的首選治療方法（NICE, 2009; NIMH (E), 2003）。美國藥物濫用與心理衛生服務機構（Substance Abuse and Mental Health Service Administration, SAMHSA）國家登錄的實證治療研究評比中，DBT 被認為是最有研究證實能降低自殺行為、非自殺之自傷行為、藥物使用、飲食障礙等疾患，並可以增進心理社會適應及留在治療模式中（治療退出率低）的一種心理治療模式。

在介紹 DBT 的發展歷程、治療概況與實證研究後，以下將依序介紹 DBT 的治療假設、治療的五項功能（functions）、治療結構（structure）、治療階段（stage）與標的行為階層（target hierarchy）。

二、DBT 對個案與治療師的假設

辯證行為治療提出對個案、治療師和治療的假設（表 1.1），這些假

設的目的是將個案和治療師導向有效的態度和實踐，以增加治療成功的可能性。根據定義，假設是在沒有證據的情況下被接受爲眞實的東西。並不是說我們毫無疑問地相信這些陳述是眞實的；即使沒有證據，我們仍同意這些假設。

(一) DBT 對個案的假設

1. 個案正在受苦、想要改進並且目前正在盡力而為：這個假設讓治療師和其他人**採取富有同理心和認可的立場**，一旦個案在當下得到支持，治療師就可以辯證地轉向幫助個案改變。這個假設也可以導引治療師重新審視干擾個案有效行爲的因素，了解什麼阻礙了個案實現他們的目標，並讓治療師繼續努力找出什麼是個案需要改變的行爲，以幫助個案更接近他們的目標。

2. 個案需要做得更好、更努力，和／或更有動力去改變：雖然個案想要改進並正在盡其所能，但這通常還不夠，事實上，他必須更加努力並更有動力去改變。

3. 即使個案的所有問題可能不是他自己造成的，但他有責任去解決自己的問題：這個假設明確承認人們不能改變另一個人，激勵個案要自己努力改變，雖然個案和治療師共同合作以達成一致的目標，治療師可以爲個案提供改變的工具，但改變的最終責任在於個案，而不是等待他人和世界變成更適合他們的需求和偏好。

4. 個案在 DBT 中不能失敗，但 DBT 可能失敗：這個假設強調是治療師需要適應個案，而不是個案去適應治療師。將鼓勵、增強動機和促成改變視爲治療師的責任和治療工作，鼓勵治療師不斷尋求更有效的反應而不是放棄個案。如果辯證行爲治療不能滿足某些個案的需求和偏好，就需要另一種治療。就好像癌症病人接受化療，當癌症病人死了，我們不會責怪病人，而是假設「治療失敗」可能是因爲臨床人員未能遵循治療指引，或者治療本身是不足夠的且必須加以改進。通過明確同意這些假設並回饋

給個案，治療師和團隊避免了非建設性的兩極分化，並更快地採用現象學同理心的有效立場。

5. **個案想要進步，但需要技巧來做到這一點**：即使當個案的行為顯得非常無效和自我挫敗時，DBT 也假設個案想要進步，因為沒有人想要痛苦的生活。有時，個案會陷入辯證衝突，暫時阻礙進步，有時他們缺乏動力或感到無助和絕望，而有時他們確實缺乏做出改變的技能。與之前的假設一致，治療師的工作是激勵個案，關注他們的情緒（和其他）障礙，並教授他們克服挫敗的各種技巧。

6. **技巧需要推廣到生活中所有相關領域**：在某種程度上，這就像學習駕駛汽車。如果只閱讀了使用手冊而從未真正操作過方向盤，或只在駕訓練習場上課，那麼當需要開上馬路或去某個地方時，將會遇到很多麻煩。但是，如果閱讀手冊並同時實際駕車且進行了大量練習，那麼當需要去某個地方時，就可以更輕鬆地達到目的地。學習和練習 DBT 技巧與此非常相似，因為 DBT 所教授的各種技巧是需要在現實生活中不斷練習的。許多個案在治療環境中看起來似乎是有明顯的能力也熟悉這些技巧，但在現實生活中卻無法運用技巧處理事情。與此類似的，有些個案面對某些人和／或在某些情況下表現良好，但在其他領域卻表現不佳。例如，個案可以在工作中表現出自信，但對朋友和家人則不然（反之亦然）；或者個案對某些壓力源能有效使用抗壓技巧，但對其他壓力源使用技巧就有困難。治療師需要進行仔細的功能評估，以確定個案需要在哪些方面／情境加強技巧的練習與應用，然後確保個案可以將技巧推廣到這些領域中。

(二) DBT 對治療師和治療的假設

1. **治療師要在治療互動中練習同理心、尊重、真誠和認可**：治療師在治療互動中需具備同理心、尊重、真誠和認可，這是治療聯盟的重要基礎，特別在與慢性嚴重多重障礙的個案合作時尤為重要。治療師應認可個案任何正向行為、保持同理心以發展治療聯盟，並為個案的疾病與功能障

礙提供辯證平衡。大多數個案都希望自己的優勢與正向的有效行為受到注意和被肯定，而個案幾乎總是可以在某些情況下、對某些人做出一些正向有效的事。因此每位個案的優勢都是一個機會，治療師可以真誠的認可個案的優勢或正向有效行為，並在此基礎上繼續發展新技巧。當治療師有困難展現這些行為或態度時，有責任尋求諮詢。

2. **治療師對個案採取非評斷的態度**：有時當治療師難以有效處理個案的失功能行為時，會將個案貼上困難的、或不可能改變的標籤，然後以評斷和貶抑的方式對待個案。缺乏有效的治療聯盟和有效的治療措施並非個案的錯，將個案在治療內外的掙扎歸咎於個案違反 DBT 的策略。當治療師感到士氣低落、缺乏判斷力、效率低時，是需要諮詢團隊的幫助來修復治療聯盟，並以更有效的治療措施來幫助具有獨特挑戰性的個案。個案的困難通常源於被誤解的感覺，DBT 的基本特徵是接受和不評斷，因此治療師非評斷的態度和有效的認可有助於改善這些情況。

3. **治療師應該對個案提供諮詢，而不是直接幫助個案**：治療師提供個案諮詢，指導個案練習技巧，讓個案直接溝通他們的需求和疑慮，避免為個案說話或試圖代表個案解決疑慮或投訴，如此可以減少治療師與其他治療提供者「分裂」或形成三角關係的機會。某些醫療照護相關重要需求的溝通，有時可能仍需治療師協助以確保優質的服務，但這只在個案確實缺乏溝通技巧且結果至關重要時治療師才會介入（例如：當有高自殺危險且有立即住院需求時），且僅在達到既定目標所必需的範圍內進行介入。

4. **治療師和個案一樣，需要練習技巧**：在生活中練習技巧應該成為治療師們的日常例行練習。儘管大多數治療師沒有需要治療的行為缺陷，但所有治療師都可能有著某種類型的行為挑戰。日常生活中不忘隨時使用了了分明的觀察、描述、參與、不評斷、專心、有效的做、辨識情緒及使用人際效能等應對，是每位治療師都需要不斷操練學習的。

5. **治療師可能失敗（無法有效地應用治療）。即使治療師有效地應**

用，**DBT 也可能失敗（無法達到預期的結果）**：當患者在 DBT 中退出治療、沒有進展或實際上變得更糟時，DBT 的假設是治療的失敗，或治療師的失敗或兩者都失敗了。如果治療師按照 DBT 進行了治療，患者仍然沒有好轉，則失敗歸咎於治療本身。「失敗」一詞常是負面的含義，但 DBT 不是將「失敗」視為對治療師及其努力的負面評估，而是將「失敗」解釋為是否達到預期目標的描述，幫助治療師跟個案具體說明未能實現的目標或期望，以提升治療師提供治療的能力。治療師提供 DBT 是因為個案需要幫助來讓他們的生活變得不同，當個案需要幫助時是不能失敗的。DBT 治療假設個案是正在受苦、想要改善並需要學習如何改善的人。個案的技巧缺陷影響到他們實現目標的能力，治療目標是希望個案從治療中受益。因此，如果個案沒有繼續接受治療並從中受益的動力和能力，治療師就未能實現該目標，這代表治療本身或應用它的團隊的失敗。然而，評估治療失敗並不是指責治療師，更重要的是要去評估導致治療者未能實現特定目標的因素是什麼，方可能有所幫助。正如當癌症患者接受有實證療效的治療，而該治療卻未能緩解癌症時，我們不會說該患者是失敗的，而會去思考「治療失敗」是否因為臨床人員未能遵循治療指引，或者治療本身是不足夠的且必須加以改進。這樣的治療假設促使治療者以同樣的方式思考 DBT 的治療，是希望治療師根據現有證據的標準盡最大努力應用它。當 DBT 未達到預期目標時，治療師要努力確定治療過程或治療本身的變化，以增加它適用於個案或出現類似問題的其他個案的可能性。

6. **治療師需要支持以保持積極性和有效性**：治療危及生命的行為或嚴重情緒失調的個案是一項複雜且高風險的任務，治療師有時會感到精疲力竭，因此需要諮詢團隊的支持以保持積極性和有效性，就像是跑馬拉松、消防隊滅火或外科醫師進行高風險手術等繁重的任務都需要在團隊的支持下完成。由於治療是一項艱鉅的工作，需要不斷地關注和參與，以及對個案表現出真誠的關懷、認可和同理。嚴重情緒失調患者會強烈要求立即擺脫痛苦，雖然治療師能提供支持、緩解痛苦，但給予這種立即的緩解

常會干擾治療的長期目標，治療師因此常被困在給予立即緩解和達到長期目標的需求二難之間。此外，治療師必須保持適當的客觀性，準備好透過一系列治療措施進行介入，仔細選擇能夠有最佳結果的治療措施，同時維持在治療結構中。這些艱鉅任務可能會讓治療師們筋疲力盡，DBT 諮詢會議的支持被稱為「治療師的團體治療」，因為在諮詢會議中不只是關注個案的治療，還積極關注治療師的需求和困難。諮詢的目的期望透過應用 DBT 原則、實踐和技巧來提高治療師的積極性和有效性，幫助並激勵治療師有能力和動機提供個案最佳的治療。治療師從 DBT 諮詢團隊獲得回饋是很重要的，因為諮詢團隊可以指出何時需要更多評估、治療目標的優先次序是否要調整、個案行為分析可能有其他多種解釋、或處理這些行為時要考慮的原則。因此「支持」是需要指出治療師可能遺漏了什麼或做錯了什麼、而治療師也需要在諮詢團隊中調節自己的恐懼、羞恥或沮喪。DBT 治療師依賴諮詢團隊的支持，就像個案依賴治療師的支持一樣。諮詢團隊的任務與執行將在第八章中詳細討論。

綜合以上所述，我們看到了 DBT 假設的複雜性，以及治療師應藉著 DBT 假設所提供的框架來看待個案的行為。當治療師想確定或證明個案的意圖時，這些假設幫助了治療師減少治療上的分心，有助於在治療中保持積極有效性。

表 1.1　DBT 對個案、治療、治療師的假設

對個案的假設
1. 個案正在受苦、想要改進，並且目前正在盡力而為。
2. 個案需要做得更好、更努力、和／或更有動力去改變。
3. 即使個案的所有問題可能不是他自己造成的，但他有責任去解決自己的問題。
4. 個案在 DBT 中不能失敗，但 DBT 可能失敗。
5. 個案想要進步，但需要技巧來做到這一點。
6. 技巧需要推廣到生活中所有相關領域。

> **對治療和治療者的假說**
> 1. 治療師要在治療互動中練習同理心、尊重、真誠和認可。
> 2. 治療師對個案應採取非評斷性的態度。
> 3. 治療師對個案提供諮詢,而不是直接幫助個案。
> 4. 治療師和個案一樣,需要練習技巧。
> 5. 治療師可能失敗(無法有效地應用治療)。即使治療師有效地應用,DBT 也可能失敗(無法達到預期的結果)。
> 6. 治療師需要支持以保持積極性和有效性。

三、DBT 的治療結構化

　　邊緣型人格障礙的實證治療研究發現治療有效的重要因素之一是治療結構。研究發現,治療行為混亂、多重障礙的個案,結構化治療環境會讓個案表現得更好(Beutler et al., 2002)。Koerner(2012)強調,當個案的問題越多、越複雜時,處理結構就越重要。一般來說,會被轉介到 DBT 的個案往往在多個領域(例如:工作、學校、社交、家庭)有嚴重的功能障礙,且曾歷經各種心理治療卻沒有進展。因此治療這類有複雜共病且合併嚴重功能障礙的個案,構建治療環境是與個案合作的首要目標之一,結構創造了可預測性和安全性,並且有助於保持治療重點。在 DBT 中,結構存在於所有治療模式中。以象棋為例,比賽的固定結構包括棋盤、棋子和規則。下棋者和任一盤的比賽可以自由變化,但在每場比賽中都要保持這些結構,否則,就不是在下象棋。在 DBT 中,結構包括了治療模式的設置(個別治療、技巧訓練團體、個案管理、危機諮詢電話等)、使用的材料(四大類技巧所教導的特定技巧選擇、日誌卡等)以及治療手冊中闡明的內容。以下簡要說明 DBT 如何結構治療,包括治療功能、治療階段、治療目標與標的行為階層。

(一) 完整 DBT 必須能提供五項功能（function）

　　完整的 DBT 治療是最有實證療效的支持，但基於不同的臨床場域和環境的需要，近二十年來 DBT 有著創新的改編和創造性的應用。Alexander Clapman 博士認為 DBT 計畫的任何改編，仍應遵循關於個案、治療師和治療本身的假設，更重要的關鍵要素是 DBT 的治療必須能滿足以下五個功能（Linehan, 1993; Chapman, 2006; Koener, 2012），詳述如下。

　　功能 #1：提高個案動機並減少功能失調的行為。由於個案經常對改變感到絕望，並且在面對問題時學會了被動；有效的治療需要幫助他們變得更有動機去學習，然後使用新的反應。DBT 是以**個別治療**來提高患者改變的動機，並減少與生命價值不符的失功能行為。個案會被分配 DBT 團隊的一名成員作為他們的個別治療師（即個案的主要治療師），接受每週一次的個別治療，個別治療師要增強個案動機須先了解個案的目標，確定他的優勢、資源和障礙，讓個案看到他的情緒、行為或行為缺陷如何干擾他朝向目標前進。為了增強個案動機，治療師要認可個案的體驗，結合認可、啦啦隊、增強、技巧培訓與諮詢電話等多種策略的組合，了了分明地決定要做什麼和何時做，並以治療目標與計畫為中心，鼓勵個案藉由改變來改善他們的生活。治療過程找出要改變的行為、產生解決方案策略、應用技巧訓練團體中所學到的各種技巧來解決問題，並以結構化和合作的方式進行，運用承諾策略（commitment strategies），以行為形塑（shaping）來幫助個案朝向目標前進。在治療過程中治療師會讓患者每天填寫一份自我監測表（稱為「日誌卡」（diary card）），日誌卡上追蹤各種治療目標（例如，自殺或自傷行為、情緒痛苦等）（詳見第七章）。治療師使用這張日誌卡來確定治療的優先次序，將威脅患者生命的行為（例如，自殺或自傷行為）列為必須最優先處理的問題，其次是干擾治療的行為（例如，缺席、遲到、不合作行為），以及干擾患者生活品質的行為（例如，嚴重的生活問題、失業或與第一軸疾病相關的嚴重問題）。

功能 #2：增強個案能力。嚴重情緒失調的人普遍缺乏有效調節情緒以及處理人際關係的能力，包括 (1) 調節情緒、(2) 關注當下的體驗和調節注意力（了了分明技巧）、(3) 有效地處理人際關係（人際效能）及 (4) 在不使情況變得更糟的情況下忍受痛苦和度過危機（痛苦耐受技巧）。因此，個案需要學習新技巧，有時還需要接受藥物治療以提高他們的能力。DBT 通常藉由每週一次（約二小時）的技巧訓練團體來教導個案四大類技巧（了了分明、情緒調節、人際效能和痛苦耐受技巧），以提升個案能力。團體治療由大約 4 到 10 位個案組成，透過教學、討論、主動練習和複習以及家庭作業，在團體治療中幫助患者練習技巧，開始有效地解決問題並重拾生活。技巧訓練改善了功能缺陷，取代自我挫敗和自我傷害的不健康行為，並讓身體和心理更加健康。但要特別注意的是只有技巧訓練而沒有其他功能並不是完整的 DBT。許多人誤以為技巧訓練團體就足以幫助個案，事實上對於有動力改變且較不嚴重個案來說可能是有幫助的，但對於有長期、持續和嚴重問題的個案，只有技巧訓練團體絕對不足夠，必須提供這些個案其他的 DBT 功能，尤其是結構化的個別治療。

功能 #3：確保個案新能力可概化到個案的生活環境中：如果在治療過程中學到的技巧沒有轉移到患者的日常生活中，那麼就很難說治療是成功的。由於情緒失調使新學習的反應無法概化到現實生活中，因此必須直接教導個案將新技巧概化到不同環境和情況。因此，DBT 的第三個重要功能是治療學到的技巧反應能轉移到個案的自然環境中，並幫助個案能將這些技巧整合到不斷變化的自然環境中。許多個案可能在某個情境或環境中可熟練使用技巧，但在其他領域卻很困難。例如，個案可能在治療中可以出現有技巧的行為，治療師接下來的任務就是幫助個案在實際生活上特別是最需要使用技巧的情境中練習技能。例如，當個案可以在工作中調節情緒，接著可以探索在工作中發生了哪些有技巧的行為，然後討論如何將其帶到其他有困難的環境中（例如：家中）。概化通常不會自然發生，治療師需要對生活的所有相關領域進行完整的功能評估，以確定個案在哪些

領域需要增加技巧的使用。詳細評估個案在哪些領域需強化技巧並與個案討論協商同意後，方能具體地進行概化。技巧訓練團體可藉由提供家庭作業或回顧治療中的錄音來練習技能。而個別治療師則須幫助患者在日常生活中應用新技巧，並經常讓患者在個別治療中練習或應用新技巧。此外，治療師可以在非個別治療的時間通過電話諮詢，幫助患者在最需要的時候（例如：在危機中）應用技巧。家人或朋友的參與 DBT 家屬團體治療（詳參第十四章），也有助於確保概化的功能。

　　功能 #4：增強治療師有效治療個案的能力和動機。個案情緒失調、不斷的危機和自殺行為、加上個案經常會有挑戰治療師的言行，都會削弱治療師的動機，因此，治療師需要支持和方法來提高自己的動機和能力。為了實現這一功能，標準 DBT 必須包括治療師諮詢團隊會議，DBT 治療師們每週會面一次，大約 1 到 2 小時，諮詢會議本質上是「DBT 治療師的團體治療」，目標是幫助治療師成為「最好的」DBT 治療師，讓個案能得到最佳的治療。諮詢團隊們協力幫助治療師解決問題，在面臨特定臨床挑戰時（例如，有自殺傾向的患者、治療缺席的患者）實施有效治療。此外，該團隊鼓勵治療師對患者保持同理心、不帶偏見的態度；監控並幫助減少治療師的倦怠；並為治療師提供支持、認可、持續的技巧培訓、回饋和鼓勵的系統，讓治療師可以保持專注於治療方法並有效應對治療的起伏。詳細的諮詢團隊會議將在第八章中討論。

　　功能 #5：構建治療環境和個案的自然環境以促進積極改變。DBT 治療的目標是確保在所有環境中都能加強個案積極的、適應性的行為，因此要建構個案的環境，包括建構治療環境和非治療環境。非治療環境是指個案所生活的自然環境，嚴重情緒失調個案通常生活在缺乏結構、不被支持和認可的環境中，而且這些環境可能還會強化個案不當行為，甚至懲罰有技巧的行為。在 DBT 治療中，治療師會與家庭成員、重要親友或社區相關照顧者一起工作，幫助他們改變自己的行為，以促進個案行為改變的可持續性。例如，在青少年 DBT 的治療形式中，父母與青少年個案會一起

參加技巧訓練團體（Rathus & Miller，2015），可能同時也有家庭治療來解決有問題的家庭互動（Miller et al., 2007）。成年個案的家庭成員有時也會接受類似的家屬 DBT 技巧訓練團體（Fruzzetti et al., 2007）。在建構治療環境方面，提供五項功能的相關治療計畫須在 DBT 系統內進行一定程度的協調。例如，若個案同時有個別治療、團體治療及個案管理的治療模式，治療師須確保每個治療模式都在積極強化所有的技巧和所學的行為，並且治療系統之間要相互協調或搭配。在治療框架的基礎上，結構化的提供各種服務方式（例如，個別治療、技巧訓練團體、電話輔導、家訪等）。以下將簡要說明 DBT 如何結構化的提供各種治療模組。

(二) 建構個別治療與技巧訓練團體的角色

情緒嚴重失調個案生活中經常不斷出現各種危機與高優先處理的任務，讓個別治療師很難維持逐步的教導個案各種技巧。因此，DBT 以小組上課的形式，有系統地結構性的教導技巧。Linehan 博士採用了各種有實證基礎的治療介入方式，並將其精煉為個案可以學習和練習的四大類技巧，其中了了分明和痛苦耐受是接受導向的技巧；而情緒調節和人際效能則是改變導向的技巧，接受和改變的辯證就這樣地貫穿於技巧訓練團體的課程中，每週二小時有系統地教導個案這四大類技巧（表 1.2）。

透過練習了了分明技巧，個案變得越來越能中性地、不評斷地參與在他們的直接體驗中。了了分明技巧也可以幫助個案避免衝動行為，當他們採取行動時，要從「智慧心」採取行動，直覺地融合情感和理性，如其所是的全然接納當下的時刻並對它做出回應。痛苦耐受技巧包括危機生存技巧，這是一種權宜之計，用於容忍痛苦，不要因衝動做出使情況變得更糟的事情。痛苦耐受還包括接納現實技巧，這是冥想練習的心理和行為版本，旨在培養一種意識專注地和智慧地參與生活的方式。

改變導向的技巧有情緒調節和人際效能。個案學習初級情緒的自然和適應性功能，並學習實用的技巧來預防情緒失調、如何改變或減少負面情

緒以及增加正面情緒。在人際效能方面包括學習如何管理人際衝突，能對他們想要的提出要求、對他們不想要的說「不」，學習能達到目標、同時又能保持良好關係和保持自尊的人際互動方式。

　　團體技巧訓練藉由小組上課的形式，結構化有系統地教導個案所缺乏的各種技巧。個別治療師則在治療期間，鼓勵個案在生活中練習使用適當的 DBT 技巧代替失功能的反應。DBT 的個別治療師自己也需要在生活中隨時廣泛地練習 DBT 技巧，才能跟個案解釋如何在艱難的環境中使用這些技巧。

表 1.2　DBT 技巧

接受導向的技巧	改變導向的技巧
核心了了分明 **掌握你的心** • 理智心（邏輯分析） • 情緒心（情緒經驗） • 智慧心（加上對理智和情緒的直覺了解） **「什麼」技巧** • 觀察 • 描述 • 參與；容許經驗 **「如何」技巧** • 不評斷 • 專心的做 • 有效的做	**情緒調節** **改變情緒反應** • 核對事實 • 相反行動（與情緒相反） • 問題解決 **減少脆弱性：ABC PLEASE** • A：累積正向情緒 Accumulate positives • B：建立自我掌控 Build mastery • C：預先因應 Cope ahead of time • 治療身體疾病 Treat Physical illness • 均衡飲食 Balanced Eating • 避免改變情緒的物質（醫師開立的藥物除外）Avoid mood-altering drugs • 均衡睡眠 Balanced Sleep • 適當運動 Exercise
痛苦耐受與接納 **危機生存技巧** • STOP 技巧 • 優缺點分析技巧 • TIP 改變身體化學狀況 　■ T（Temperature）臉部的溫度（冰水） 　■ I（Intense exercise）激烈運動	**人際效能** **目標效能：DEAR MAN** • 描述情境 Describe • 清楚表達 Express • 勇敢要求 Assert • 增強對方 Reinforce • 留心覺察 stay Mindful

接受導向的技巧	改變導向的技巧
■ P（**P**aced breathing）調節呼吸 　P（**P**aired muscle relaxation）配對式 　肌肉放鬆 • 轉移注意力技巧（英文縮寫成 AC-CEPTS） ■ 活動 **A**ctivities ■ 貢獻 **C**ontributing ■ 比較 **C**omparisons ■ 情緒（使用相反情緒）**E**motions ■ 推開 **P**ushing away ■ 想法 **T**houghts ■ 感覺 **S**ensations • 五官感覺的自我撫慰 ■ 味覺　■嗅覺　■視覺　■聽覺 ■ 觸覺 • 改善當下 ■ 想像　■意義　■祈禱　■放鬆的活動　■一次做一件事　■假期　■鼓勵 **接納現實技巧** • 全然接納　　• 轉念　　• 我願意 • 微笑　　• 願意的手　　• 對當下想法了了分明	• 表現自信 **A**ppear confident • 協商妥協 **N**egotiate **關係效能：GIVE** • 溫和有禮 be **G**entle • 用心傾聽 act **I**nterested • 認可他人 **V**alidate • 態度輕鬆 use an **E**asy manner **自尊效能：FAST** • 公平 be **F**air • 不過度道歉 no **A**pologies • 堅守價值觀 **S**tick to values • 誠實至上 be **T**ruthful **建立關係與結束傷害性關係** **行中庸之道** • 辯證 • 認可：自我認可與認可他人 • 行為改變策略：運用增強、削弱

　　個別治療師的角色是提供心理治療，與個案合作共同朝著所訂治療目標逐漸進步。治療師需具備行為治療（改變策略）和了了分明（接受策略）方面的能力，並且能應用辯證策略，看到辯證法的兩極，能在接受和改變的立場之間移動，以找到解決個案問題的新方法。接受和改變位置之間的不斷移動，驅動著治療的速度、變動和流程。最後，治療師還需要具備徹底完全接受個案當下現況的能力，包括治療過程中緩慢和間歇性的進展以及自殺的高風險。雖然其他治療成員可以提供意見，但個別治療師在治療計畫和危機管理方面承擔了大部分的責任，並需根據疾病的程度來構建治療。DBT 強調治療環境需要高度的結構化，個別治療師從治療前（pre-treatment）的準備階段就需清楚說明 DBT 對個案和治療師的明確期望並取得個案同意。在取得承諾後開始治療需遵循明確的議程（agenda）、治療目標（targets）和完成治療任務（tasks）的時間表既定結構。每次個別治療的議程也遵循一定的結構：包括 (1) 複習日誌卡、(2) 注意標的行為階層、(3) 找出最高階層的目標行為進行鏈鎖分析（chain analysis）、(4) 分析並討論如何進行解決方案、(5) 處理下一個階層的標的行為並進行討論與當前生活所需的相關技巧。上述的治療目標（targets）和治療議程（agenda）則是取決於個案的整體治療階段（stage）、標的行為階層和結構化工具（例如：日誌卡）所評估的每週實際狀況。以下詳述治療階段與治療目標階層。

(三)治療階段和標的行為階層

慢性和多重複雜問題的個案常有層出不窮的危機，治療有時不知不覺變成了被動的危機應對服務。為了建立個別治療優先處理的指南，Linehan 博士（1993）提出 DBT 的**治療階段和標的行為的階層結構**，為個別治療提供了架構，讓治療師用來構建處理許多治療任務的優先次序，更能掌握有安全問題和頻繁危機的個案，免於被各種危機干擾或破壞，讓治療能穩健的推展前進。

Linehan 博士所提出的五個階段的治療方法，包括治療前的準備階段，然後是四個治療階段。DBT 的分階段治療是使用常識性概念：根據該問題對生命與生活品質的威脅程度來排出問題處理的優先順序。治療任務按階層優先次序來組織，治療師須優先處理最重要的任務，但可以根據臨床判斷進行調整。由於階段和階層結構是為嚴重複雜個案所設計的，對於一些問題相對輕微或單純的個案，可能會直接從干擾生活品質的階層目標開始。目標是找出需要改變的行為，包括需要增加和減少的行為，並在個別治療中列出這些目標的議程。

1. 治療前的準備階段

所有 DBT 都是從治療前的準備階段開始。個別治療師應重視治療前的準備，因爲這是成功治療的關鍵。治療前的準備階段一般大約會安排三至四次的會談，目的在相互了解以確定是否可以成爲一起工作的團隊，同意基本目標和治療方法，然後相互承諾要一起完成雙方同意的治療計畫。因此除了建立關係外，更要建立治療聯盟，包括教育、定向、設定共同目標和達成目標的方法，以及取得同意治療的承諾。

個別治療師會在治療前的準備階段分析個案遇到的問題，並運用定向策略（orientation strategy：改變的定向），將治療方法與個案的最終目標聯繫起來，以便讓個案了解接下來的治療內容、原因及如何去做。這包括簡要解釋生物社會理論，並將個案的問題連結到生物社會理論，以及如何從理論中產生治療與解決問題的方法。接著，治療師會和個案一起合作制定應對問題的治療計畫，以及接下來的治療架構等，並激發個案對治療的積極期望。定向策略是從治療開始前到整個治療過程中都必須強調的，因爲嚴重情緒失調個案常常會對治療師進行改變策略的介入處遇時感到高度的不被認可，從而影響合作關係、破壞治療任務。因此，治療師必須經常解釋爲什麼特定的治療任務對於實現個案的目標是必要的，並且需要具體地指導個案在情緒失調的情況下或面對情緒失調時如何執行治療任務。

治療前的準備階段包括運用承諾策略（commitment strategies）得到個案對治療的承諾。個案常基於過去的治療經驗，對治療將如何進行有隱含的期望。因此在開始治療之前解釋清楚，得到知情同意，明確定位個案和治療師的角色、責任和期望，可以避免誤解和失望。由於複雜的多重問題個案過去常有治療失敗的經驗，個案進入治療準備階段時，常對治療可提供的幫助感到矛盾和懷疑。因此，治療師需要徹底討論個案的關注點，以達成雙方都同意的治療協議。在個案不願同意或承諾的情況下，我們建議要評估個案的顧慮或治療障礙，然後根據需要來進行認可、解決問題或

提供心理教育，並使用 DBT 承諾策略。如果個案似乎不願意為某些目標努力，治療師可以先找出個案當下願意一起努力的目標，達成共識後訂出治療計畫，並讓個案做出最低限度的承諾。只有在獲得口頭承諾之後，我們才會認為個案已進入 DBT 療程，因此這個階段經常需要使用認可和承諾策略。積極評估和增強個案動機是治療前和整個治療過程中的重要工作，治療師應在整個治療過程中致力於形塑更大的承諾與動機。

此外，治療前的準備階段也需清楚說明治療的結構和協議，包括治療的頻率（包括療程之間如何聯絡，如電話和通訊軟體 e-mail、line 等），諮詢電話的使用時機與規則、療程的結構和內容、活動和時間分配、費用、請假規則、取消和可能結束治療議題的期望。在準備階段要討論的訊息內容很多，最好能有個書面的治療前處理清單，以免遺漏某些重要細節。

2. 第一階段：獲得基本能力並減少失控行為

治療師和個案在這個階段要共同努力控制行為（包括：減少問題行為、威脅生命的行為、干擾治療的行為）並增加各種技巧的練習。由於第一階段主要是針對嚴重情緒失調的個案，他們常有行為失控的問題並對生命造成了威脅，也嚴重損害了生活品質、干擾了治療，因此需要完整的 DBT 模式。第一階段主要治療目標是幫助個案穩定、並獲得維持生命和參與治療所需的基本能力，其次是改善個案生活品質所需的能力。幫助個案穩定，包括要消除自殺和自傷行為、頻繁住院和不斷發生的危機。由於這個階段的個案通常缺乏基礎技巧，為了確保穩定性，此階段特別強調技巧訓練和應用，藉由每週的技巧訓練和每天的練習來加強個案的基本能力。

Linehan（1993）為第一階段的標的行為建立了階層結構，個別治療師應根據以下優先次序來分配治療時間：(1) 危及生命的行為；(2) 治療師或

個案干擾治療的行為；(3) 嚴重損害個案生活品質的行為；(4) 改變生活所需的行為能力缺陷。

最優先處理的類別「**危及生命的行為**」，可再進一步按優先處理順序分為：自殺或殺人的危機行為；非自殺的自傷行為；自殺意念和自殺溝通；與自殺相關的期望和信念；和自殺相關的情緒。危及生命的安全問題情況是最需要優先處理的，因此自殺或殺人的危機行為是首要的優先治療事項。非自殺的自傷行為通常不會被視為緊急情況，也不需要住院治療。但是，在某些情況下，例如自傷行為可能導致嚴重傷害或死亡（例如個案切割傷過深，致切斷主要靜脈或動脈或可能導致神經損傷）時，無論其意圖如何，都必須優先處理。

干擾治療的行為是指個案或治療師對治療關係產生負面影響或損害治療效果的任何行為。對於個案而言，這可能包括缺席治療、過度頻繁的精神科住院、無法或拒絕接受治療，以及對治療師的過度要求。對於治療師來說，這可能包括忘記預約或遲到、不回電話、注意力不集中、隨意改變政策以及對治療感到缺乏動力或士氣低落。任何干擾治療的行為都應該在第一次發生時處理，而不應等它成為一種模式才處理，並且治療師要對個案以及彼此之間保持適當的自信，才能更有效處理干擾治療的行為。處理的方式通常會以尊重的態度實事求是，引導出個案關於治療聯盟、目標和方法的回饋，來了解干擾治療的行為是否因為治療關係出了問題；並以平衡的觀點來討論，避免責備，而是將干擾治療的行為視為來自雙方互動的結果，採用更辯證、實用和公平的處理，並且重新承諾共同為治療目標努力。

干擾生活品質的行為會干擾個案實現重要目標和過令人滿意生活的能力。包括任何嚴重的心理健康問題（例如：情緒或焦慮疾患、藥物濫用或飲食失調、解離現象等精神疾病）；生活問題（例如：無法維持穩定的居住、家庭暴力、被動參與個人生活、對日常生活或醫療問題的關注不足等）；過度衝突等。

　　個別治療師透過個案每天完成的日誌卡來監控上述這些行為和其他關鍵行為。在每次個別治療開始時查看日誌卡，有助於治療師確定在該次治療中可能需要注意的階層標的行為。如果個案未填寫日誌卡或沒帶日誌卡，則將其視為干擾治療的行為。然後，治療師綜合運用核心治療策略（改變、認可和辯證），依優先順序處理這些標的行為。標的行為優先處理不一定等於花在這上面的會談時間。雖然關注治療目標很重要，治療師要記得對個案積極正面有技巧的行為給予同等關注和強化，因為大多數個案在生活中更多時間是做一些有技巧的事情（即：沒有做干擾行為）。治療師要去平衡什麼是建構個案能力最重要的事和臨床互動可用的時間，如何在個案現有的優勢基礎上，不斷培訓技巧，塑造有效的行為，以期在每次臨床互動中取得最大進展。

3. 第二階段：處理創傷和改善情緒體驗（非創傷性情緒體驗）

　　當個案穩定下來、行為獲得控制並變得更有功能時，可能會進入治療的第二階段。此階段患者可能行為正在改善，但經常因過去的創傷和自我否定，或情感體驗受到壓抑，情緒和精神狀態仍在痛苦中，過著表面平靜的絕望生活。第二階段目標是處理過去的創傷和任何創傷後的情緒障礙，或處理壓倒性的、功能失調的情緒體驗，減少自我的不認可、減少活在過去、降低每天活在創傷後壓力疾患（post-traumatic stress disorder, PTSD）的問題中，讓患者從創傷中康復，並學習以健康的方式接受、管理和處理情緒和創傷反應、增加自尊、增加生活品質、增加活在每天的當下。

　　尋求治療的邊緣型人格障礙者 PTSD 終生盛行率很高（36-58%），而處理 PTSD 最有實證的是暴露治療，例如延長暴露（prolonged exposure）。因此在第二階段會以 DBT 延長暴露（DBT-prolonged exposure, DBT-PE）治療 PTSD 和其他未能符合 PTSD 診斷標準的創傷性情緒體驗、減少 PTSD 侵入性症狀與迴避情緒等。治療師會探索個案過去的創傷，透

過回顧並接受早期創傷事件的事實、辨識不適應的想法、信念和行為，減少汙名化和自責、減少否認；處理情緒失調（特別是與焦慮／恐懼、憤怒、悲傷、羞恥／內疚有關）和自我不認可，以及解決關於誰應該受到指責的辯證張力等。

　　DBT 第一階段有清楚的標的行為階層，但在第二階段的目標則不去考量階層，而是由問題嚴重程度和問題破壞生活的程度、個案的目標以及目標之間的功能關係來確定目標的優先次序。例如，如果侵入性影像引發自殺意念的增加，則可能優先處理。如果強烈的自我否定和自我厭惡與自殺意念的增加最相關，則考慮優先處理。此外，第二階段也可討論個案童年時期可能經歷過的不被認可的情感體驗，但是不去加劇個案從第一階段開始就已經很困難的情緒體驗。

　　雖然暴露治療（例如延長暴露）是處理 PTSD 最有實證的治療方式，然而，情緒失調患者常難以調節和容忍強烈的情緒，在暴露治療期間可能有增加衝動和自我毀滅行為的風險。因此，DBT 治療師在第二階段應仔細評估個案是否準備好進行暴露治療。有時完全解決第一階段的所有行為是不可能的，然而，最重要的是要能控制自殺行為和自傷行為。可能適合進行暴露治療的指標包括：有能力控制自殺和非自殺性自傷行為（例如，2-4 個月內沒有這些行為）、堅定承諾在未來不再從事這些行為、且有能力使用技巧有效管理這些衝動行為。個別治療師可以從暴露層次中選擇一個低痛苦的項目來測試個案是否準備好開始第二階段的工作，是否有能力處理痛苦情緒與控制自傷自殺衝動。當個案在暴露創傷線索時會出現解離或當前正在經歷的創傷會阻礙參與治療時，可能不適合進行暴露治療。針對嚴重情緒失調和自殺行為個案進行暴露治療的同時，應先提高個案痛苦耐受性、進一步調整暴露期間的焦慮和其他情緒，以及自殺傾向的處理。對於沒有自殺和非自殺性自傷行為的個案，在暴露治療前可以先提供短期的 DBT 技巧訓練，有助於接受暴露治療時的情緒調節與痛苦緩解。在 DBT 第一階段早期，如果個案的行為穩定、並已獲得足夠的情緒調節技巧，也

可以成功地接受 PTSD 的延長暴露治療。

如果個案沒有 PTSD 的問題，而是在情緒體驗方面有重大困難，則第二階段將關注在這些情緒體驗上。以進階的了了分明為中心，用接受的態度對待這些情緒，從陷入痛苦和／或逃避的經歷轉變為一種充分的情感體驗，進入情緒的健康狀態。

4. 第三階段：解決生活中的日常問題

Linehan 對第三階段沒有預先既定的或來自研究經驗的治療目標。一般而言，此階段的個案可以控制自己的行為並且情緒相對健康。因此，DBT 第三階段主要在解決日常生活中的問題和不太嚴重的障礙，讓患者過上正常的生活，能夠應對生活中的起起落落。治療師幫助個案綜合前二階段治療過程中學到的技巧應用到現實生活中，以更健康的方式調節行為和情緒，使用新技巧來設定目標、依照個案定義的人生目標來建立對自己的信任，學會認可自己、重視自己、增加自尊自信和強化聯結感，提高生活中的幸福和快樂感，並努力解決生活中的問題，實現個人的、現實的目標。

5. 第四階段：尋找更深層次的意義、自由、喜悅和靈性

第四階段沒有預定的治療目標，它適用於正在努力實現個人成長、少有功能障礙的個案，因為對某些人來說，即使生活中的問題基本上已得到解決，仍需要精神上的滿足來實現他們的生活目標。治療師專注於許多人經歷的不完整感，根據個案需求高度個別化，治療核心是實現自由、喜悅，及更大的平和滿足。主要目標是在生活中找到更深層次的意義，尋找和探索個人的人生目標，讓個案從一種不完整的感覺轉向一種能持續體驗快樂、滿足和自由的能力，放下「自我」並充分參與當下，理解真理會隨著時間而演變，能隨著生活自然變化而變得有意識和靈活。重點是過值得

活的生活，增加聯繫感，獲得體驗快樂和自由的能力。

迄今為止，治療前期、階段一和階段二的研究較完整，而第三階段和第四階段的文章和研究較少。至於各治療階段的療程時間，Linehan 的第一階段研究通常是為期一年的 DBT 協議。實際上，每階段的療程時間需要根據臨床專業知識及個案自己的臨床表現和進展（包括：持續的安全性、技巧使用的增加、急診就診或住院次數的減少），來確定是否要進入下一階段治療目標或重新回到前一階段。雖然治療階段是線性呈現，但這些階段並不是按時間順序排列，有時是循環的或是重疊的。治療師和個案可能必須在每個階段反覆解決某些問題。有時患者完成第一階段，進入第二階段，然後再次返回第一階段的情況並不少見。當自殺行為或危機問題出現時，有時會回到治療前準備期的討論以重新獲得個案對治療目標或方法的承諾。在終止治療前，特別是如果沒有做好充分準備，個案可能會退化回到第一階段的行為。有些個案從第一階段過渡到第二階段也很困難，因為暴露治療會導致強烈的痛苦情緒和隨之而來的行為失控。

DBT 根據個案的疾病嚴重程度和行為問題優先處理原則來分期治療，即使在混亂的情況下，治療師也能清楚明確知道最需優先處理的問題為何。雖然治療環境中的結構取決於個案疾病程度，但生物社會理論和核心策略則是穩定不變的，這將在下一章中詳細說明。在每一階段中也需要不斷的練習如何應用 DBT 的核心策略——改變、認可和辯證法，包括要練習如何使用 DBT 的原則來概念化個案的問題，這將在第三章中以案例說明，如何在 DBT 中使用個案概念化，來為個案構建臨床決策和治療計畫。

重點提示

1. 辯證行為治療是 Marsha Linehan 博士所發展的一種綜合治療，綜合了行為理論、禪修原理和辯證法，來解決邊緣型人格障礙患者的慢性自

殺問題。

2. 辯證行爲治療提出對個案、治療師和治療的假設，將個案和治療師導向有效的態度和實踐，以增加治療成功的可能性。

3. 辯證行爲治療成功的關鍵在於密切關注治療的結構要素：以個別治療、團體技巧訓練、電話輔導諮詢及治療諮詢團隊的多模組治療架構，提供五項治療功能。

4. 辯證行爲治療以完善的程序結構訂出治療階段和標的行爲的層次結構，爲個別治療構建處理治療任務的優先次序。

5. 辯證行爲治療是最具有臨床實證研究支持，能有效降低自殺自傷行爲，降低藥物濫用與依賴，並可增進心理社會適應的一種心理治療。

參考文獻

Asarnow, J. R., Berk, M. S., Bedics, J., Adrian, M., Gallop, R., Cohen, J., Korslund, K., Hughes, J., Avina, C., Linehan, M. M. & McCauley, E. (2021). Dialectical behavior therapy for suicidal self-harming youth: Emotion regulation, mechanisms, and mediators. *J Am Acad Child Adolesc Psychiatry*, *60*(9), 1105-1115.e4.

Bedics, J. D., Atkins, D. C., Harned, M. S. & Linehan, M. M. (2015). The therapeutic alliance as a predictor of outcome in dialectical behavior therapy versus nonbehavioral psychotherapy by experts for borderline personality disorder. *Psychotherapy (Chic)*, *52*(1), 67-77.

Beulter, L. E., Brookman, L., Harwood, T. M., Alimohamed, S., & Malik, M. (2002). Functional impairment and coping style. *Psychotherapy, 38*, 437-442.

Bohus, M., Haaf, B., Simms, T., Limberger, M. F., Schmahl, C., Unckel, C., Lieb,

K. & Linehan, M. M. (2004). Effectiveness of inpatient dialectical behavioral therapy for borderline personality disorder: A controlled trial. *Behaviour Research and Therapy*, *42*, 487-499.

Chapman, A. L. (2006). Dialectical behavior therapy: current indications and unique elements. *Psychiatry (Edgmont)*, *3*(9), 62-68.

Fruzzetti, A. E., Santisteban, D. A., & Hoffman, P. D. (2007) Dialectical behavior therapy with families. In Dimeff, L. A. & Koerner, K. (Eds.), *Dialectical behavior therapy in clinical practice: Applications across disorders and settings* (pp. 222-244). Guilford Press.

Harned, M. S., Chapman, A. L., Dexter-Mazza, E. T., Murray, A., Comtois, K. A. & Linehan, M. M. (2008). Treating co-occurring Axis I disorders in recurrently suicidal women with borderline personality disorder: a 2-year randomized trial of dialectical behavior therapy versus community treatment by experts. *Journal of Consulting and Clinical Psychology*, *76*, 1068-1075.

Harned, M. S., Korslund, K. E. & Linehan, M. M. (2014). A pilot randomized controlled trial of Dialectical Behavior Therapy with and without the Dialectical Behavior Therapy Prolonged Exposure protocol for suicidal and self-injuring women with borderline personality disorder and PTSD. *Behaviour Research and Therapy*, *55*, 7-17.

Koerner, K. (2012). *Doing dialectic behavior therapy: A practical guide*. Guilford Press.

Linehan, M. M., Armstrong, H. E., Suarez, A., Allmon, D., & Heard, H. L. (1991). Cognitive-behavioral treatment of chronically parasuicidal borderline patients. *Archives of General Psychiatry*, *48*, 1060-1064.

Linehan, M. M., Comtois, K. A., Murray, A. M., Brown, M. Z., Gallop, R. J., Heard, H. L., Korslund, K. E., Tutek, D. A., Reynolds, S. K., & Lindenboim, N. (2006). Two-year randomized controlled trial and follow-up of dialectical behavior therapy vs therapy by experts for suicidal behaviors and borderline personality disorder. *Archives of General Psychiatry*, *63*, 757-766.

Linehan, M. M. (1993). *Cognitive-behavioral treatment of borderline personality disorder*. Guilford Press.

Linehan, M. M., Dimeff, L. A., Reynolds, S. K., Comtois, K. A., Welch, S. S., Heagerty, P., & Kivlahan, D. R. (2002). Dialectical behavior therapy versus comprehensive validation therapy plus 12-step for the treatment of opioid dependent women meeting criteria for borderline personality disorder. *Drug and Alcohol Dependence*, 67(1), 13-26.

Linehan, M. M., Heard, H. L., & Armstrong, H. E. (1993). Naturalistic follow-up of a behavioral treatment for chronically parasuicidal borderline patients. *Archives of General Psychiatry*, *50*, 971-974.

Linehan, M. M., Korslund, K. E., Harned, M. S., Gallop, R. J., Lungu, A., Neacsiu A, D., McDavid, J., Comtois, K. A., & Murray-Gregory, A. M. (2015). Dialectical behavior therapy for high suicide risk in individuals with borderline personality disorder: a randomized clinical trial and component analysis. *JAMA Psychiatry*, *72*, 475-482.

Linehan, M. M., Schmidt, H. 3rd, Dimeff, L. A., Craft, J. C., Kanter, J., & Comtois, K. A. (1999). Dialectical behavior therapy for patients with borderline personality disorder and drug-dependence. *American Journal of Addiction*, *8*, 279-292.

Lynch, T. R., Chapman, A. L., Rosenthal, M. Z., Kuo, J. R., & Linehan, M. M. (2006).

Mechanisms of change in dialectical behavior therapy: theoretical and empirical observations. *Journal of Clinical Psychology, 62*(4), 459-480.

McCauley, E., Berk, M. S., Asarnow, J. R., Adrian, M., Cohen, J., Korslund, K., Avina, C., Hughes, J., Harned, M., Gallop, R. & Linehan, M. M. (2018). Efficacy of dialectical behavior therapy for adolescents at high risk for suicide: A randomized clinical trial. *JAMA Psychiatry, 75*(8), 777-785.

Miller A. L., Rathus, J. H., & Linehan, M. M. (2007). *Dialectical behavior therapy with suicidal adolescents*. Guilford Press.

Neacsiu, A. D., Eberle, J. W., Kramer, R., Wiesmann, T. & Linehan, M. M. (2014). Dialectical behavior therapy skills for transdiagnostic emotion dysregulation: a pilot randomized controlled trial. *Behaviour Research and Therapy, 59*, 40-51.

Neacsiu, A. D., Rizvi, S. L. & Linehan, M. M. (2010). Dialectical behavior therapy skills use as a mediator and outcome of treatment for borderline personality disorder. *Behaviour Research and Therapy, 48*(9), 832-839.

NICE (2009). Borderline personality disorder: Recognition and management. *Clinical guideline*. https://www.nice.org.uk/guidance/cg78

Rathus, J. H. & Miller, A. L. (2015). *DBT skills manual for adolescents*. Guilford Press.

第二章 辯證行為治療中邊緣型人格的生理社會理論

林承儒

一、前言

　　邊緣型人格障礙（borderline personality disorder, BPD）屬於 B 群組人格疾患，其特點是持續和普遍的認知、情緒和行為失調，是嚴重和令人困惑的行為障礙之一。BPD 是一種異質表現型（heterogeneous phenotype）人格疾患，根據美國精神醫學學會出版的精神疾病診斷與統計手冊第五版（The Diagnostic and Statistical Manual of Mental Disorders 5th, DSM-5）（APA, 2013），BPD 表型的廣泛定義包括情緒失調、衝動、身分認同障礙、人際關係問題和自殺／自傷行為等。它的另一個主要特徵是精神上和行為上的極端對立且交互並存，並作出自我傷害等破壞性的行為，這些行為會反覆出現（Chapman, 2019）。

　　自殘和自殺行為在 BPD 患者身上是常見的（Biskin & Paris, 2012）。約 50% 到 80% 的 BPD 患者會發生自殘，最常見的自殘方法是用銳利物割劃身體（Oumaya et al., 2008）。其他症狀可能包括出現與現實狀況不成比例的、強烈的被拋棄恐懼感、絕望和憤怒（Biskin & Paris, 2012）。與 BPD 常共病的精神疾患有物質使用疾患、憂鬱症和飲食障礙。大約 10% BPD 患者死於自殺（Biskin & Paris, 2012）。BPD 經常遭受來自媒體和精神病學領域的社會汙名，因此常常未被診斷出來（Aviram et al., 2006）。

　　BPD 通常出現在青春期晚期或成年早期，儘管越來越多的證據表明

可以在青少年中可靠地辨識出 BPD（Miller et al., 2008），但 BPD 的臨床診斷很少在 18 歲之前給出，並且缺乏在青少年的實證性縱向研究（empirical longitudinal research）。目前對 BPD 病因的理解及發展軌跡仍不清楚。早期研究側重在與童年創傷的關聯，並依賴於臨床樣本的回顧性研究（Lenzenweger & Cicchetti, 2005; Ogata et al., 1990; Winsper, 2012）。這些早期研究支持的理論模型是假設兒童期的性虐待為發展成 BPD 的主要風險（和病因）因素（Perry & Herman, 1993）。雖然創傷理論在 1980 年代很流行（van der Kolk, 1985），但它們過於簡化了 BPD 的發展。此後人們認識到，只有少數 BPD 患者曾遭到嚴重虐待，而兒童期虐待是多種精神病理學的非特異性風險因素（Paris, 2009）。在 1990 年代，創傷理論被素質和壓力源之間相互作用的多因素模型所取代。不同模型所側重的點（即認知、依戀、情感、創傷、社會背景）各不相同，但都承認社會心理風險因素的重要性（Linehan, 1993; Millon, 1993; Paris & Zweig-Frank, 1992; Ryle, 1990）。在這些模型中，Linehan 的生物社會理論（Linehan, 1993）可能是最具影響力的，為後續理論及治療（Crowell et al., 2009）奠定了基礎。

表 2.1　DSM-5 的邊緣型人格診斷準則（APA, 2013）

邊緣型人格障礙症（301.83）的診斷準則
自成年期早期開始，一種廣泛的模式，人際關係、自我形象（self-image）和情感不穩定（affective instability）和顯著的衝動性（impulsivity），表現符合以下五項（或更多）：
1. 瘋狂地努力逃避真實或想像中的被拋棄。（註：不包括診斷準則 5 的自殺或自殘 [self-mutilating] 行為） 2. 不穩定且強烈的人際關係模式，特徵為在理想化（idealization）及貶抑（devaluation）兩極之間轉換。 3. 認同（identity）障礙：顯著和持續不穩定的自我形象或自我感（sense of self）。 4. 至少兩方面潛在自我傷害的衝動行為（如：過度花費、性虐待、物質濫用、危險駕駛或嗜食）。（註：不包括診斷準則 5 的自殺或自殘行為）

邊緣型人格障礙症（301.83）的診斷準則
5. 一再的自殺行為、姿態、威脅或自殘行為。
6. 來自心情（mood）明顯反應過度的情緒不穩定。（如：強烈陣發的 [episodic] 不悅、易怒、或焦慮通常持續幾個小時，很少超過幾天。）
7. 慢性空虛感（feeling of emptiness）。
8. 不適當且強烈的憤怒，或對憤怒難以控制。（如：時常發脾氣、總是發怒、一再地肢體衝突。）
9. 短暫的，與壓力相關的妄想意念或嚴重解離症狀。

二、林納涵的生物社會理論（Linehan's Biosocial Theory）

　　Linehan 的 BPD 生物社會理論（Linehan, 1993）是 BPD 病理學最詳盡描述的病因模型之一（Fonagy et al., 2000; Judd, 2003; Kernberg, 1967, 1975, 1976）。辯證行為治療（Dialectical Behavior Therapy, DBT）將普遍的情緒失調概念化為 BPD 和其他臨床疾病（例如，藥物濫用、飲食失調）的核心功能障礙。根據 Linehan 發展的 DBT 來看 BPD，可視 BPD 為一種情緒失調症，這樣的情緒系統的失調是由個體的生物脆弱性和與不認可的發展環境之間交流的產物（Linehan, 1993）。Linehan 提出的功能障礙是情緒反應各個方面的廣泛失調之一。因此，情緒脆弱的個體對情緒高度敏感（即使情緒低於閾值也能對情緒線索做出快速反應）、高反應性（即情緒的強烈體驗和表達），以及緩慢恢復到基線（即情緒喚起是持久的）。當生物情緒脆弱性與不認可的發展環境相結合時，個體因此學會透過適應不良的策略來調節情緒。情緒失調被定義為「即使盡最大努力，也無法改變或調節情緒線索、經歷、行為、語言反應和／或非語言表達」（Linehan et al., 2007）。在極端形式下，例如在 BPD 患者身上，情緒失調普遍存在於工作，學校及人際關係中，發生的頻率高也伴隨極高強度。情緒失調會

擾亂個人情緒反應系統的各個方面：包括生理、認知、行為和人際關係
（Lynch et al., 2006）。從 DBT 的角度來看，跨多個功能領域的功能障礙
是情緒失調，或應對強烈和痛苦情緒的適應不良嘗試的必然結果。例如，
情緒失調會導致為緩解情緒困擾而採取攻擊性、衝動性和冒險行為的風險
增加（Harned et al., 2006）。此外，從 Linehan 的角度來看，情緒（以及
情緒失調）的結構非常廣泛，包括情緒相關的認知過程、生物化學和生理
學、面部和肌肉反應、行動衝動和情緒相關的行為。情緒失調隨後導致在
情緒挑戰事件中出現功能失調的反應模式。Linehan 提出了情緒失調（例
如邊緣系統功能障礙）的許多可能的生物學基礎。然而，當 Linehan 首次
闡明她的理論時，關於心理疾患的生物學的文獻非常有限。

此外，Linehan 提出 BPD 的發展是發生在不認可的發展環境中。這種
不認可環境的特點是一種輕視、忽視、駁回或懲罰情感表達的環境，特別
是不受可觀察事件支持的情感。不認可的環境告訴孩子，他們對自己經驗
的理解和對內部經驗的描述從根本上是錯誤的，並且是源自於不可接受和
不受社會歡迎的性格特徵。不認可的童年環境會導致情緒失調的發展，因
為他們未能教會孩子如何理解、標記、調節和容忍情緒困擾，或如何解決
導致這些情緒反應的問題（Linehan, 1993; McMain et al., 2001）。極端行
為，例如自殘和濫用藥物，被理解為試圖調節情緒，或者是調節情緒失敗
的結果。隨著時間的更迭，這些行為會隨著可快速逃避情緒狀態而得到強
化。另，雖然不認可的環境會間歇性地強化極端的情緒表達，然而這樣的
強烈情緒同時也向孩子傳達一個這樣的情緒表現是沒有根據的概念。

(一) BPD 的生物社會模型

生物社會發展模型基於以下證據：

1. 衝動控制差可能出現在 BPD 病理發展的早期，這可能是導致 BPD
和其他衝動控制障礙共通的生物學脆弱性的原因。

2. BPD 極端情緒不穩定特徵的發展是由照顧環境塑造和維持的，並

基於兒童的特徵（例如，原本的情緒敏感性）和發展環境。

　　3. 生物脆弱性和環境風險過程之間的強化交互作用會加劇情緒失調和更極端的行為失控，從而導致負面的認知和社會後果。

　　4. 到青春期中後期，有一系列可辨識的特徵和適應不良的應對策略，意指造成後期 BPD 的風險增加。

　　5. 這些特徵和行為影響人際關係和社會功能，也干擾健康的情緒發展，可能會加劇 BPD 發展的風險。

(二) BPD 發展的生物學相關性

　　BPD 生物功能障礙的研究集中在大腦結構、神經化學和遺傳脆弱性上。幾種神經傳導系統，包括血清素（serotonin）、多巴胺（dopamine）、加壓素（vasopressin）、乙醯膽鹼（acetylcholine）、正甲腎上腺素（nor-adrenaline）和 γ - 氨基丁酸（gamma-aminobutyric acid），在研究文獻中受到關注。研究也探索了 BPD 病理與周圍神經系統功能障礙之間的關係。最後，有證據顯示 BPD 具有可遺傳的成分（Torgersen, 2000; Torgersen et al., 2008）。這結果顯示衝動性（例如在 BPD 中看到的衝動性）大約 80% 可遺傳、具有明確的神經解剖學相關性並與易罹患許多精神疾病的研究一致（Beauchaine & Neuhaus, 2008）。然而，由於基因和複雜行為之間的關係很少是直接的，因此需要對生物和社會心理對個案發展成 BPD 的相關性進行理解。

1. 行為遺傳學和家庭研究（Behavioral genetics and family studies）

　　對於 BPD 是否有遺傳性，行為遺傳學研究有相互矛盾的結果，部分原因是研究之間的方法學差異，以及 BPD 表型的異質性（Skodol et al., 2002）。迄今為止規模最大、方法學上最合理的雙胞胎研究之一（挪威的 92 對同卵雙胞胎和 129 對異卵雙胞胎）產生了一個最佳配適模型（a best fitting model），其中 69% 的症狀歸因於相加性遺傳效應，31% 歸因於對非共享環境影響（Torgersen et al., 2000）。這項研究中，BPD 的一致性在同卵雙胞胎中爲 38%，在異卵雙胞胎中則爲 11%，這結果顯示 BPD 具有很強的遺傳成分。在一項單獨的家族史研究中，Silverman 等學者（1991）發現，與其他人格障礙或精神分裂症患者的親屬相比，被診斷患有 BPD 的人的親屬出現情緒不穩定和衝動的風險更大。

2. 血清素（Serotonin）

醫學實證顯示，衝動性攻擊和情緒不穩定都與中樞血清素（5-HT）系統內的特定基因多型性和功能障礙有關。大量實證證實血清素功能缺陷與 BPD 相關病症和行爲有關，例如情緒障礙、自殺性和非自殺性自傷以及攻擊性（Kamali et al., 2001）。BPD 個案的血清素功能直接測試研究支持血清素系統的障礙和行爲缺陷之間存在關聯。在評估中樞血清素活性（例如，fenfluramine, m-chlorophenylpiperazine, buspirone, ipsapirone）的藥理學挑戰試驗（在多種人格障礙的樣本中進行，包括有 BPD 的個案）中發現，這些個案身上的中樞血清素活性降低（Coccaro et al., 1990; Coccaro & Kavoussi, 1997; Moss et al., 1990; Soloff, 2000）。這些結果表示，攻擊性、情緒依賴行爲和血清素活動之間的關係在許多人格障礙中很常見，並且可能不是 BPD 特有的（Gurvits et al., 2000）。

遺傳研究也集中在血清素候選基因上。有幾項研究檢查了編碼血清素轉運蛋白（5-HTT）和色氨酸羥化酶（TPH）的基因的作用，色氨酸羥化酶（TPH）是 5-HT 生物合成中的限速酶（Skodol et al., 2002）。研究結果表明，罹患 BPD 的個體具有較少的血小板 5-HTT 結合位點，這可能是由於 5-HTT 基因的多型性所致（Greenberg et al., 1999）。5-HTT 在突觸間隙再攝取 5-HT 中起重要作用。5-HTTLPR（17 號染色體上 5-HTT 基因的常見多型性）的短等位基因（s/s 或 s/l）雜合或純合的個體似乎具有更

快的 5-HT 再吸收，並且處於兒童期虐待後患憂鬱症的風險更大（Caspi et al., 2003）。s 等位基因與避免傷害和衝動有關（Goodman et al., 2004）。最後，研究顯示具有 s 等位基因的個體在接受恐懼刺激後杏仁核激活度較大，這個結果也在功能性 MRI 測量研究中存在（Hariri et al., 2002）。已經研究了其他 5-HT 基因與 BPD、衝動和自傷行為的關係，但研究結果需要進一步檢視（Anguelova et al., 2003; Du et al., 2000; Huang et al., 1999; Rujescu et al., 2003; Turecki et al., 2003）。研究人員也探索了 TPH 基因的 U 和 L 等位基因的多型性（TPH 是 5-HT 合成的限速酶）以及 TPH 基因與衝動攻擊的關係（Gurvits et al., 2000）。Zaboli 等學者（2006）使用風險單倍型分析來探討有 BPD 的自殺白人女性樣本中的 TPH-1 和 TPH-2 亞型，得出結論，認為 TPH-1 與受試者中的 BPD 相關。他們的發現為 5-HT 系統的功能與衝動攻擊之間的關係提供了進一步的證據。

3. 多巴胺（Dopamine）

雖然沒有研究直接在 BPD 的個體中測試多巴胺（DA）的功能，但有一個新的共識，就是 DA 功能障礙會導致 BPD 的情感、認知和行為特徵的表現（Friedel, 2004; Skodol et al., 2002）。然而，DA 功能障礙（hypo versus hyperfunctioning）的具體機制未有明確解答。Joyce 等學者（2006）在兩個獨立的 BPD 的憂鬱成人樣本中發現 DA 轉運蛋白（DAT1）的 9-重複等位基因與 BPD 之間存在顯著關聯。DAT1 參與中腦邊緣 DA 系統內突觸間隙的 DA 再攝取，並可能影響可用於神經傳遞的 DA 量。儘管 Joyce 等學者指出與 BPD 中 DAT1 相關的遺傳變異導致高多巴胺功能（導致 BPD 的類精神病特徵），同樣的 DAT1 異常與低多巴胺狀態引起的衝動特徵更加一致（Sagvolden et al., 2005）。從許多研究發現 DAT1 基因（即 9- 重複等位基因）具有相同的多型性。與過動症（Kim et al., 2006）和其他外化行為模式有關，包括行為規範障礙症（conduct disorder; Young et al., 2002）和高度追求新鮮感的個人飲酒（Bau et al., 2001）。此外，常用於治療 ADHD 的興奮劑藥物（如 methylphenidate）主要通過抑制 DAT1 受體起作用，從而增加紋狀體 DA 活性。最後，高多巴胺功能理論與 (a) 高中樞 DA 活動和積極情感之間的聯繫（Ashby et al., 1999）和 (b) 低中樞 DA 活動預測消極情感和易怒傾向的發現不一致（Laakso et al., 2003）。綜上所述，這些發現表明 BPD 的衝動性和負面情感特徵更可能與多巴胺功能有關（Gatzke-Kopp & Beauchaine, 2007）。

4. 加壓素和單胺氧化酶（Vasopressin and monoamine oxidase）

過去研究假設加壓素是一種參與攻擊行為表達的神經傳導物質，與 BPD 病理有關（Gurvits et al., 2000; Teicher et al., 2002）。在動物研究中，血管加壓素上升與攻擊性增加有正相關（Ferris & Potegal, 1988），並且與符合人格障礙標準的個體的 5-HT 功能呈負相關（Coccaro et al., 1998）。基於這些發現，加壓素和 5-HT 系統可能相互作用以促進攻擊行為（Delville et al., 1996）。同樣地，單胺氧化酶（MAO），一種參與單胺神經傳遞物分解的酶，已被假設與 BPD 病理學有關。MAO 有兩種形式：A 和 B。在 Brunner 等學者（1993）發表的文章表示該基因的點突變與暴力行為相關之後，對 MAOA 基因的研究迅速發展並發現此基因可能導致自殺風險。MAOA 基因中的多型性似乎與不認可的環境相互作用，來增強衝動和攻擊行為。例如，Caspi 等學者（2002）發現 MAOA 基因的高風險等位基因僅在與早期兒童虐待相結合時才會導致高程度的攻擊性。這一發現可能對 BPD 的出現有影響。MAOB 的血小板研究發現周邊 MAOB 與衝動控制障礙之間存在負相關的結果是一致的，包括注意力不足過動症、反社會人格、犯罪行為、BPD、病理性賭博和酒精／藥物濫用（Zuckerman & Kuhlman, 2000）。

總之，5-HT 和可能的 DA、MAO 和加壓素的功能缺陷與 BPD 的衝

動、攻擊性和自傷特徵有關。然而，情緒不穩定是 BPD 的一個標誌，膽鹼（cholinergic）和正腎上腺素（noradrenergic）系統的缺陷以及提升下丘腦 - 垂體 - 腎上腺軸（hypothalamic–pituitary–adrenal axis）反應也許更能解釋 BPD 的情緒失調。這些關聯並不意味著 BPD 的情緒失調是生物決定論。事實上，生物系統在整個生命週期中都因環境因素的影響而高度敏感。

5. 乙醯膽鹼（Acetylcholine）

膽鹼神經元支配大腦中參與情緒調節的幾個結構，包括杏仁核（amygdala）、海馬回（hippocampus）和背側被蓋複合體（dorsal tegmental complex），即紋狀體（striatum）和扣帶回皮層（cingulate cortex）的一部分。此外，抗憂鬱藥的有效性可能部分歸因於對菸鹼型乙醯膽鹼受體（nicotinic acetylcholine receptors, NAChRs）的抑制（Shytle et al., 2002）。NAChR 有助於調節多種情緒相關過程和生理功能，例如睡眠、喚起（arousal）、疲勞、焦慮、疼痛處理、食物攝入和認知功能（Gotti & Clementi, 2004）。情緒障礙中膽鹼功能障礙的主要理論表示，膽鹼和腎上腺素系統之間的複雜交互作用會導致憂鬱徵狀（Shytle et al., 2002）。長期承受壓力後，膽鹼與腎上腺素系統出現不平衡，作為壓力反應的結果，中樞乙醯膽鹼周轉增加並導致心率、血壓、煩躁、憂鬱、焦慮、易怒、攻擊性和敵意的慢性增加，所有這些都是與 BPD 相關的特徵。

6. 正腎上腺素能功能障礙（Noradrenergic dysfunction）

正腎上腺素（NE）系統被認為會促進個體對環境反應、易怒、情緒調節、社會歸屬和情感的差異（Cloninger, 2000; Gurvits et al., 2000; Skodol et al., 2002）。在治療某些憂鬱症，尤其是鬱病（melancholia），選擇性正腎上腺系統藥物似乎比 SSRI 更有效（Pinder, 2004）。此外，使

用 reboxetine 增加 NE 活化導致社會參與和合作增加，並減少隨機分配下典型參與者的自我關注（Tse & Bond, 2002）。有證據表明，酪氨酸羥化酶（tyrosine hydroxylase）（NE 生物合成的限速酶）可以通過環境和藥理學機制上下調節。例如，由於暴露於慢性壓力而導致的 NE 耗竭，造成老鼠的酪氨酸羥化酶蛋白向上調控（Melia et al., 1992）。然，仍需針對 BPD 患者進行進一步研究（Paris et al., 2004）。

7. 下丘腦-垂體-腎上腺軸（Hypothalamic–pituitary–adrenal axis, HPA axis）

證據還表明，慢性壓力會導致下丘腦 - 垂體 - 腎上腺（hypothalamic–pituitary–adrenal, HPA）軸反應升高。此外，動物模型顯示 HPA 軸和中樞 NE 系統相互作用，導致壓力反應失調。特別是，慢性壓力導致 NE 增加 HPA 的反應性，而這種促進似乎是暴露於嚴重或反覆壓力導致脆弱個體極度失調的原因（Pardon et al., 2003）。也有越來越多的證據表明 HPA 軸與自殺行為有關。這一證據來自使用 dexamethasone 抑制試驗（dexamethasone suppression test, DST）的研究，這是一種對 HPA 軸反應性所進行的皮質醇挑戰。不抑制皮質醇的反應在 DST 中顯著造成 HPA 軸過度活躍，這就預示著自殺風險在令人印象深刻的短時間內升高（Lester, 1992）。例如，Coryell 和 Schlesser（2001）對一組憂鬱症患者進行了 15 年的追蹤調查，發現那些在 DST 中不使用皮質醇抑制劑的人，死於自殺的風險是對皮質醇做出反應而抑制皮質醇的人的 14 倍。然，一些橫斷面研究未能發現自殺行為與不抑制 DST 的皮質醇之間的關聯（Pitchot et al., 2003），因此更多進一步的研究是必需的。

8. BPD的中樞和周邊相關性（Central and peripheral correlates of BPD）

　　上面討論的每個神經傳遞系統都在多個相互連接的神經結構內運作，這些神經結構被認為影響 BPD 的表現。情緒失調和衝動攻擊都具有神經生物學基礎，這在幾個研究中都有描述（Beauchaine, 2001; Beauchaine et al., 2001; Brendel et al., 2005; Davidson et al., 2000; Goldsmith & Davidson, 2004; Johnson et al., 2003）。對青春期女性 BPD 的一系列研究顯示，大腦成熟度因人而異，可透過腦波圖測量（Ceballos et al., 2006; Houston et al., 2005）。這些研究和其他相關研究顯示，BPD 與前額葉至邊緣系統迴路缺陷有關（Brendel et al., 2005），包括眶額皮質和腹外側前額皮質，以及杏仁核、海馬迴、梭狀回、前扣帶迴皮質、基底神經節和丘腦。值得注意的是，眶額皮質（orbitofrontal cortex）、前額葉皮質和基底核神經節都富含 DA 神經元，且與男性的外化行為（externalizing behavior）有關（Gatzke-Kopp & Beauchaine, 2007）。

　　有幾種理論概述了前額葉－邊緣系統功能障礙與情緒失調和衝動的脆弱性之間的具體關係（Davidson et al., 2000; Mann, 2003）。這些理論皆表明，過度的邊緣系統活動，會導致參與抑制行為反應的前額葉迴路不夠用（Le Doux, 1992; Shaw et al., 2005）。事實上，功能性 MRI（fMRI）數據顯示，在指導個體調節情緒反應的研究中，可以觀察到杏仁核和前額葉活性的變化（Schaefer et al., 2002）。研究結果還表明杏仁核 - 前額葉迴路與血清素轉運蛋白的遺傳變異之間存在關聯（Heinz et al., 2005）。在一項社會合作研究中，King-Casas 等學者（2008）發現罹患 BPD 的個體在信任博弈中減少了雙側前島葉的活動。這些數據（Caspi et al., 2003）顯示情緒失調、人際衝突和衝動是複雜的相互關聯，遺傳、環境和神經解剖學之間的交互作用可能對於 BPD 的發展皆有影響。

9. 自主神經功能

　　有大量理論文獻將自主神經系統的測量與各種心理狀況的中樞神經系統串起來（Beauchaine, 2001; Beauchaine et al., 2001）。與情緒不穩定的發展特別相關的可能是副交感神經系統（parasympathetic nervous system, PNS）的功能。PNS 活動可以透過呼吸性竇性心律不整（respiratory sinus arrhythmia, RSA）進行，這是迷走神經影響整個呼吸週期心率波動的標誌（也稱爲迷走神經張力）（Berntson et al., 1997）。RSA 的個體差異與社會從屬行爲和情緒調節能力相關，降低的 RSA 會帶來精神病理學風險，增加的 RSA 會提供對精神病理風險的緩衝（Beauchaine, 2001; Katz & Gottman, 1997; Shannon et al., 2007）。與前述研究一致的是，在許多以情緒調節不良爲特徵的人群中觀察到 RSA 降低，包括嚴重的行爲問題（Beauchaine et al., 2001）、非自殺性和自殺性自傷（Beauchaine et al., 2001; Crowell et al., 2005）、敵意（Sloan et al., 1994）與憂鬱症和焦慮症（Lyonfields et al., 1995; Rechlin et al., 1994; Rottenberg et al., 2002; Thayer et al., 1996; Yeragani et al., 1993）。因此，有 BPD 風險的個體很可能也會表現出降低的 RSA。

(三) BPD 發展的社會心理風險因素

1. 家庭精神病理學（Family psychopathology）

　　對 BPD 患者的家庭成員進行精神病理學研究的歷史悠久。隨著時間的推移，這項研究的重點已經發生了變化，這取決於研究人員的首選病因學表述（White et al., 2003）。研究人員最初調查了精神分裂症譜系障礙，然後是情緒障礙，以及最近的衝動控制障礙。這些研究表明，在 BPD 個體中，BPD 與精神分裂症譜系障礙之間幾乎沒有關係，BPD 與重度憂鬱症之間存在中等關係，衝動控制障礙並具有顯著的家族聚集性。因此，關

於 BPD 患者精神病理學家族聚集的文獻對情緒和衝動控制障礙都是正相關的，這可能通過生物學和社會機制導致 BPD 的脆弱性。

2. 中斷的依戀關係、不認可的環境和虐童（Disrupted attachment relationships, invalidating environments, and child maltreatment）

中斷的人際關係長期以來一直被描述為 BPD 病理學發展的危險因素（Gunderson, 1996; Linehan, 1993）。許多理論學者假設，在 BPD 患者中，依附關係中斷的病史很常見（Levy et al., 2005）。母親的敏感性和相關的依附過程被認為在人類發展中有著特別重要的作用。依附理論認為，有效的親子互動模式（在童年時期尋求接近、撫摸和撫慰，在青春期培養安全感和自主性）會導致兒童與其照顧者之間建立持久的情感聯繫（Bowlby, 1990）。與人類的依附理論的研究傳統上側重於像母性敏感性和互惠等行為（Ainsworth et al., 1978），並且極少考慮基因的作用或其他生物學影響。然而，Lakatos 等學者（Gervai et al., 2005; Lakatos et al., 2000; Lakatos et al., 2002）的研究顯示，兒童的多巴胺 DRD4 多型性與他們與父母的混亂的依附模式有關。這表明基因─環境相互作用可能會影響整個發育過程中的依附過程。此外，來自同一實驗室的初步證據表明，缺乏 DRD4 基因的 T.7 單倍型可能構成早期依附關係困難發展的因素（不攜帶 T.7 單倍型的嬰兒更有可能發展對母親的安全依附）。在被診斷為 BPD 的個體中，越來越多的證據表明有依附過程的中斷。在對 13 個成人依附研究的回顧中發現了 BPD 與不安全依附之間的一致關聯，特別是未解決、先入為主和恐懼的亞型（Agrawal et al., 2004）。然而，如果沒有前瞻性的縱向研究，就無法了解童年依附經歷與 BPD 發展之間的關係。

如上所述，Linehan（1993）提出 BPD 的發展部分是由於不認可的家庭環境。有一些前瞻性數據支持這樣一種觀點，即父母的情感參與不

足會損害孩子有效社交的能力。Johnson 等學者（2002）發現，即使在控制了父母的精神病理之後，在這種環境中長大的兒童出現自殺行爲和企圖自殺的風險也會增加。儘管幾乎所有與虐待和自傷行爲相關的研究都是回顧性的（Gratz, 2003），然結果與前瞻性研究的結果非常一致，顯示有虐待史的青少年和年輕成年人大約有比對照組多三倍的機會出現自殺行爲（Brown et al., 1999; Dube et al., 2001）。非自殺性的自傷文獻中發現類似現象，即童年創傷是發展後續「自毀行爲」的重要風險因素（Green, 1978），但缺乏安全依戀可能會維持這種行爲（van der Kolk et al., 1991）。這些發現顯然與 BPD 的發展有關。

以忽視、身體虐待、情感虐待或性虐待爲特徵的環境是極其不認可的。然而，童年虐待與 BPD 發展之間關係的確切本質一直是廣泛爭論的主題。一些研究人員（Zanarini, 2000）提供的證據表明，很大比例的BPD 患者報告有忽視（92%）、身體虐待（25%～73%）和性虐待（40%～76%）的過去史。因此，許多人將虐待描述爲 BPD 發展中的一個關鍵風險因素，甚至是一個主要的病因因素（Herman & van der Kolk, 1987; Soloff et al., 2002）。鑑於報告的高虐待率，一些研究人員試圖將 BPD 描述爲一種創傷後壓力疾患（PTSD）（Herman et al., 1989）。相反，其他研究人員批評了這些虐待報告的回顧性，並強調不要將任何單一事件視爲 BPD發展的最重要風險因素的重要性（Zanarini et al., 1998）。目前文獻中的共識是，儘管 BPD 患者普遍有虐待史，但這對於疾病的發展既非必要也不充分（Zanarini & Frankenburg, 1997; Zanarini et al., 1997）。

3. BPD的社會文化關聯

廣泛的環境影響，如文化、種族、社區和／或社會經濟地位（Chavira et al., 2003），對 BPD 發展的潛在影響很少被關注。迄今爲止的證據表明，在所有研究它的國家（Ono & Okonogi, 1988; Pinto et al., 2000）都發

現了 BPD，其患病率大致相同（通常為基於小樣本）（Lieb et al., 2004），並顯示出相似的跨文化遺傳率（Distel et al., 2008）。總之，這些發現似乎表明文化對 BPD 發展的相對影響是有限的。然而，一項評估 34,653 名美國成年人的 BPD 的大型流行病學研究的最新證據表明，BPD 的患病率高於先前的紀錄（5.9%），並且該疾病的患病率似乎在不同種族之間存在顯著差異（Grant et al., 2008）。在全國範圍內，美洲原住民男性的 BPD 發生率較高（13.2%），而亞洲女性的 BPD 發生率相對較低（2.5%）。在收入較低的人群中發現 BPD 的患病率較高。然而，未來的研究需要確定因社會文化帶來的經歷如何作為 BPD 發展的保護或風險因素和／或當前的診斷標準是否適合（Grant et al., 2008）。

　　BPD 是一種以影響認知和行為的極端情緒失調為特徵，且在發展過程中的不同時間出現的環境風險因素交互影響而來。辯證行為治療針對情緒失調提供邊緣型人格患者調適情緒及與環境互動的技巧，以幫助這一群人得到值得活的人生。

三、以林納涵生理社會理論分析個案範例

　　志明，28 歲。

　　從 27 歲時開始到精神科門診，剛開始來門診的主述是最近一週有 2 次自殺行為，其中一次因為個案打電話給朋友說自己喝了一罐威士忌加上 20 顆普拿疼很不舒服，所以就被送到急診，急診建議住院，然因為個案不願意且不符合嚴重精神病人強制住院的規範，所以在緊急處理後，被轉介到精神科門診。

　　在門診會談時，志明表示從畢業後約 25 到 27 歲左右開始有明顯的症狀，剛開始是睡眠的問題，所以需要喝一些酒幫助睡眠，剛開始只是週間需要喝酒，然而，隨著睡眠狀況越來越差，喝酒的量也就越來越多，到第一次看診的前一週已經是每天都需要喝，而且從剛開始只需要喝一罐啤

酒，到現在已經是每天都需要喝一小罐米酒了。除了失眠外，志明表示因為生活不順遂，常常感到情緒低潮，又因為朋友少，幾乎沒有知心的人可以說話，會把心事寫在自己的 FB 上，但是連 FB 的朋友都很少按讚。有一個喜歡很多年的女生最近交男朋友了，會在 FB 放閃，個案覺得很受傷，情緒就更差了，總總原因加疊之下，個案出現自殺行為。

　　回溯個案的病史，個案從小就是個較為內向的孩子，是家中三個孩子裡面的老三，上面有一個大哥和二姊。個案一直長得比較瘦弱，個子也比較矮小，因為內向害羞，父母對個案這樣的表現常會說，「一點都沒有男孩子的樣子」，在學校也因為外型的關係，常常被同學欺負，然而他還是有一些不錯的朋友會一起聊天出去玩，但志明覺得他自己從小就很容易多愁善感，而父母務農，比較傳統，對於性格較為陰柔的兒子多以訓話及大聲喝斥責備，難以同理個案的需求，所以個案常覺得爸媽已經有哥哥姊姊了，自己是多餘的。到了青春期，個案迷上武俠小說，覺得自己既然沒有陽剛的外表，就在想像的世界裡把自己塑造成功夫高手，所以開始著手小說創作，因此耽誤了學業，無法像哥哥姊姊在學業上表現突出，個案也因為學業表現不好，差點被二一而多次休學及轉學，一直到 25 歲才拿到大學文憑，學業的表現不佳也讓父母感到難以負荷，覺得個案「怎麼二十幾歲了還要跟家裡拿錢，還不畢業」。除此之外，個案的小說創作也常常受挫，一直投稿及參與小說創作比賽，卻未能獲獎，也沒有得到出版社的青睞，以至於只好打工維持生活，又一邊寫作。從高中開始，個案反覆因為情緒干擾，多次出現撞牆、打自己、捏自己、嚴重時偶有割自己大腿的情形，然因為精神疾病恥辱感的關係，個案從沒有告訴別人，也未曾就醫，一直到 27 歲時吞藥加喝酒才被朋友送醫治療。大學畢業後，兵役體檢因體重過輕，評為丙等，所以不須服役。大學畢業後，個案開始在台北市租屋獨居，家中沒有支付個案生活費用，個案因為工作不穩定（自述常常做2～3 個月就莫名其妙被辭退），一直有強烈生活／經濟壓力，最近在考慮是否要搬回鄉下父母家住，但因長期與父母相處不融洽，所以很難下決定。

個案 27 歲時開始來精神科就診，服用抗憂鬱藥物並接受酒精戒癮的治療。剛開始治療的三個月症狀有些起色，然因長期的空虛感，且常常覺得自己總是無法達到別人的期待，醫師也一定覺得自己很糟，而不敢面對醫師，就自行停止回診，然又出現自殺意念及自傷行為（撞牆），因此轉介辯證行為治療。

(一) 生物社會理論分析

1. 情緒脆弱、情緒失調：志明因個性較為內向害羞，情緒敏感，且過去沒有從環境的回饋習得情緒調節的技巧，所以常常呈現持續且強烈的情緒，也常有空虛感受。

2. 不認可的環境：以志明為例，父母對於志明身為生理男性有既定的性別刻板印象，使得志明較為內向害羞／陰柔且多愁善感的個性，無法得到父母認可，對於志明的情緒反應多是大聲斥責，無法同理及支持。加上志明在求學階段，人際發展也受外型及學業表現影響，無法自我認同及接納自己。

3. 在不認可的環境及情緒失調的交互影響下，志明發展出不適切的應對行為，包括飲酒，自傷及自殺行為等，而這樣失功能的行為更影響志明對自己的看法（「覺得自己很糟」），使得志明的情緒每況愈下，且不適切的行為問題也層出不窮。而志明周圍的家人、朋友更認定個案就是個情緒化、幼稚、不自制的人（也造成環境更不認可）。

(二) 生物社會理論交互作用結果

1. 個案自我否定，不相信自己的反應，不相信自己的情緒與判斷，困難辨識自己的情緒。

2. 因為自己不清楚「應該怎麼反應才對」，會主動找尋別人的線索來告訴自己「應該」如何反應。

3. 不精確地表達自己的情緒。

4. 在極端情緒表現和情緒壓抑之間來回震盪。

5. 困難容忍壓力，無法一步步解決困難問題，容易放棄或自責。

6. 對失敗反應過度，卻又設定不可能達到的目標。

重點提示

1. 辯證行為治療是根據邊緣型人格的生物社會理論為基礎發展出來的。

2. 邊緣型人格個案的情緒脆弱性，乃因 (1) 情緒敏感度較高、(2) 無法調節強烈的情緒反應，以及 (3) 緩慢恢復到情緒基線。

3. 邊緣型人格個案的情緒脆弱性與不認可的環境交互影響互相強化之下，導致情緒、認知及社會失功能。

參考文獻

Agrawal, H. R., Gunderson, J., Holmes, B. M., & Lyons-Ruth, K. (2004). Attachment studies with borderline patients: a review. *Harv Rev Psychiatry*, *12*(2), 94-104.

Ainsworth, M., Blehar, M., Waters, E., & Wall, S. (1978). *Patterns of attachment: Assessed in the strange situation and at home.* Erlbaum.

Anguelova, M., Benkelfat, C., & Turecki, G. (2003). A systematic review of association studies investigating genes coding for serotonin receptors and the serotonin transporter: II. Suicidal behavior. *Mol Psychiatry*, *8*(7), 646-653.

APA. (2013). *The diagnostic and statistical manual of mental disorders-5*. American Psychiatric Association.

Ashby, F. G., Isen, A. M., & Turken, A. U. (1999). A neuropsychological theory of positive affect and its influence on cognition. *Psychol Rev*, *106*(3), 529-550.

Aviram, R. B., Brodsky, B. S., & Stanley, B. (2006). Borderline personality disorder, stigma, and treatment implications. *Harv Rev Psychiatry*, *14*(5), 249-256.

Bau, C. H. D., Almeida, S., Costa, F. T., Garcia, C. E. D., Elias, E. P., Ponso, A. C., Spode, A., & Hutz, M. H. (2001). DRD4 and DAT1 as modifying genes in alcoholism: interaction with novelty seeking on level of alcohol consumption. *Mol Psychiatry*, *6*(1), 7-9.

Beauchaine, T. (2001). Vagal tone, development, and Gray's motivational theory: toward an integrated model of autonomic nervous system functioning in psychopathology. *Dev Psychopathol*, *13*(2), 183-214.

Beauchaine, T. P., & Neuhaus, E. (2008). Impulsivity and vulnerability to psychopathology. In T. P. Beauchaine & S. P. Hinshaw (Eds.), *Child and adolescent psychopathology* (pp. 129-156). John Wiley & Sons Inc.

Beauchaine, T. P., Katkin, E. S., Strassberg, Z., & Snarr, J. (2001). Disinhibitory psychopathology in male adolescents: discriminating conduct disorder from attention-deficit/hyperactivity disorder through concurrent assessment of multiple autonomic states. *J Abnorm Psychol*, *110*(4), 610-624.

Berntson, G. G., Bigger, J. T. Jr., Eckberg, D. L., Grossman, P., Kaufmann, P. G., Malik, M., Nagaraja, H. N., Porges, S. W., Saul, J. P., Stone, P. H., & van der Molen, M. W. (1997). Heart rate variability: origins, methods, and interpretive caveats. *Psychophysiology*, *34*(6), 623-648.

Biskin, R. S., & Paris, J. (2012). Diagnosing borderline personality disorder. *Canadian Medical Association Journal*, *184*(16), 1789.

Bowlby, J. (1990). *A secure base: Parent–child attachment and healthy human development.* Routledge.

Brendel, G. R., Stern, E., & Silbersweig, D. A. (2005). Defining the neurocircuitry of borderline personality disorder: functional neuroimaging approaches. *Dev Psychopathol*, *17*(4), 1197-1206.

Brown, J., Cohen, P., Johnson, J. G., & Smailes, E. M. (1999). Childhood abuse and neglect: specificity of effects on adolescent and young adult depression and suicidality. *J Am Acad Child Adolesc Psychiatry*, *38*(12), 1490-1496.

Brunner, H. G., Nelen, M., Breakefield, X. O., Ropers, H. H., & Oost, B. A. v. (1993). Abnormal Behavior Associated with a Point Mutation in the Structural Gene for Monoamine Oxidase A. *Science*, *262*(5133), 578-580.

Caspi, A., McClay, J., Moffitt, T. E., Mill, J., Martin, J., Craig, I. W., Taylor, A., & Poulton, R. (2002). Role of genotype in the cycle of violence in maltreated children. *Science*, *297*(5582), 851-854.

Caspi, A., Sugden, K., Moffitt, T. E., Taylor, A., Craig, I. W., Harrington, H., McClay, J., Mill, J., Martin, J., Braithwaite, A., & Poulton, R. (2003). Influence of life stress on depression: moderation by a polymorphism in the 5-HTT gene. *Science*, *301*(5631), 386-389.

Ceballos, N. A., Houston, R. J., Hesselbrock, V. M., & Bauer, L. O. (2006). Brain Maturation in Conduct Disorder versus Borderline Personality Disorder. *Neuropsychobiology*, *53*(2), 94-100.

Chapman, A. L. (2019). Borderline personality disorder and emotion dysregulation. *Dev Psychopathol*, *31*(3), 1143-1156.

Chavira, D. A., Grilo, C. M., Shea, M. T., Yen, S., Gunderson, J. G., Morey, L. C., Skodol, A. E., Stout, R. L., Zanarini, M. C., & Mcglashan, T. H. (2003). Ethnicity and four personality disorders. *Compr Psychiatry*, *44*(6), 483-491.

Cloninger, C. R. (2000). Biology of personality dimensions. *Current Opinion in Psychiatry*, *13*(6).

Coccaro, E. F., Astill, J. L., Herbert, J. L., & Schut, A. G. (1990). Fluoxetine treatment of impulsive aggression in DSM-III-R personality disorder patients. *J Clin Psychopharmacol*, *10*(5), 373-375.

Coccaro, E. F., & Kavoussi, R. J. (1997). Fluoxetine and impulsive aggressive behavior in personality-disordered subjects. *Arch Gen Psychiatry*, *54*(12), 1081-1088.

Coccaro, E. F., Kavoussi, R. J., Hauger, R. L., Cooper, T. B., & Ferris, C. F. (1998). Cerebrospinal fluid vasopressin levels: correlates with aggression and serotonin function in personality-disordered subjects. *Arch Gen Psychiatry*, *55*(8), 708-714.

Coryell, W., & Schlesser, M. (2001). The dexamethasone suppression test and suicide prediction. *Am J Psychiatry*, *158*(5), 748-753.

Crowell, S. E., Beauchaine, T. P., & Linehan, M. M. (2009). A biosocial developmental model of borderline personality: Elaborating and extending Linehan's theory. *Psychol Bull*, *135*(3), 495-510.

Crowell, S. E., Beauchaine, T. P., McCauley, E., Smith, C. J., Stevens, A. L., & Sylvers, P. (2005). Psychological, autonomic, and serotonergic correlates of parasuicide among adolescent girls. *Development and Psychopathology*, *17*(4), 1105-1127.

Davidson, R. J., Putnam, K. M., & Larson, C. L. (2000). Dysfunction in the neural circuitry of emotion regulation--a possible prelude to violence. *Science*, *289*(5479), 591-594.

Delville, Y., Mansour, K. M., & Ferris, C. F. (1996). Testosterone facilitates aggression by modulating vasopressin receptors in the hypothalamus. *Physiol Behav, 60*(1), 25-29.

Distel, M. A., Trull, T. J., Derom, C. A., Thiery, E. W., Grimmer, M. A., Martin, N. G., Willemsen, G., & Boomsma, D. I. (2008). Heritability of borderline personality disorder features is similar across three countries. *Psychol Med, 38*(9), 1219-1229.

Du, L., Bakish, D., Lapierre, Y. D., Ravindran, A. V., & Hrdina, P. D. (2000). Association of polymorphism of serotonin 2A receptor gene with suicidal ideation in major depressive disorder. *Am J Med Genet, 96*(1), 56-60.

Dube, S. R., Anda, R. F., Felitti, V. J., Chapman, D. P., Williamson, D. F., & Giles, W. H. (2001). Childhood abuse, household dysfunction, and the risk of attempted suicide throughout the life span: findings from the Adverse Childhood Experiences Study. *Jama, 286*(24), 3089-3096.

Ferris, C. F., & Potegal, M. (1988). Vasopressin receptor blockade in the anterior hypothalamus suppresses aggression in hamsters. *Physiology & Behavior, 44*(2), 235-239.

Fonagy, P., Target, M., & Gergely, G. (2000). Attachment and borderline personality disorder. A theory and some evidence. *Psychiatr Clin North Am, 23*(1), 103-122, vii-viii.

Friedel, R. O. (2004). Dopamine dysfunction in borderline personality disorder: a hypothesis. *Neuropsychopharmacology, 29*(6), 1029-1039.

Gatzke-Kopp, L. M., & Beauchaine, T. P. (2007). Central nervous system substrates of impulsivity: Implications for the development of attention-deficit/hyperactivity disorder and conduct disorder. In D. Coch, G. Dawson, & K. W Fischer (Eds.), *Human behavior, learning, and the developing brain: Atypical development* (pp. 239-263). The Guilford Press.

Gervai, J., Nemoda, Z., Lakatos, K., Ronai, Z., Toth, I., Ney, K., & Sasvari Szekely, M. (2005). Transmission disequilibrium tests confirm the link between DRD4 gene polymorphism and infant attachment. *American Journal of Medical Genetics Part B: Neuropsychiatric Genetics*, *132B*(1), 126-130.

Goldsmith, H. H., & Davidson, R. J. (2004). Disambiguating the Components of Emotion Regulation. *Child Development*, *75*(2), 361-365.

Goodman, M., New, A., & Siever, L. (2004). Trauma, genes, and the neurobiology of personality disorders. In R. M. Yehuda, & B. McEwen (Eds.), *Annals of the New York Academy of Sciences* (pp. 104-116). New York Academy of Sciences.

Gotti, C., & Clementi, F. (2004). Neuronal nicotinic receptors: from structure to pathology. *Progress in Neurobiology*, *74*(6), 363-396.

Grant, B. F., Chou, S. P., Goldstein, R. B., Huang, B., Stinson, F. S., Saha, T. D., Smith, S. M., Dawson, D. A., Pulay, A. J., Pickering, R. P., & Ruan, W. J. (2008). Prevalence, correlates, disability, and comorbidity of DSM-IV borderline personality disorder: results from the Wave 2 National Epidemiologic Survey on Alcohol and Related Conditions. *J Clin Psychiatry*, *69*(4), 533-545.

Gratz, K. L. (2003). Risk Factors for and Functions of Deliberate Self-Harm: An Empirical and Conceptual Review. *Clinical Psychology: Science and Practice*, *10*(2), 192-205.

Green, A. H. (1978). Self-destructive behavior in battered children. *Am J Psychiatry*, *135*(5), 579-582.

Greenberg, B. D., Tolliver, T. J., Huang, S. J., Li, Q., Bengel, D., & Murphy, D. L. (1999). Genetic variation in the serotonin transporter promoter region affects serotonin uptake in human blood platelets. *Am J Med Genet, 88*(1), 83-87.

Gunderson, J. G. (1996). The borderline patient's intolerance of aloneness: insecure attachments and therapist availability. *Am J Psychiatry, 153*(6), 752-758.

Gurvits, I. G., Koenigsberg, H. W., & Siever, L. J. (2000). Neurotransmitter dysfunction in patients with borderline personality disorder. *Psychiatr Clin North Am, 23*(1), 27-40, vi.

Hariri, A. R., Mattay, V. S., Tessitore, A., Kolachana, B., Fera, F., Goldman, D., Egan, M. F., & Weinberger, D. R. (2002). Serotonin Transporter Genetic Variation and the Response of the Human Amygdala. *Science, 297*(5580), 400-403.

Harned, M. S., Banawan, S. F., & Lynch, T. R. (2006). Dialectical Behavior Therapy: An Emotion-Focused Treatment for Borderline Personality Disorder. *Journal of Contemporary Psychotherapy: On the Cutting Edge of Modern Developments in Psychotherapy, 36*(2), 67-75.

Heinz, A., Braus, D. F., Smolka, M. N., Wrase, J., Puls, I., Hermann, D., Klein, S., Grüsser, S. M., Flor, H., Schumann, G., Mann, K., & Büchel, C. (2005). Amygdala-prefrontal coupling depends on a genetic variation of the serotonin transporter. *Nat Neurosci, 8*(1), 20-21.

Herman, J., & van der Kolk, B. (1987). Traumatic antecedents of borderline personality disorder. In B. A. van der Kolk (Ed.), *Psychological trauma.* (pp. 111-126). American Psychiatric Press.

Herman, J. L., Perry, J. C., & van der Kolk, B. A. (1989). Childhood trauma in borderline personality disorder. *Am J Psychiatry, 146*(4), 490-495.

Houston, R. J., Ceballos, N. A., Hesselbrock, V. M., & Bauer, L. O. (2005). Borderline personality disorder features in adolescent girls: P300 evidence of altered brain maturation. *Clinical Neurophysiology, 116*(6), 1424-1432.

Huang, Y. Y., Grailhe, R., Arango, V., Hen, R., & Mann, J. J. (1999). Relationship of psychopathology to the human serotonin1B genotype and receptor binding kinetics in postmortem brain tissue. *Neuropsychopharmacology, 21*(2), 238-246.

Johnson, J. G., Cohen, P., Gould, M. S., Kasen, S., Brown, J., & Brook, J. S. (2002). Childhood adversities, interpersonal difficulties, and risk for suicide attempts during late adolescence and early adulthood. *Arch Gen Psychiatry, 59*(8), 741-749.

Johnson, P. A., Hurley, R. A., Benkelfat, C., Herpertz, S. C., & Taber, K. H. (2003). Understanding emotion regulation in borderline personality disorder: Contributions of neuroimaging. *J Neuropsychiatry Clin Neurosci, 15*(4), 397-402.

Joyce, P. R., McHugh, P. C., McKenzie, J. M., Sullivan, P. F., Mulder, R. T., Luty, S. E., Carter, J. D., Frampton, C. M., Robert Cloninger, C., Miller, A. M., & Kennedy, M. A. (2006). A dopamine transporter polymorphism is a risk factor for borderline personality disorder in depressed patients. *Psychol Med, 36*(6), 807-813.

Judd, P. M., TH. (2003). *A developmental model of BPD: Understanding variations in course and outcome.* American Psychiatric Press.

Kamali, M., Oquendo, M. A., & Mann, J. J. (2001). Understanding the neurobiology of suicidal behavior. *Depression and Anxiety, 14*(3), 164-176.

Katz, L. F., & Gottman, J. M. (1997). Buffering children from marital conflict and dissolution. *J Clin Child Psychol*, *26*(2), 157-171.

Kernberg, O. (1967). Borderline Personality Organization. *Journal of the American Psychoanalytic Association*, *15*(3), 641-685.

Kernberg, O. (1975). *Borderline conditions and pathological narcissism*. Aronson.

Kernberg, O. (1976). *Objectrelations theory and clinical psychoanalysis*. Aronson.

Kim, J. W., Kim, B. N., & Cho, S. C. (2006). The dopamine transporter gene and the impulsivity phenotype in attention deficit hyperactivity disorder: a case-control association study in a Korean sample. *J Psychiatr Res*, *40*(8), 730-737.

King-Casas, B., Sharp, C., Lomax-Bream, L., Lohrenz, T., Fonagy, P., & Montague, P. R. (2008). The rupture and repair of cooperation in borderline personality disorder. *Science*, *321*(5890), 806-810.

Laakso, A., Wallius, E., Kajander, J., Bergman, J., Eskola, O., Solin, O., Ilonen, T., Salokangas, R. K., Syvälahti, E., & Hietala, J. (2003). Personality traits and striatal dopamine synthesis capacity in healthy subjects. *Am J Psychiatry*, *160*(5), 904-910.

Lakatos, K., Nemoda, Z., Toth, I., Ronai, Z., Ney, K., Sasvari- Szekely, M., & Gervai, J. (2002). Further evidence for the role of the dopamine D4 receptor (DRD4) gene in attachment disorganization: Interaction of the exon III 48-bp repeat and the -521 C/T promoter polymorphisms. *Mol Psychiatry*, *7*(1), 27-31.

Lakatos, K., Toth, I., Nemoda, Z., Ney, K., Sasvari-Szekely, M., & Gervai, J. (2000). Dopamine D4 receptor (DRD4) gene polymorphism is associated with attachment disorganization in infants. *Mol Psychiatry*, *5*(6), 633-637.

Le Doux, J. (1992). The amygdala: Neurobiological aspects of emotion, memory, and mental dysfunction. *Emotion in the amygdala* (J. Aggleton, Ed.). Wiley-Liss.

Lenzenweger, M. F., & Cicchetti, D. (2005). Toward a developmental psychopathology approach to borderline personality disorder. *Dev Psychopathol, 17*(4), 893-898.

Lester, D. (1992). The dexamethasone suppression test as an indicator of suicide: A meta-analysis. *Pharmacopsychiatry, 25*(6), 265-270.

Levy, K. N., Meehan, K. B., Weber, M., Reynoso, J., & Clarkin, J. F. (2005). Attachment and borderline personality disorder: Implications for psychotherapy. *Psychopathology, 38*(2), 64-74.

Lieb, K., Zanarini, M. C., Schmahl, C., Linehan, M. M., & Bohus, M. (2004). Borderline personality disorder. *Lancet, 364*(9432), 453-461.

Linehan, M. M., Bohus, M., & Lynch, T. R. (2007). Dialectical behavior therapy for pervasive emotion dysregulation: Theoretical and practical underpinnings. In, Gross, James J. (Ed.), *Handbook of emotion regulation* (pp. 581-605). Guilford Press.

Linehan, M. M. (1993). *Cognitive behavioral therapy of borderline personality disorder.* (Vol. 51). Guilford Press.

Lynch, T. R., Chapman, A. L., Rosenthal, M. Z., Kuo, J. R., & Linehan, M. M. (2006). Mechanisms of change in dialectical behavior therapy: theoretical and empirical observations. *J Clin Psychol, 62*(4), 459-480.

Lyonfields, J. D., Borkovec, T. D., & Thayer, J. F. (1995). Vagal tone in generalized anxiety disorder and the effects of aversive imagery and worrisome thinking. *Behavior Therapy, 26*(3), 457-466.

Mann, J. J. (2003). Neurobiology of suicidal behaviour. *Nat Rev Neurosci, 4*(10), 819-828.

McMain, S., Korman, L. M., & Dimeff, L. (2001). Dialectical behavior therapy and the treatment of emotion dysregulation. *Journal of Clinical Psychology, 57*(2), 183-196.

Melia, K. R., Rasmussen, K., Terwilliger, R. Z., Haycock, J. W., Nestler, E. J., & Duman, R. S. (1992). Coordinate regulation of the cyclic AMP system with firing rate and expression of tyrosine hydroxylase in the rat locus coeruleus: effects of chronic stress and drug treatments. *Journal of neurochemistry, 58*(2), 494-502.

Miller, A. L., Muehlenkamp, J. J., & Jacobson, C. M. (2008). Fact or fiction: diagnosing borderline personality disorder in adolescents. *Clin Psychol Rev, 28*(6), 969-981.

Millon, T. (1993). *Borderline personality disorder: Etiology and treatment* (J. Paris, Ed.). American Psychiatric Press.

Moss, H. B., Yao, J. K., & Panzak, G. L. (1990). Serotonergic responsivity and behavioral dimensions in antisocial personality disorder with substance abuse. *Biol Psychiatry, 28*(4), 325-338.

Ogata, S. N., Silk, K. R., Goodrich, S., Lohr, N. E., Westen, D., & Hill, E. M. (1990). Childhood sexual and physical abuse in adult patients with borderline personality disorder. *Am J Psychiatry, 147*(8), 1008-1013.

Ono, Y., & Okonogi, K. (1988). Borderline Personality Disorder in Japan: A Comparative Study of Three Diagnostic Criteria. *Journal of Personality Disorders, 2*(3), 212-220.

Oumaya, M., Friedman, S., Pham, A., Abou Abdallah, T., Guelfi, J. D., & Rouillon, F. (2008). [Borderline personality disorder, self-mutilation and suicide: literature review]. *Encephale, 34*(5), 452-458.

Pardon, M. C., Ma, S. & Morilak, D. A. (2003). Chronic cold stress sensitizes brain noradrenergic reactivity and noradrenergic facilitation of the HPA stress response in Wistar Kyoto rat. *Brain Research, 971,* 55-65.

Paris, J. (2009). The treatment of borderline personality disorder: implications of research on diagnosis, etiology, and outcome. *Annual review of clinical psychology, 5,* 277-290.

Paris, J., & Zweig-Frank, H. (1992). A critical review of the role of childhood sexual abuse in the etiology of borderline personality disorder. *Can J Psychiatry, 37*(2), 125-128.

Paris, J., Zweig-Frank, H., Kin, N. N. Y., Schwartz, G., Steiger, H., & Nair, N. (2004). Neurobiological correlates of diagnosis and underlying traits in patients with borderline personality disorder compared with normal controls. *Psychiatry Research, 121*(3), 239-252.

Perry, J. C., J. Herman. (1993). Trauma and defense in the etiology of borderline personality disorder. In J. Paris (Ed.), *Borderline personality disorder: Etiology and treatment.* Amercian Psychiatric Press.

Pinder, R. M. (2004). Enhancing central noradrenergic function in depression: is there still a place for a new antidepressant? *Acta Neuropsychiatrica, 16*(4), 185-189.

Pinto, C., Dhavale, H. S., Nair, S., Patil, B., & Dewan, M. (2000). Borderline personality disorder exists in India. *J Nerv Ment Dis, 188*(6), 386-388.

Pitchot, W., Reggers, J., Pinto, E., Hansenne, M., & Ansseau, M. (2003). Catecholamine and HPA axis dysfunction in depression: Relationship with suicidal behavior. *Neuropsychobiology, 47*(3), 152-157.

Rechlin, T., Weis, M., Spitzer, A., & Kaschka, W. P. (1994). Are affective disorders associated with alterations of heart rate variability? *J Affect Disord, 32*(4), 271-275.

Rottenberg, J., Wilhelm, F. H., Gross, J. J., & Gotlib, I. H. (2002). Respiratory sinus arrhythmia as a predictor of outcome in major depressive disorder. *J Affect Disord, 71*(1-3), 265-272.

Rujescu, D., Giegling, I., Sato, T., & Möller, H. J. (2003). Lack of association between serotonin 5-HT1B receptor gene polymorphism and suicidal behavior. *Am J Med Genet B Neuropsychiatr Genet, 116b*(1), 69-71.

Ryle, A., Poynton, A. M., & Brockman, B. J., (1990). *Cognitive-analytic therapy: Active participation in change: A new integration in brief psychotherapy.* John Wiley & Sons.

Sagvolden, T., Russell, V. A., Aase, H., Johansen, E. B., & Farshbaf, M. (2005). Rodent models of attention-deficit/hyperactivity disorder. *Biol Psychiatry, 57*(11), 1239-1247.

Schaefer, S. M., Jackson, D. C., Davidson, R. J., Aguirre, G. K., Kimberg, D. Y., & Thompson-Schill, S. L. (2002). Modulation of amygdalar activity by the conscious regulation of negative emotion. *J Cogn Neurosci, 14*(6), 913-921.

Shannon, K. E., Beauchaine, T. P., Brenner, S. L., Neuhaus, E., & Gatzke-Kopp, L. (2007). Familial and temperamental predictors of resilience in children at risk for conduct disorder and depression. *Development and Psychopathology, 19*(3), 701-727.

Shaw, P., Bramham, J., Lawrence, E. J., Morris, R., Baron-Cohen, S., & David, A. S. (2005). Differential effects of lesions of the amygdala and prefrontal cortex on recognizing facial expressions of complex emotions. *J Cogn Neurosci, 17*(9), 1410-1419.

Shytle, R. D., Silver, A. A., Lukas, R. J., Newman, M. B., Sheehan, D. V., & Sanberg, P. R. (2002). Nicotinic acetylcholine receptors as targets for antidepressants. *Mol Psychiatry*, *7*(6), 525-535.

Silverman, J. M., Pinkham, L., Horvath, T. B., Coccaro, E. F., Klar, H., Schear, S., Apter, S., Davidson, M., Mohs, R. C., & Siever, L. J. (1991). Affective and impulsive personality disorder traits in the relatives of patients with borderline personality disorder. *Am J Psychiatry*, *148*(10), 1378-1385.

Skodol, A. E., Siever, L. J., Livesley, W. J., Gunderson, J. G., Pfohl, B., & Widiger, T. A. (2002). The borderline diagnosis II: Biology, genetics, and clinical course. *Biol Psychiatry*, *51*(12), 951-963.

Sloan, R. P., Shapiro, P. A., Bigger, J. T. Jr., Bagiella, E., Steinman, R. C., & Gorman, J. M. (1994). Cardiac autonomic control and hostility in healthy subjects. *Am J Cardiol*, *74*(3), 298-300.

Soloff, P. H. (2000). Psychopharmacology of borderline personality disorder. *Psychiatr Clin North Am*, *23*(1), 169-192, ix.

Soloff, P. H., Lynch, K. G., & Kelly, T. M. (2002). Childhood abuse as a risk factor for suicidal behavior in borderline personality disorder. *J Pers Disord*, *16*(3), 201-214.

Teicher, M. H., Andersen, S. L., Polcari, A., Anderson, C. M., & Navalta, C. P. (2002). Developmental neurobiology of childhood stress and trauma. *Psychiatric Clinics of North America*, *25*(2), 397-426.

Thayer, J. F., Friedman, B. H., & Borkovec, T. D. (1996). Autonomic characteristics of generalized anxiety disorder and worry. *Biol Psychiatry*, *39*(4), 255-266.

Torgersen, S. (2000). Genetics of patients with borderline personality disorder.

Psychiatr Clin North Am, 23(1), 1-9.

Torgersen, S., Czajkowski, N., Jacobson, K., Reichborn-Kjennerud, T., Røysamb, E., Neale, M. C., & Kendler, K. S. (2008). Dimensional representations of DSM-IV cluster B personality disorders in a population-based sample of Norwegian twins: a multivariate study. *Psychol Med, 38*(11), 1617-1625.

Torgersen, S., Lygren, S., Oien, P. A., Skre, I., Onstad, S., Edvardsen, J., Tambs, K., & Kringlen, E. (2000). A twin study of personality disorders. *Compr Psychiatry, 41*(6), 416-425.

Tse, W. S., & Bond, A. J. (2002). Difference in serotonergic and noradrenergic regulation of human social behaviours. *Psychopharmacology (Berl), 159*(2), 216-221.

Turecki, G., Sequeira, A., Gingras, Y., Séguin, M., Lesage, A., Tousignant, M., Chawky, N., Vanier, C., Lipp, O., Benkelfat, C., & Rouleau, G. A. (2003). Suicide and serotonin: Study of variation at seven serotonin receptor genes in suicide completers. *American Journal of Medical Genetics Part B: Neuropsychiatric Genetics, 118B*(1), 36-40.

van der Kolk, B. A. (1985). *Psychological trauma.* American Psychiatric Press.

van der Kolk, B. A., Perry, J. C., & Herman, J. L. (1991). Childhood origins of self-destructive behavior. *Am J Psychiatry, 148*(12), 1665-1671.

White, C. N., Gunderson, J. G., Zanarini, M. C., & Hudson, J. I. (2003). Family studies of borderline personality disorder: A review. *Harv Rev Psychiatry, 11*(1), 8-19.

Winsper, C. (2012). *The developmental precursors of borderline personality disorder symptoms at 11 years in a British Cohort.* University of Warwick, Department of Psychology.

Yeragani, V. K., Pohl, R., Berger, R., Balon, R., Ramesh, C., Glitz, D., Srinivasan, K., & Weinberg, P. (1993). Decreased heart rate variability in panic disorder patients: A study of power-spectral analysis of heart rate. *Psychiatry Res, 46*(1), 89-103.

Young, S. E., Smolen, A., Corley, R. P., Krauter, K. S., DeFries, J. C., Crowley, T. J., & Hewitt, J. K. (2002). Dopamine transporter polymorphism associated with externalizing behavior problems in children. *Am J Med Genet, 114*(2), 144-149.

Zaboli, G., Gizatullin, R., Nilsonne, A., Wilczek, A., Jönsson, E. G., Ahnemark, E., Asberg, M., & Leopardi, R. (2006). Tryptophan hydroxylase-1 gene variants associate with a group of suicidal borderline women. *Neuropsychopharmacology, 31*(9), 1982-1990.

Zanarini, M. C. (2000). Childhood experiences associated with the development of borderline personality disorder. *Psychiatr Clin North Am, 23*(1), 89-101.

Zanarini, M. C., & Frankenburg, F. R. (1997). Pathways to the development of borderline personality disorder. *J Pers Disord, 11*(1), 93-104.

Zanarini, M. C., Frankenburg, F. R., Dubo, E. D., Sickel, A. E., Trikha, A., Levin, A., & Reynolds, V. (1998). Axis I comorbidity of borderline personality disorder. *Am J Psychiatry, 155*(12), 1733-1739.

Zanarini, M. C., Williams, A. A., Lewis, R. E., Reich, R. B., Vera, S. C., Marino, M. F., Levin, A., Yong, L., & Frankenburg, F. R. (1997). Reported pathological childhood experiences associated with the development of borderline personality disorder. *Am J Psychiatry, 154*(8), 1101-1106.

Zuckerman, M., & Kuhlman, D. M. (2000). Personality and risk-taking: common biosocial factors. *J Pers, 68*(6), 999-1029.

第三章
辯證行為治療個案概念化

林誼杰

接受辯證行為治療（DBT）的個案，大多帶有長期多重且複雜的問題，因此即便 DBT 是有實證療效基礎的治療，它並不像其他手冊化的治療（manualized treatment）一樣，對罹患同疾患的患者採用相同的治療次序和內容；而是要仔細評估個案的多個問題層面和相關脈絡，依據評估的結果來描繪出針對眼前這位獨特個體的問題概念化架構，然後應用相對應且有效的治療策略來進行每一次的治療，並隨著治療的進展逐步修改、調整（Koerner, 2006; Manning, 2018）。

一、四項核心概念

DBT 在進行個案概念化時，背後主要依據的四項核心概念，分別是(1) 生物社會理論（biosocial theory）、(2) 辯證觀點（dialectical view）、(3) 標的行為階層（target hierarchies）、(4) 改變的行為理論（behavioral theories of change）。

生物社會理論（biosocial theory）說明了個案多重問題的根源──長期情緒失調的發展脈絡，而情緒失調也廣泛地影響到衝動行為、認知狀態、人際關係和對自我的看法等多個層面。從一個較簡化的角度來說，邊緣型人格障礙症的許多問題行為可被視為是用來調節他／她失調情緒的方式，或者是調節情緒失敗後的結果（例如：解離狀態）；只要這些適應不

良行為（如：自殺自傷舉動）可以暫時減緩當下痛苦的強烈情緒，那就會導致它被增強，在之後相似的情境下更可能展現出來（可參見第二章的說明）。

　　從辯證觀點（dialectical view）來看，個案的核心困難之一，是無法在正、反的辯證兩極間進一步邁向合，擁抱持續的改變（可參見第六章的說明）。依據 Linehan 博士的分析（1993），邊緣型人格個案常會有六種辯證兩難之行為模式（dialectical dilemmas），跳盪在對立的兩個極端之間，其兩兩一組相互對立的，分別是：情緒脆弱性（emotional vulner-ability）vs. 自我否定（self-invalidation）、主動的被動性（active passiv-ity）vs. 表面的勝任（apparent competence）、無止盡的危機（unrelenting crises）vs. 抑制的悲傷（inhibited grieving）（參見下方圖 3.1 和表 3.1 的說明）。以上的幾個行為模式容易讓治療師感到困擾，需要特別留意，並將列入治療的次級標的（secondary targets），在治療中進行觀察與處理。不過，要特別提醒的是，這些行為模式並非在所有個案上都會全部出現，需要仔細評估，而不是認定一定都有。此外，依照辯證的世界觀，我們知道「真相會持續演變」（truth evolves），如果說「個案概念化」是治療師與個案一起協力去理解自身問題和行為的形成及影響因素架構的話，那它也會隨著個案的持續變化及不同角度的資料（譬如說：來自個案親屬、不同醫療人員的觀察，個案在不同情緒狀態下呈現出不同的樣子等）出現而持續演變，無法有一個放諸所有邊緣型人格障礙症者皆準的不變定論。當出現與原本概念化架構相衝突的角度時，不是去爭論對立兩端何者為真，而是保留兩邊的可能性，不斷尋找「合」（synthesis），特別是積極去探詢原本所遺漏掉的可能環節。

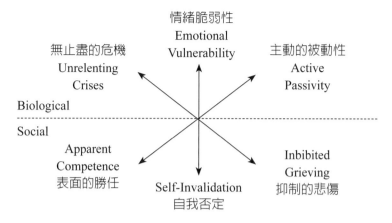

圖 3.1　辯證兩難的行為模式圖 [1]

表 3.1　辯證兩難行為模式簡介

情緒脆弱性（Emotional Vulnerability）
- 在先天氣質及後天環境的交互影響下，個案長期處在一個情緒過度敏感的狀態，正如同 Linehan 博士提及的比喻：「具有邊緣型人格障礙症的人們，就像是全身百分之九十的部位遭到三度燒傷的患者，缺少情緒的皮膚，即便是最輕微的碰觸或移動都會讓他們感覺極度痛苦」（林誼杰，2019）。因為個案的情緒強烈且難以自控，他們的行為會隨著情緒而有很大的變化，根本無法預期自己會做出什麼事，生活一直處在失控的風暴裡，感覺好痛苦、沒有希望。自殺被視為是唯一可以避免再受此情況所苦的方法，個案也可能藉此告訴外界那些無法理解其情況的人說他／她有多麼的痛苦。
- 心理治療的過程對這類個案來說，就如同對燒傷患者採用清創手術那般疼痛。個案對批評很敏感，任何回饋都可能會引發強烈的情緒，而干擾了治療室內及治療室外的人際互動，讓他／她想要逃離，使治療無法順利進行下去。

---

1 Linehan 博士認為圖中上半部的行為模式（即：情緒脆弱性、主動的被動性和無止盡的危機）於發展上較受到個體情緒調節的生物性基底因素（biological substrata for emotion regulation）所影響，而圖中下半部的行為模式（即：自我否定、表面的勝任和抑制的悲傷）則較受到情緒表達的社會環境後果（social consequences of emotional expression）所影響（Linehan, 1993）。

自我否定（Self-Invalidation）

- 從不認可的成長環境中，個案學到以否定（不認可）自己的方式來應對他／她過於強烈的情緒狀態。他／她可能會以嚴厲的言語來評斷自己當下的情緒反應，當想要以此來抑制情緒的嘗試失敗後，個案可能會轉而變成自我責備、自我憤恨（譬如責怪自己太差勁、不努力掌控好情緒……等）；自傷的行為有可能是在這樣的氛圍下，被用來做為一種自我處罰的方式。

- 有時個案可能會採取一種否認或完全忽略自己有任何情緒脆弱性的方式來自我否定，他／她會去壓抑或阻斷自身的任何情緒經驗，並設下不切實際的過高期望及標準；這樣的方式很容易會導致失敗，也讓他／她嘗試失敗後的挫折感更加地強烈。

主動的被動性（Active Passivity）

- 當個案缺乏（外界）足夠的協助，獨自面臨問題時，傾向不主動解決問題，反而是向外界（如：親友、治療師）傳達自己的痛苦及無助，來引發他人給予協助，傳達的方式甚至會強烈到讓他人感覺被威脅（如：「你現在一定要幫我啊，不然我就只能去死了」）。之所以會如此，與他／她從小在不認可環境中成長的經驗有關，此種環境會忽略個案的困難，把他／她拋在超乎其能力的情境下獨自面對，無法學會如何好好處理問題。

- 這樣被動的問題處理模式，可能會讓個案原本遇到的問題越變越糟。也因為個案內隱的情緒調節困難並非顯而易見，他／她這樣的行為模式很容易被誤會成是懶惰、只會要脅，而讓外界的幫助漸行漸遠；於是到了最後，自殺的舉動可能變成是個案用來向外界傳達「我真的需要幫忙！」的一種呼喊。

表面的勝任（Apparent Competence）

- 有時個案看起來有足夠的能力來因應所遇到的狀況，但下一刻卻變得好像他／她完全沒有辦法做到，這常會讓周遭的人（包括治療師）感到十分困惑。從不認可的環境中長大，個案似乎學會自動化地（本人甚至不會意識到）隱藏情緒的表露（如：臉部肌肉和肢體語言）；有時他／她可能會以口語來表達負向的情緒，但非語言訊息卻看不出相對應的不適，而讓外界誤判他／她其實心情還好。再者，情緒失調個案的行為表現會在不同情境和情緒下有很大的落差，這也是另一個讓外界誤判他／她是否可以勝任的原因。

- 因為內在的痛苦不適很難被正確判讀，個案的經驗容易遭到他人所不認可，而得不到所需的協助；別人甚至會認為個案明明有能力卻裝做不行來操弄他人，因而更為反感，不會對他／她伸出援手。

無止盡的危機（Unrelenting Crises）

- 在這裡指的是個案一方面製造了連續不斷的危機事件，同時又被此掌控的永續

循環模式（self-perpetuating pattern）。個案常在情緒高漲時，因過於急切地想終結痛苦而衝動行事，導致問題如滾雪球似的連環爆、禍不單行（如：原先因工作的分配與同事吵架，和老闆討論卻得不到所期待的回應，個案情緒失控立馬辭職，結果回到住處餘氣未消，因故和男友大吵後被趕出去而沒有地方住⋯⋯）。

- 如此幾乎每週都有新的危機需要緊急處置的情況，讓治療很難有所進展。針對這樣的困難，DBT 設計了將危機處理（個別治療）與技巧訓練（團體治療）分開的方式，好讓個案可以逐漸培養起足夠讓他／她能處理問題、不讓問題惡化的根本能力。

抑制的悲傷（Inhibited Grieving）

- 這指的是對痛苦情緒經驗有不自覺的、自動化的逃避，且會抑制原本情緒反應的自然展現。個案可能會抑制與童年創傷、成人期的再次受害經驗、或因不適應因應而導致當前失落經驗所相關的悲傷（grief）。他們未曾完整地去經驗、整合及解決這些痛苦事件所引發的反應；逃避去接觸它們，反而不經意地會增加對這些情緒線索及反應的敏感度，讓它們之後更容易被新事件所促發。

- 如此一來，個案總是不斷地經驗到失落、啟動哀掉歷程，然後自動化地藉由避開或將注意力從相關線索轉移的方式來抑制該歷程，之後又再進到此歷程中，不斷循環下去。個案爲了從痛苦的情緒裡逃開而做的不適應行爲（如：自殺自傷、衝動反應），常會製造出新的危機，從而增加了危機事件所促發的失落，反過來又提高藉由不適應行爲來避開相關情緒線索的可能性。爲了打破這樣的惡性循環，教導個案技巧來提升對情緒的體驗能力至爲關鍵。

此外，DBT 的治療是有明確次序性的，處於不同的治療階段時，相對應要優先處理的標的行爲階層（target hierarchies）就會不同，故開始治療之前需要先仔細了解個案處於哪一個階段，並逐一確認在這個治療階段中，他／她有哪一些需要關注的問題行爲標的，用具體清楚的行爲描述來描繪此一標的的現況。有關 DBT 的治療階段及標的行爲階層請參見第一章的說明。

如何評估個案特定標的行爲持續的原因？又該如何決定介入方向？這兩個問題都需要根據改變的行爲理論（behavioral theories of change）來加以回答。DBT 依據行爲學習理論的傳統，認爲每一項個體的問題行

爲，都是由獨特的一組變項所掌控，而在不同環境之下影響的變項也可能不同。重要的可能影響變項包括有：不認可（invalidation）、情緒失調（emotion dysregulation）、特定的技巧缺失（skills deficits）、有問題的制約化情緒反應（conditioned emotional responses）、行爲後效（contingencies）及認知想法因素（cognitive factors）。透過仔細的行爲鏈鎖分析（behavioral chain analysis），治療師協助個案逐漸察覺出影響自己標的行爲的可能變項，然後藉由解決分析（solution analysis），來採取相對應的治療策略及可替代的因應技巧，協助個案改變標的行爲，讓生活可以朝向他／她心目中一個值得活的人生（a life worth living）邁進。（以上關於行爲改變的概念細節可參見第四章的說明）

二、DBT 的治療前評估

在正式開始對個案進行治療前，需要對個案的問題及行爲狀況作一個完整的評估，好設立一開始的個案概念化架構；在開始治療之後，隨著個案的治療目標、標的行爲和所處階段的轉變，也需要適時再檢視原本的概念化架構並做出調整。

由於 DBT 是一個講究實證基礎的治療方式，對個案多重行爲問題會採取的介入策略也會以實證治療研究的結果指引爲參考方向，故診斷性評估（diagnostic testing）在這個階段是很重要的一部分，結構化晤談工具（如：Structured Clinical Interview for DSM-5，簡稱 SCID-5）及客觀式自陳量表（如：Millon Clinical Multiaxial Inventory，簡稱 MCMI；Borderline Symptom List，簡稱 BSL）等可以提供對於個案心理疾患狀態的有效參考資訊。

此外，針對個案的行爲及精神疾病史、過往治療經驗等資訊的臨床晤談也是不可或缺的一部分。依據先前提及的生物社會理論（biosocial theory），我們與個案晤談時，可以詢問他／她從小到大在：(1)情緒問題、(2)

衝動行為、(3) 認知狀態、(4) 人際關係及 (5) 對自己看法等五大領域的功能狀況（Linehan, 1993），特別留意個案常是在哪類的情緒上有處理的困難（譬如說：對羞愧、難過、憤怒的情緒較容易失控或過度壓抑），並了解他／她情緒上的先天特性，於家庭環境中被教導因應情緒的方式，有無任何形式的忽略、虐待或教養方式與個體特性的不適配。這不僅可以讓治療師了解個案在五大功能領域中所需要改善的行為模式，決定個案是否適合採用 DBT 來加以治療（也就是說如果個案並沒有長期情緒失調的狀況，那 DBT 未必適合他／她），也可以讓個案理解為什麼自己會有這些困擾，是如何在先天情緒脆弱性與後天不認可環境中促成，而治療師在蒐集資料的過程中所展現的同理及認可，更可以在一開始的階段就逐步與個案建立起好的治療性同盟。除了了解個案情緒失調的歷史性發展因素外，也需要留意一下個案在目前的環境中（譬如說：與家人、伴侶、學校老師甚至是諮商、醫療人員的互動），是否也仍有不認可與情緒脆弱性等因素交流互動的局面，而使得問題持續被增強。

除了個案的問題或困難外，個案概念化過程也需去了解他／她的優勢或資源現況，譬如說：社會支持系統、家庭氣氛、教育程度與特殊能力、工作表現與財務狀況、認知能力的優劣勢、社交及休閒活動、宗教信仰和參與組織、活下去的理由（reason for living）、正面或堅毅的特質面向等等。

再者，針對個案目前所處的治療階段，仔細了解有關的標的行為，特別是以不帶評斷、中性但清楚的行為描述來加以界定，譬如說我們不是記下「個案會操弄他／她的伴侶」，而是「個案常會在和伴侶衝突時，採取在手腕下方用美工刀劃出數道微微滲血傷痕的方式自傷，此行為會被事後伴侶向他／她認錯道歉的舉動所增強」。當然，在了解個案的過往自殺自傷行為歷史時，不要忘記對當前的自殺危險性做評估，好決定是否有立即介入處置的需要。以下是 Linehan（1993）提出各治療階段的評估重點，筆者將其整理為可以參考的檢核清單（表 3.2）：

表 3.2　進行評估時的檢核清單 [2]

治療前（Pretreatment）階段

- 個案是否同意 DBT（或者治療師與他／她）訂立的治療目標與方式？
  - ■ 如：同意完整參加（一年的）治療、同意出席所有的治療活動、同意減低自殺相關行為、同意處理干擾治療的行為、同意接受（團體）技巧訓練等。
- 個案是否願意為上述方向做出投入努力的承諾？
- 如果無法做出足夠的承諾，評估一下影響的因素為何，使用 DBT 承諾策略協助個案邁向承諾。

階段 1

- 個案是否有任何危及生命的行為（life-threatening behaviors），無論是自殺行動、自傷行為或相關意念？
  - ■ 可以問個案諸如：「有沒有曾在感覺很糟時想過要去死或死了比較好？」、「有沒有過自殺的嘗試或計畫要自殺？或者不是真的想死的自我傷害行為？」
  - ■ 特別留意去了解一下個案曾有過：致死性高的自殺嘗試（如：上吊、跳樓、燒炭等）、伴隨很高自殺意圖或嚴重損害身體的自傷行為（如：當時很想讓自己死去的過量服藥、用力割手腕導致傷口很深的一次自傷等）。
  - ■ 目前是否有立即的自殺風險（如：明確的自殺計畫）？
- 個案及治療師有哪些可能會干擾到治療的行為（therapy-interfering behaviors）？
  - ■ 若個案過去有過諮商或治療失敗的經驗，可以了解一下過往治療的方式為何，特別是過往的治療缺少了 DBT 認為很重要的五大治療功能中的哪一個（五大治療功能請參考第一章）？又個案常會因為哪些考量或與治療師相處的狀況而終止治療？
  - ■ 可以問個案諸如：「你以前治療的經驗怎麼樣？」「是什麼讓你得不到你所需要的幫助？」
  - ■ 治療師可以自問：「目前為個案安排的治療方式可否滿足 DBT 認為很重要的五大治療功能？」「對於個案的特定治療標的（如：憂鬱症狀、暴食行為、酗酒等）在專業知能上我是否有一定的熟悉度？」「當個案所描述與過往治療師衝突的行為模式又出現時，我是否有方式處理或做好準備？」
- 個案有哪些會嚴重干擾到他／她生活品質的行為（quality-of-life-interfering behaviors）？

---

2 原本 Linehan（1993）有描述階段 3 與階段 4 的目標，但因目前 DBT 的實證治療研究主要聚焦於治療前階段到階段 1（有些研究有含括到階段 2），故本表僅列出前幾個階段。

- ■譬如說：嚴重的心理疾患（特別是正處於發作期）、物質成癮而無法維持正常生活、因不良的工作及／或消費習慣導致赤貧無家可歸、有立即入獄風險的行為、因難以離開對自己施暴的伴侶而持續處於暴力威脅中等。
- 個案缺乏那一些他／她所需要的行為技巧（behavioral skills）？
  - ■包含：了了分明（core mindfulness）、痛苦耐受（distress tolerance）、人際效能（interpersonal effectiveness）、情緒調節（emotion regulation）、自我管理（self-management）等技巧。除了上述五大領域之外，其他治療中所有期待出現的適應性行為都被視為是一種技巧，需要具體界定之。
  - ■可以透過個案過往在引發強烈情緒或問題行為的情境例子中了解、於交談期間觀察個案的行為、詢問他／她常使用的因應方式（如：「如果你覺得很生氣時你會怎麼辦？」）或者邀請他／她進行角色扮演來評估。
- 個案有哪些次級標的（secondary targets）行為？
  - ■包括：情緒脆弱性、自我否定、主動的被動性、表面的勝任、無止盡的危機和抑制的悲傷。
  - ■只有當次級標的行為顯著影響到階段 1 的四大主要標的行為（即上述危及生命、干擾治療、嚴重干擾生活品質等的行為及行為技巧缺乏）的處置時，才需要特別著重加以處理。

階段 2
- 個案是否發生過具有創傷性的事件或重大的失落經驗？
- 目前個案是否有影響到生活品質的創傷後壓力疾患（PTSD）？

　　其次，不要忘了 DBT 創始人 Linehan 博士所強調的，辯證行為治療的目標並非是防止自殺，而是在協助個案建立一個值得活的人生（a life worth living）！因此，我們必須協助個案去了解一下，對他／她來說什麼樣的人生才是有價值、有意義的人生，並試著界定相對應的人生目標，譬如說要做到什麼活動、有什麼樣與他人的關係、從事什麼樣的工作、完成什麼樣的重大指標任務等等。然後，將治療各階段中個案需處理的標的行為，與他／她的人生目標相聯結，也就是認清這些標的問題行為是如何干擾了他／她人生目標的實現，又該如何有次序的逐步改善。假如個案的智慧心告訴他／她，若之後能夠從事醫療相關職業幫助人們，這樣的人生會是有價值的，那目前他／她持續的自殺自傷舉動、過度飲酒和未治療的憂

鬱症狀,一直干擾學校的學習,更遑論畢業並進一步進修醫療相關的技能,因此需要投入努力學習不同因應情緒的技巧,好讓生活逐步朝他/她值得活的人生邁進。治療過程中,當遭遇挫折而影響到投入治療的動力時,重新再回顧此一對個案有價值的人生目標,會是提升治療承諾很重要的策略。

最後,當我們界定清楚個案目前所處的治療階段及有關的標的行為後,需要一個一個針對特定的標的行為進行仔細的行為鏈鎖分析(behavioral chain analysis)和解決分析(solution analysis),試著找出可能的影響變項,好決定相對應的治療策略及可替代的因應技巧。這可說是辯證行為治療持續進行的核心任務,相關的作法細節請參見第四章的說明。後面的部分則會針對以上關於 DBT 個案概念化的架構,提供一個假想的案例來做示範。

三、個案概念化範例

(一)背景資料

春嬌,22 歲女性。

新北市某所大學三年級的學生,現休學中,獨居。為家中獨生女,從小較敏感、情緒反應大,剛開始到幼稚園時常會不斷大哭,讓老師及母親十分困擾。母親疑似有躁鬱症病史,管教方式嚴格,若個案不遵守她的要求,不但會嚴厲的言語批評並可能會痛打她。

父母在個案六歲左右因長期爭執不合而離異,母親再嫁並生下一男孩,個案跟隨母親同住,但一直得不到關愛;國中起個案開始會反抗母親起爭執,讓個案印象深刻的是某一次在爭執當下,母親脫口而出說「妳這樣我去樓頂跳下來好了!」自此個案多將憤怒情緒放在內心,再加上於學校曾遭同學霸凌,難過時開始會私下用自傷的方式(如:用美工刀割手

臂、捶牆壁、用頭撞牆）排解痛苦情緒。高職時個案因不滿意自己的身材，節食一段時間，但後來開始有暴食及事後催吐的情況，這狀況之後斷斷續續發生。

　　父親於個案小四左右因車禍意外去世。母親、繼父、弟弟住在桃園，個案從高職時即一人來到台北，半工半讀，少與家人聯繫。上大學後，個案申請學貸並打工賺取生活費。大一下時透過網路認識了前男友Ａ，交往一年期間兩人同住，一開始Ａ男發現個案自傷會關心並規勸她，但後來他失去工作求職不順染上毒癮（安非他命），因懷疑個案與他人有染而對她暴力相向，且曾監禁限制她行動數天，個案情緒憂鬱、驚恐很長一段時間，情緒不穩、自傷自殺行動頻繁，直到後來Ａ男因販毒被抓而入監，再加上輔導老師介入，介紹個案到精神科診所就醫治療後才有改善。

　　藥物治療半年後個案情況回穩，輔導老師也減少會談頻率，但精神科藥物的副作用讓她體重增加了10多公斤，個案無法接受自己身材變成這個樣子；再加上2個月前透過交友軟體認識一位職業軍人（Ｂ男），Ｂ男常透過傳訊關心她，個案對他頗有好感，自此她雖仍回診但私下減藥，且開始努力節食，希望與他見面時有好的體態，但偶而會暴食後催吐，情緒慢慢變得容易焦躁。

　　三個禮拜前個案與放假的Ｂ男見面，相談甚歡，當晚兩人發生親密關係，但之後Ｂ男卻在通訊軟體上失去蹤跡，讓個案十分低落，一人獨自在家時也常回想起前男友（Ａ男）與她發生的過往，情緒強烈時會割腕自傷。不巧學校工讀機會與原本打工的公司都陸續發生狀況，個案突然失去收入來源，但與母親通電話時母親支支吾吾，個案覺得母親不願意資助她，情緒激動下雙方起口角，最後母親說個案都成年了還要靠家裡，「索求無度、真不要臉！」

　　關在家喝悶酒幾天後，個案覺得不能再讓自己癱懶下去，決定休學、離開傷心地，搬回南部找生父的親人（包括伯伯、叔叔）。離開學校的最後一天，個案與好久不見的輔導老師會面，顯得平靜，和對方表達感謝之

意後離開，結果當天晚上個案在租屋處吞下剩餘的所有藥物自殺，被房東發現有異送醫院急診洗胃，後轉到精神科住院治療，出院後被轉介來參加DBT治療。

(二)標的行為的鏈鎖分析

在門診醫師進行相關診斷評估後，接手個案個別心理治療的治療師與個案見面會談，蒐集她的有關背景資訊，並嘗試針對個案最近這一次的自殺／自傷行為進行鏈鎖分析，了解與這次過量服藥的標的行為有關的先前脆弱性因子、促發事件、歷程鏈鎖和後續結果。

脆弱性因子（Vunlnerability）：春嬌在私下停藥、飲食不穩定後情緒變得容易焦躁，期待與其建立戀愛關係的 B 男失聯後她感到強烈失落，過往與前男友 A 的家暴創傷經驗和失落感受襲來，而和母親電話口角後，羞愧感和憤怒情緒都十分強烈。

促發事件（Prompting event）：春嬌到學校與輔導老師見面，表達計畫離開回南部，但輔導老師沒有挽留之意也沒注意到她已處於無助狀態。此時，春嬌開始有自殺的念頭出現。

從促發事件到標的問題行為間的**歷程鏈鎖（Links）**：從學校回到家後，春嬌把自己關在黑暗的浴室裡癱坐在地上【行動】，開始有一種感覺是就像小時候在家裡一樣「沒有人會真的在乎我！」【想法】，接著本來好像已經消失壓下的過去事件影像（如：小時候被母親打、前男友 A 的施暴和「遺棄」她、B 男見過她後就不理人……）又不停冒出【內心影像畫面】，難過、焦躁不安感覺襲來【感受】。接著春嬌開始思索說「為什麼我會變成這樣？」【想法】，不久腦中出現「我就是他們說的很糟糕、差勁的人！不會有人喜歡我……」「我恨這樣的自己、所有人！」【想法】，此時憤怒、羞愧的痛苦情緒高漲【感受】。在過量服藥前一刻最後出現的想法是「我不在了對所有人都好！」

標的問題行為（Problem behavior）：走出浴室把放在書桌上未吃完

的藥一整個吞下，躺在床上後不久失去意識……。

後續結果（Consequences）：不久後房東發現春嬌有異，緊急叫救護車將她送往醫院急診治療，急診醫師安排檢查並洗胃，待春嬌恢復意識且生理指標穩定後將她轉到精神科病房。住院期間院方聯絡上母親和繼父來病房探望，透過社福人員協調可能的資源，最後家人也允諾在個案找到工作前資助其生活費。出院後轉介社區衛生單位進行追蹤。

以上內容可以簡化整理如下圖：

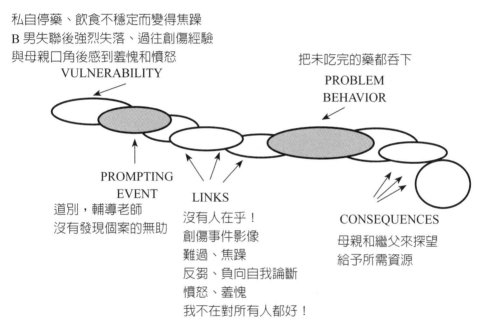

私自停藥、飲食不穩定而變得焦躁
B 男失聯後強烈失落、過往創傷經驗
與母親口角後感到羞愧和憤怒

VULNERABILITY

把未吃完的藥都吞下
PROBLEM
BEHAVIOR

PROMPTING
EVENT
道別，輔導老師
沒有發現個案的無助

LINKS
沒有人在乎！
創傷事件影像
難過、焦躁
反芻、負向自我論斷
憤怒、羞愧
我不在對所有人都好！

CONSEQUENCES
母親和繼父來探望
給予所需資源

圖 3.2　春嬌本次過量服藥的鏈鎖分析簡圖

(三)個案概念化

依據病歷資料、晤談資訊及上面的鏈鎖分析結果，目前對個案的概念化分析可以整理如下表所示：

表 3.3　春嬌的個案概念化分析

生物社會理論的層面
- 具有先天情緒脆弱性（如：從小較敏感、情緒反應大）。
- 遭遇後天不認可的環境（如：若個案不遵守要求，母親不但會嚴厲的言語批評並可能會痛打她）。
- 問題行為（如：自傷、暴食、飲酒、衝動作決定）與情緒失調的因子相關。

可能需注意的辯證兩難行為模式
- 無止盡的危機（個案在情緒下處理生活費問題，沒有思索清楚而衝動決策，讓情況更難收拾）。
- 抑制的悲傷（個案從小的失落經驗、與前男友的關係挫敗和可能的創傷經驗沒有得到完整的整理，當遭遇 B 男失聯的再次失落後整個引爆）。
- 表面的勝任（個案在與輔導老師告別時，沒有正確自我察覺及傳達出很需要他人幫助的實情，其表達方式反而讓老師誤以為她可以好好照顧自己）。
- 自我否定（個案於吞藥前鏈結中可見到自我憤恨的許多負面自我評斷）。

標的行為階層
- 階段 1：
  - ■ 危及生命的行為（吞藥自殺、割腕）。
  - ■ 干擾治療的行為（私下減藥卻對門診醫師和輔導老師隱瞞、會談時沒有告知輔導老師實情）。
  - ■ 干擾生活品質的行為（暴食催吐、飲酒）。
  - ■ 缺少行為技巧（無法適時覺察自己內在情緒狀態、沒有別的方法減低痛苦情緒或減少痛苦情緒對自己的衝擊、情緒低落時容易陷入憂鬱反芻、沒辦法有效的對他人提出要求和協助）。
- 雖有階段 2 的多重創傷與失落經驗，但現下仍不適合對此進行情緒整合體驗式的治療，需要在階段 1 中各項標的問題行為有顯著改善，且具備足夠的因應技巧後才適合進行。

自殺行為：可能的影響變項
- 因應技巧的缺乏（如同前述）。
- 增強的後效（可能包括：家人原本不能理解她的失控和痛苦，但當個案發生自殺行為，家人的態度瞬間轉為支持與接納，甚至提供經濟支援；住院時醫療團隊提供心理支持，讓個案感受到大大被包容的感覺，也把生活壓力都排除在病房之外；衝動吞下大量藥物之後，原本個案感到承擔不起的負面情緒暫時得到了舒緩）。

- 前置的相關強烈情緒可能為失落、焦躁、憤恨、羞愧等個案難以承受或習慣迴避的內在經驗。
- 認知歷程有著反芻式思考和評價式自我論斷的特徵，使個案的情緒脆弱更被惡化；認為自己死掉別人會比較輕鬆的念頭，也使得個案誤以為死亡是解決目前問題的方案。

可能介入方向

- 以了了分明技巧（mindfulness skills）協助個案覺察內在情緒狀態，適時調整情緒或向外求助，並透過體驗身體感知、接納情緒而不陷入反芻思考的螺旋。另外，針對「自我否定」，練習用不評斷的態度嘗試增加自我接納（self-acceptance）的體驗，減少自我憤恨或羞愧的情緒。
- 以痛苦耐受技巧（distress tolerance skills）提升個案對於痛苦的耐受度，並協助個案用不同的因應方式取代自傷和自殺的舉動。
- 以情緒調節技巧（emotion regulation skills）協助個案在低落、焦躁或憤怒、羞愧情緒尚未升高到技巧崩解點（失控臨界點）前減低情緒強度，以替代飲酒、暴食或自傷，並減少個案於危急時衝動決策的傾向，避免「無止盡的危機」。
- 以人際效能技巧（interpersonal effectiveness skills）協助個案有效地與他人表達需求，明確清楚但不至於破壞關係。
- 針對「表面的勝任」的部分，可以考慮請個案定期來電與治療者聯繫，觀察當下情緒狀態清楚表達，並適時由治療者給予需要的協助。
- 針對「干擾治療的行為」，治療師可以與個案開誠布公討論，為何會隱密減藥的行為，也約好個案於會談當下或事後對治療者有不舒服的感受及疑問時，可以當場陳述或來電，讓治療者有機會釐清並做修補。
- 針對「後效管理」的部分，在建立個案適當的求助管道與行為後，與個案及其環境中的主要人士說明，需在自傷自殺行為發生後一段時間內，避免有正增強的回應發生；並幫助個案理解，自己的自殺行為可能有舒緩情緒的功能（可參見第五章：認可）。另外，當個案用新學習到的因應技巧處理問題時，則需要適時予以鼓勵。
- 針對「抑制的悲傷」的部分，當個案習得有效的因應技巧，且情況可相對持續穩定一段期間後，考慮針對其可能的 PTSD 及失落議題加以處理（階段 2 的治療標的）；這個部分尤其需要留意，如果在個案學習的技巧仍不足時，過快地討論悲傷（特別是創傷經驗）可能會增加個案自殺自傷的風險。

　　需提醒的是，若治療師只如上述著重在個案問題的層面，而忽略去了解其優勢、資源及值得活的人生目標，那會大大影響治療計畫的有效性和

進展。事實上，當治療師仔細去了解這些部分時，會發現春嬌其實對她所謂值得活的人生有清楚的想法，包括能在所就讀的戲劇領域中發展，有朝一日希望能實現在舞台劇或電視劇中演出的目標，另外也希望能找到適合的伴侶成立自己的小家庭。而是否能透過參與治療，有效停止吞藥自殺、割腕、暴食催吐、飲酒過量等的問題行為，對實現上述人生目標來說十分重要，意識到這兩者間的關聯性對春嬌來說，將會大大影響其參與治療的動機。

另外，春嬌在因過度在意身材而努力節食前，其實曾參與教會及熱舞社的活動，前者是她少數的人際支持來源，後者則是她鍾愛且會帶來正向情緒的活動之一。但因為後來對身材失去自信而不敢與人接觸，停止了教會和熱舞社活動，如此大大減低了維持正向情緒刺激的機會，也更易陷入負向情緒及自我批評的惡性循環之中。若春嬌真的照著她原本的決定休學、搬回南部依靠生父的親人（包括伯伯、叔叔，但其實個案與他們很久沒有聯繫），則不但遠離了她已經熟悉的環境，不易重建人際支持系統，更讓上述可提升她正面情緒的活動難以進行，也很可能會讓她離自己重大人生目標的發展更為遙遠。因此，如何繼續學業，以及突破因過於缺乏自信的身體意象及後續的飲酒等問題而導致的人際退縮，重拾對教會及舞蹈活動的參與熱情，也是現階段治療重要的一部分。

重點提示

1. DBT 依據 (1) 生物社會理論、(2) 辯證觀點、(3) 標的行為階層、(4) 改變的行為理論等四項核心概念來對個案進行概念化分析。

2. 有六個常見的辯證兩難行為模式，容易讓治療師感到困擾，需要留意並做評估，可列入治療的次級標的；包括有：情緒脆弱性、自我否定、主動的被動性、表面的勝任、無止盡的危機和抑制的悲傷。

3. 針對個案進行治療前評估時，需先確認其目前所處的治療階段，然後

仔細了解各階段治療標的行為的狀況，以不帶評斷、中性但清楚的行為描述來加以界定。在了解個案的過往自殺自傷行為歷史時，不要忘記對當前的自殺危險性做評估，好決定是否有立即介入處置的需要。

4. 除了個案的問題或困難外，記得務必了解他／她的優勢或資源現況，特別是對他／她來說值得活的人生目標。然後，將治療各階段中個案需處理的標的行為，與他／她的人生目標相聯結。

5. 界定清楚個案目前所處的治療階段及有關的標的行為後，需要一個一個針對特定的標的行為進行仔細的行為鏈鎖分析和解決分析，試著找出可能的影響變項，好決定相對應的治療策略及可替代的因應技巧。之後隨著治療的進展和資訊的更新，以辯證的精神持續進行評估，從正反兩端不斷去尋找當下的「合」。

參考文獻

林誼杰（2019, November 21）：〈心靈的三度燒燙傷〉。《華人DBT在馬偕》。http://mmhdbt.blogspot.com/2019/11/BPD-third-degree-burns.html

Koerner, K. (2006). Case formulation in dialectical behavior therapy for borderline personality disorder. In T. D.Eells (Ed.), *Handbook of psychotherapy case formulation* (2nd ed., pp. 317-348). Guilford Press.

Linehan, M. M. (1993). *Cognitive-behavioral treatment of borderline personality disorder*. Guilford Press.

Manning, S. (2018). Case formulation in DBT. In M. A. Swales (Ed.), *The Oxford handbook of dialectical behaviour therapy* (pp. 236-258). Oxford University Press.

第四章

核心策略：改變策略

張輊竑

　　如同第一章所介紹，Linehan 博士結合了辯證哲學、禪修、認知行為治療，以及個案管理等概念原則，形成辯證行為治療的基石。而在此章節中，我們先為大家介紹 DBT 兩大核心策略中，作為改變基礎的問題解決策略（problem solving），其中又細分為問題／行為分析（problem/behavioral analysis）以及解決方案分析（solution analysis）兩部分。接著，我們再介紹 DBT 的四種改變程序，從學習理論（learning theory）中的古典制約（classical conditioning）與操作制約（operant conditioning）、技巧訓練程序（skills training procedure）以及認知矯正（cognitive modification），分別說明行為改變的基礎原理及在辯證行為治療中的運用。

一、問題解決

(一) 概念原理與案例

　　在《三國演義》第三回中的某片段：「臣聞揚湯止沸，不如去薪；潰癰雖痛，勝於養毒」，這段對話精準比喻了解決問題需要從根本之處著手，否則只是徒勞無功、治標不治本，而且即使要付出偌大代價與苦痛，也會勝過讓問題日積月累的後果。由此得知，有效的改變並非隨意就能產生，而是需要切中問題核心，並且經歷一番苦楚與努力。在傳統的認知行為治療中，常會利用問題解決程序來協助個案改變行為；通常包含幾項要

件：發現並界定問題、分析問題原因（形成假設）、設定目標、尋求解決對策、評估與檢討結果，如果必要的話，再重複前述步驟，直到能圓滿解決問題為止。

「問題解決」（problem solving）策略是 DBT 中促成改變的必要途徑，個案的任何失功能行為都可被視為無效的問題解決方法，而這也是需要被分析與處理的部分。在**春嬌**的例子中，我們發現當她情緒強烈就會出現割腕自傷的行為，這是她用來處理、回應、或達到某些目標的方法，因此這也毫無疑問是治療師要與春嬌共同了解並且去解決的焦點（詳述於下一段）。此處有個重要的提醒，為了因應 BPD 個案調節情緒困難，以及容易卡在極端的特性，治療師需要先認可個案面對問題的情緒（常見如：羞愧、害怕、生氣或難過）或行為反應（如：逃避、否認或拒絕等），如此才能讓個案在被理解的前提之下，增進面對問題的主動性，平衡過於被動、無助的反應模式，然後才能產生改變的契機。而此部分也再次呼應 DBT 的理論，關於「接納」與「改變」兩個看似相對、卻又密不可分的立場。

(二) 在辯證行為治療中的應用

如前所述，改變問題根本之處才能有效解決，而多數治療失敗常來自對問題行為的錯誤評估，因此關鍵第一步是要能精確分析問題，而這也是 DBT 中最關鍵也最困難的一環。Linehan（1993b）將問題解決分為兩階段，首先會透過行為分析（behavioral analysis）、洞察策略（insight strategies）及指導策略（didactic strategies），來了解與接納問題；其次，則是利用解決分析（solution analysis）、定向策略（orienting strategies）及承諾策略（commitment strategies），產生解決問題的方案、並激發個案執行。以下分別說明介紹兩階段的重點：

1. 問題／行為分析階段。在每一次的分析中，治療師與個案共同合作取得問題行為的充分資訊，將目標放在了解問題是什麼、如何引起、以

及影響解決的阻力與助力，但也會同時將認可交織於評估過程中，否則痛苦情緒會讓治療難以聚焦；而最終的目標，則希望教導個案有能力自己完成行為分析。

(1) 行為分析（behavioral analysis）。在個案的生活中，有各種不同的困擾問題需要被解決，因此要先從不同問題中做出選擇、並予以具體定義。Linehan（1993b）建議可先依照 DBT 治療目標的優先順序來選定問題，亦即自殺／自傷行為、干擾治療行為、影響生活品質行為、技巧缺乏、PTSD、自我尊重以及達成自我實現的困難，再者可參照各治療階段的階層目標，最後若無新的問題行為，則可由個案自行設定討論主題。此外，為了避免缺乏實證事實而造成的分析錯誤，Linehan 認為不能僅止於一般描述、而是需要更精確定義問題行為，亦即治療師要協助個案具體描述問題行為的 5W 細節（who、what、when、where、how）以及行為的頻率、強度與持續時間。有些時候，個案認為（但也可能是真實的）問題並不在自己、而是來自環境他人，這些訊息是重要的，但也會迴避或限縮理解問題的全貌；此時我們就需根據個案在情境中的感覺、想法或行動，來進行問題概念化。舉例來說，治療師與春嬌討論其自殺行為時，她表示是因為去學校和輔導老師道別卻未被挽留，心情變得更差才會想去死，所以全都是老師的錯。然而這樣的資訊是不夠精確的，我們更需要知道春嬌在面對問題時的反應，才能聚焦於具體的解決之道。因此，在治療師給予情緒認可後，協助進行抽絲剝繭（詳見第三章的鏈鎖分析），將春嬌對於自殺行為的外歸因，導引到其面對問題的反應歷程資訊（如：癱坐在浴室地上【行動】、沒有人會真的在乎我【想法】、小時候被母親打及前男友的施暴【內心影像畫面】、難過、焦躁不安【感受】等）。這些正是鏈鎖分析的重要基礎，也是 DBT 治療師的日常基本功。

鏈鎖分析（chain analysis）是行為分析的重要骨幹，聚焦在了解**問題行為之前（從何開始）、中（過程的串連）、後（在那裡停止）**的資訊。**從何開始**：協助個案描述問題發生時的情境，目標在於連結環境與問題行

為，即便一開始看起來與個案的行為問題無關。為了減少觀點偏誤的影響，治療師要避免問「是什麼原因造成的呢？」較合適的問法如「事情是怎麼發生的（如何開始的）？」**過程中的串連**：將行為劃分為更細微的單位（亦指行為的鏈結），包含個案的行動、身體感覺、思考、感受以及環境中的事件。目標在於辨識出引發問題行為的前置因素、個案於其中的缺失或環境因素，以及如何走向問題行為的資訊，是解決方案分析中的重要依據。治療師可透過詢問「接下來呢？」「是如何從這裡到那裡的（例如：你是如何從憤怒走到無望感呢？）」找出潛藏其中的連結。**在哪裡停止**：蒐集問題行為的內外在後果，包括維持、增強及消弱的訊息。目標在確定行為的功能性，亦即此行為解決或得到什麼。需注意的是，有些行為學習機制是發生在覺察之外的，因此個案不一定會意識到其行為的功能或維持因素，同樣的我們所發現的結果也不一定等同個案的意圖。

在**春嬌**的例子中（詳見第三章），可以透過鏈鎖分析了解從她想離開但未被老師挽留（促發事件），到最後去吞藥自殺（問題行為）之間的串連過程。每一個鏈結對問題行為的發展都有做出貢獻，因此當我們能精準地做出行為鏈鎖分析，就有更多機會運用相對應技巧，來取代原有的失功能鏈結；一旦任何一個鏈結發生改變，促發事件就不會連到原有的問題行為。

(2) 洞察策略（insight strategies）。前段介紹了行為分析透過詳細聚焦於問題的前後脈絡，精確找出問題資訊；洞察策略的目標也在協助個案了解自己的行為模式及其功能性，然而不同於行為分析的方式，是透過DBT 理論以及對個案背景所產生的假設，直接對個案行為形成概念化。兩者相輔相成，無法互相取代，且洞察策略更常注重發生在治療互動中的行為。介紹幾種常見的洞察策略，像是治療師在會談中**標示（highlight）出個案的行為**、給予簡短回饋，但可同時標註正向行為以求平衡觀點，例如：「妳有沒有注意到，妳剛剛連續三次轉移話題？不過我覺得不錯的是，妳也願意讓我知道其他更多資訊。」治療師**描述所觀察到的重複模**

式，並邀請個案討論這些觀察的正確性，例如：「我注意到妳好幾次忽略或轉移話題，似乎在表達著妳還沒準備要討論這件事，但是因為擔心被指責、甚至被治療師拋棄，所以不敢直接開口。有可能是這樣嗎？」或是用「**如果……就會（if-then）**」規則來評論行為意涵，例如：「妳希望能被接納與喜歡，因為**如果**連治療師都拒絕，妳**就會**更沒信心、更討厭自己」。

(3) 指導策略（didactic strategies）。BPD 患者常會極端解讀自己行為，不是自己發瘋／不好、不然就都是別人的錯；而其家屬或社會支持網絡若缺乏正確的資訊，也更容易在相處中累積挫敗感，更加對其行為產生誤解（或成見）。這些錯誤資訊無助於了解問題，反而造成更多傷害與不認可。因此，指導策略的目標在傳授關於影響行為因素的資訊給個案及其社會支持網絡，內容包含行為學習與發展機制、生理基礎（包含藥物使用）、基本的情緒或認知歷程以及 BPD 的形成與維持原因。才能幫助我們在分析與解決問題中，聚焦在有效的訊息。

2. 解決方案分析階段。DBT 與多數行為治療均認為，僅靠行為分析與洞察不足以改變行為，更關鍵的是以適應性行為來取代舊有功能不良的部分。因此，在解決方案分析階段，治療師引導且示範解決問題方式，並增強個案能使用適切方式來達成目的。

(1) 解決方案分析（solution analysis）。在完成問題／行為分析之後，治療師接著要先與個案確認欲解決的目標是什麼；而解決分析的排序也要置於 DBT 治療架構中，從減少自傷／自殺行為、到不同的 DBT 目標行為、最後才是個案想改變的其他部分。有些 BPD 個案容易受情緒心所驅使，表示因為他的目標就是死亡，所以才做出自我毀滅行為；此時，治療師可引導個案進行智慧心的練習，也可以直接點出個案的目標並非想死，而可能是藉由自我毀滅來面對問題、減緩痛苦、或是得到想要的，因此便可一同找尋達成這目標的可行方法。此外，個案過去在處理問題時，很可能曾遇到許多失敗與挫折，因此再面對問題會感到猶豫（yes…but）

且迴避；再以春嬌為例，她說：「是的，我也很想讓媽媽知道我的難處，但是從小到大，她只會責備與批評我，我怎麼說也都沒有用。」治療師需認可這樣的痛苦，並且結合定向或承諾策略，協助重新聚焦於有效解決方法的對話。而在確定目標後，治療師可以運用「以量帶來質變（quantity breeds quality）」的原則，引導個案腦力激盪想出任何可行的解決方法。在此，筆者會邀請個案玩腦力遊戲（例：如何從淡水馬偕醫院到達台北101），多數人大約想出 4-5 個方法就投降了，但筆者天馬行空示範幾個方法（如：在路上攔便車、坐渡輪到大稻埕再換騎 Ubike、不然就換上跑步鞋走去），個案剛開始的反應常是疑惑皺眉、大笑，或驚訝筆者的無厘頭，但慢慢也會跟著練習找出通往羅馬的條條大路。如此可以讓個案練習不評價、也增加其思考彈性。爾後，檢視個案對於這些解決方法的效果預期，協助評估真實性與有效性。再從諸多方法中擇一並去執行。不同方法都有其長期／短期的效果與價值，但重要的是，讓個案學會知道是為了什麼目標而做出選擇（如上例，選擇可以是依據時間、經濟成本或舒適度等）。也可利用「損益分析表」來協助評估不同選擇的優缺點，但是討論須保持彈性。最後，也要討論執行時可能會遇到的困難，以及如何去處理它，可以讓個案預備及提前思考解決新問題的方法。

(2) 定向策略（orienting strategies）。治療師要警覺個案可能對 DBT 抱有不合理的預期，除以不評價方式來傳達理解外，也要透過向個案說明清楚且具體的治療資訊，像是 DBT 的結構、治療程序與進行方式、治療策略的理由、能改變／進步的條件、個案在治療中的角色與任務等，以合理期待為治療進展鋪路。

(3) 承諾策略（commitment strategies）。多數治療師應曾遇過被逼著來治療的非自願個案，要不是抗拒就是抱持懷疑，若無法取得動機與承諾，通常難以成功改變。DBT 也強調個案對治療的承諾，需持續反覆提醒、鼓勵與增強，因為人較願意去執行自己同意要做的事情。承諾的階層順序從同意留在 DBT 治療中、為特定治療目標努力、到同意進行選出的

解決方案策略。介紹幾種常見的承諾策略，像是透過**分析利弊**與個案討論去改變所帶來的好處與壞處，治療師可連結個案承諾與其欲改變的合理目標及對治療預期，例如：「你很清楚來參加團體課程可以學習克服自傷衝動的方法，當你逐漸能以技巧取代自傷，你的人際關係與工作就能更穩定，但是要每週跑來醫院兩趟、每天都要做練習，真的很辛苦」。用「**魔鬼代言人（The devil's advocate）**」刻意的唱反調，先呈現個案的不合理想法並擁護它，再來與其提出的反證辯駁，例如：「當個案認為 DBT 是給有問題的人，因此抗拒接受治療。治療師可以真誠回應：看來你好像找不到要來治療的理由，因為你似乎把自己生活處理得很好」，論點要合理，態度要認真且誠懇，才能引起個案反駁而強化其承諾。使用**腳在門內策略（food in the door）**（或稱「得寸進尺法」，先提出較小／簡單的要求，然後再提出較大／困難的要求），例如：「先請個案打一通電話，然後再要求在電話中練習人際技巧」；或是**門在臉上策略（door on the face）**（或稱「以退為進法」，先提出比預期更大／困難的要求，然後再提出較小／簡單的要求），例如：「先要求個案一個月不能自傷，然後再提出想自傷前要先使用三項技巧」；或將兩者結合，先要求困難的、再要求簡單的、然後再逐漸要求更困難的。**強調有自由選擇的權力但同時無其他選擇可選**，例如：「當個案一直怒罵治療師，治療師可回應：你可以持續如此行為，但這樣我就很難為你提供治療。我不喜歡被你這樣罵，所以如果你可以改變，我非常願意繼續和你會談治療」。最後，運用**啦啦隊策略（cheerleading strategy）**來提升希望感，治療師透過鼓勵來增加動力與維持承諾，增強個案的每一個小進步，在此可併用**從檸檬榨出檸檬汁技巧（make lemonade out of lemon）**，強調他所做的努力都在讓自己更靠近目標。

二、古典制約

(一) 概念原理與案例

　　俄國生理學家巴夫洛夫（I. P. Pavlov）從狗唾液分泌的實驗中，偶然發現藉由將不同刺激進行重複的配對連結，可以產生（與原刺激無關聯的）制約反應，而這個現象也成為當代解釋人類行為的重要典範之一。舉例來說，小小孩對環境事物總是充滿熱情與好奇，看到蟑螂在桌上爬，還笑嘻嘻地想用手去碰，媽媽看見後馬上驚慌大叫，小小孩被媽媽的尖叫反應嚇得害怕大哭。至此之後，當蟑螂出現時，他的媽媽都會驚慌尖叫，久而久之，「蟑螂（中性刺激／制約刺激）」和「媽媽尖叫（非制約刺激）」形成配對連結，小小孩對於蟑螂就產生了「害怕（制約反應）」。即便以後媽媽不在他身邊尖叫，但面對蟑螂時的害怕反應依然存在。而此狀況也可能透過刺激類化（stimulus generalization）的歷程，讓我們對於與制約刺激類似的其他刺激，產生同樣的制約反應。承上例，當小小孩看到相近的東西（如同樣顏色／或會爬的昆蟲）、或是想到／聽到蟑螂時，也會產生害怕反應。

　　以此為據，人們會有不少的問題行為或困擾情緒，是經由古典制約的方式所建立，然而身在其中並不總是能夠清楚覺察。因此，DBT治療師會透過行為分析，聚焦在辨識個案目標行為的制約歷程，並協助其改變。以春嬌的例子來說，她剛開始很投入治療、與治療師關係也偏向正面穩定；因為春嬌用心練習技巧與寫作業，治療師也自然地依據其表現給予肯定與讚許。然而不久後，治療師注意到一個特別的現象，春嬌似乎對於被肯定與讚許很敏感；當她被治療師稱讚肯定時，就會開始低頭、迴避眼神接觸、坐立不安、放空不太回應、而且對治療師生氣，更甚者，下一次會談時，她的作業與技巧日誌卡都繳了白卷，因為此狀況已對治療產生干擾，所以治療師對此進行了問題行為的鍊鎖分析。春嬌表示治療師的肯定讚許讓她感到徬徨不安且生氣，因為她認為這就意謂她將要從治療中畢

業、關係就會結束。從個案提供資訊中得知，隱約記得大班時，爸爸稱讚她是個懂事、乖巧、很讓人放心的小孩，但因無法忍受媽媽，需要先離家一段時間，然而從此再無任何音訊；B 男在那次浪漫濃情夜晚，細數著春嬌的美好與優點，但隔天卻消聲匿跡；學校的心理諮商以及衛生局的自殺個管服務，先後告知春嬌的風險狀況已漸趨平穩，故不再繼續提供服務而予以結案。從上述資料中，治療師推測春嬌「被肯定與讚許（中性刺激／制約刺激）」和「結束關係（非制約刺激）」產生了制約連結，因此每當她被別人讚許肯定時，不安感受便隨之而來。隨著治療的進展，DBT 治療師可利用相關的行為矯正策略，讓春嬌能逐漸不再對於被肯定與讚許感到如此不安。

在心理學領域中，有不少治療方法是以古典制約作為基礎而發展出來的，像是嫌惡療法（aversive therapy）、系統減敏感法（systematic desensitization）、洪水療法（flooding therapy）等。**嫌惡治療**透過將要戒除的目標行為與令人不愉快的刺激產生連結，實務上常用在消除不當行為（如物質濫用和性犯罪）；舉例來說，在酒癮治療中，使用戒酒發泡錠能阻斷人體產生乙醛去氫酶，因此患者若再飲酒就會讓乙醛在體內堆積，伴隨大量的生理嫌惡反應（如頭痛、噁心、心悸或呼吸困難等），藉此讓患者排斥喝酒而得以戒除。**系統減敏感法**則常運用在治療焦慮相關疾患，Joseph Wolpe 提出放鬆訓練以及設定焦慮階層表，讓患者以漸進方式在引發焦慮情境中進行放鬆練習（形成制約配對），久而久之其對原事物的焦慮反應就會減弱或消失。**洪水法又稱為暴露療法**（exposure therapy），與系統減敏感法的操作程序不同，洪水法不需要進行放鬆訓練，而是直接透過想像或實際呈現強度最高的焦慮／害怕刺激，得以校正患者對刺激的錯誤認知，並消除與原刺激相關的情緒反應。以上三個運用古典制約原則的治療方式，迄今已累積大量的臨床實徵證據；而在辯證行為治療中，也有許多納入暴露療法原則的概念及運用，於下一段落概要介紹。

(二) 在辯證行為治療中的應用

　　根據 Linehan（1993a）建議的 DBT 優先目標，第一階段主要聚焦在患者增加有效的行為技巧、減少威脅生命／干擾治療與生活品質的行為，若能平穩進到第二階段，才有可能使用正式的暴露治療程序來處理 PTSD。新近研究結果指出，相較於標準的 DBT 治療模組，結合 Foa 等人（2007）延長暴露法（prolonged exposure, PE）的 DBT PE 治療模式，對於合併有 PTSD 的 BPD 患者，在改善與創傷相關的情緒、認知、自傷／自殺症狀有更卓越效果（Harned et al., 2014），在社會適應、生活健康品質、及整體功能表現也更佳（Harned et al., 2018）。

　　然而，即便未執行正式的暴露治療，DBT 也常在療程中運用各種較不具結構的暴露程序。舉例來說，當個案不想討論某些話題或歷程，治療師可以利用行為鍊鎖分析（如標定出其行為模式，同時帶著個案分析與討論）、或技巧訓練（如觀察／描述自己的感覺或想法），透過非增強的暴露來阻斷其迴避行為。而透過治療師不斷的說明與示範，讓個案漸能理解面對（暴露原則）的概念與價值，逃避只會擴大問題的嚴重度。

　　此外，我們還能從不少 DBT 技巧中，發現暴露療法原則的影子。舉例來說，「情緒調節」中的相反行動（opposite action）技巧，就是透過採取和情緒衝動相反的表現（包括行為、動作、認知、姿態及身體化學反應），一次又一次，直到情緒改變為止，如此可矯正原有刺激與情緒反應的制約連結。「了了分明」中的觀察（observation）技巧，強調放大感官的覺察，與自己的想法和情緒同在、但卻不加以回應（不沾鍋方式）；描述（description）技巧則是運用文字語言來呈現觀察到的經驗，而非以行動衝動做出表現。「痛苦耐受」中的配對式肌肉放鬆（paired muscle relaxation）技巧，在痛苦時重複練習用力吸氣／緊繃肌肉、然後再緩緩吐氣／鬆開肌肉；全然接納（radical acceptance）技巧引導我們用微笑與願意的手，放下執意抗拒與搏鬥，開放地面向現實、全然與之同行。這些技巧皆

運用暴露原則形成新的制約連結，進而改變舊有不適切的制約反應。

三、操作制約

(一) 概念原理與案例

從早期桑代克（E. L. Throndike）發表的迷箱實驗，觀察到貓咪會透過不斷嘗試的結果，逐漸減少無效的行為，且逃出迷箱的速度也越來越快；到後來史金納（B. F. Skinner）研究的老鼠壓桿實驗，老鼠在多次誤觸桿子後都掉下食物，這樣的結果增加了老鼠在飢餓時去觸壓桿子的機會。史金納使用操作（operant）一詞來闡明其中歷程，亦即個體的行為反應會受其後續結果的操作影響，增強（reinforcement）可使行為頻率增加，反之懲罰（punishment）則使行為頻率減少。舉例來說，家長跟小朋友約定，如果在規定時間內吃完晚餐，就可以得到喜歡的布丁（正增強）或是不用幫大家洗碗（負增強），小朋友可能會趕快努力吃飯；如果忘記帶東西回家，就要罰站半小時（正向處罰）、或是當天不能看卡通節目（負向處罰），則會減少小朋友忘記帶東西的機率。史金納認為人的行為受到這樣的操作制約所影響；而操作行為與其後果之間的關係則稱為「後效」（contingency）。

如上述說明，個案問題行為的形成與維持，也同樣能透過操作制約歷程來加以解釋。如同其他行為治療模式，DBT 治療師也透過分析來理解目標行為的後效關係，進而協助其改變。以下分享兩個與操作制約概念相關的案例。其一，有位青少女常有過量吞服藥物的行為，身為獨生女的她很害怕孤單，但父母總有各種原因常常不在家，後來她發現吞很多藥之後，精神會變得迷茫、減少獨自在家的恐慌感（負增強），被送急診洗胃，溫暖的醫護人員給予不少問候與關心（正增強），而父母親內疚且心疼女兒吞藥自傷，承諾以後會盡量排除困難多陪伴她（正增強），同時也

因為需要多休養身體，讓她逃避好幾天繁重的課業壓力（負增強）。在這個案例中，治療師發現此青少女的吞藥自傷行為很不單純，受到多重的制約結果所影響，爾後亟需要以系統化的後效管理協助其改變。其二，有位個案過往每遇到人際挫折或情緒低落時，就以自殺威脅向醫師要求住院，一次又一次，不斷透過住院逃避偌大的外界壓力；在接受 DBT 治療時，個案承諾治療師減少自殺威脅住院的干擾治療行為。然而，當治療初期，個案又遇難解的龐大壓力，不住院的治療承諾就會讓她非常痛苦（正向懲罰）；而隨著治療進展，個案已能透過運用技巧讓自己漸趨穩定、住院需求也降低許多，但是卻也減少因住院而能申請的高額保險補助（負向懲罰），又讓自己陷入其他生活壓力。在此案例中，我們看見個案在努力減少破壞性行為、邁向自己值得活人生的過程中，仍受到不少制約力量，將他留在原地或往後退。透過對於操作制約的理解，也許可以幫助減少對別人行為的偏見或評價（不是他們不努力或是故意，而更可能只是被制約了）。

(二) 在辯證行為治療中的應用

既然人們行為會受到制約的結果所影響，我們也能藉由後效操作來達成改變行為的目標。透過增強後效的運用，可以增加個案適應性功能行為的發生；透過停止增強物的削弱（extinction），可以降低不適應行為出現的機率；而處罰則是會抑制不適應行為再出現的機率。Linehan（1993a,1993b）提到，根據欲處理的行為類型，DBT 中有兩種後效程序的運用，其一是與目標行為相關的後效管理（contingency management），另一是與推擠治療界限行為相關的觀察限制（observing limits）。

1. 後效管理部分。在準備接受 DBT 時，治療師會讓個案了解後效管理的概念，包括介紹行為的學習原理、增加與治療目標相關的適應性行為／減少與治療目標相關的非適應性行為，以及必要時的嫌惡後果（懲罰）。在 DBT 的治療契約中，當個案連續四週未參加團體課程、或連續

四週未出席個別治療即達終止治療條件；除此之外，DBT 並無其他明文規定的後效規則。但是，團體訓練師及個別治療師都需清楚個案的行為是否與治療目標相關，並且選擇要如何作出回應。以下介紹幾種主要的後效管理策略。

(1) 增強後效（reinforcing contingency），透過給予增強物（reinforcer）來增加適應行為出現的機率，然而需注意的是，增強物或許有因人而異的狀況；例如，稱讚是人際慣常運用的社會性增強，但這並不一定適用於所有人，甚至對某些人反而像是種處罰。因此治療師也要審視特定事物對個案所產生的效果。Linehan（1993a, 1993b）強調盡量能以自然增強物（natural reinforcer）來強化適應性行為表現，也就是個案在日常生活中所期待能得到的後果。例如，個案初期會未告知就隨意缺席治療，此次因重要聚會與團體治療時間衝突，個案努力且誠懇地利用課程所教的 DEAR-MAN 技巧，向治療師提出請假要求；假使個案能恰當使用技巧，治療師在肯定其技巧的有效性部分、同時討論其他可行備案後，也應滿足其請假要求，否則個案的適應性行為就難以被強化。除此之外，Linehan 也提到對多數邊緣性人格者而言，若能與治療師形成穩固且正向的治療關係，那麼治療師在互動中的表達呈現（如溫暖、親近、回應、認可等）以及關係延續，便是強而有力的增強物。而筆者的自身經驗分享，此部分最重要前提是治療師的真誠以及幫助個案的初衷。

(2) 行為塑造（shaping），將欲達成的目標拆成循序漸進的小步驟，然後依序增強，這對邊緣性人格者在學習技巧與發展行為時特別重要。他們容易會有不合理的期待，希望能立即且完美的學會技巧，然而實際狀況卻容易讓人感到壓力與挫敗，動搖他們接受治療與承諾的動力。因此，DBT 治療師需和個案討論與調整期待，同時也要持續強調行為塑造的重要性。筆者常向個案分享自己的游泳學習經驗，即便在岸上已熟練擺手、抬頭、踢腿或換氣等主要動作，但進入泳池中，來來回回就失敗了好幾次，更深知很難會有一蹴可幾的夢想。

(3) 削弱（extinction），透過停止增強來消除不適應的行為。相關概念簡明易懂，但實際執行卻是困難重重。首先，欲削弱的行為很可能被其他人所強化（例如小寶寶半夜一直哭，爸媽輕聲安撫、忍住不要哄抱，但是奶奶捨不得乖孫嚎哭，馬上搶走邊抱邊搖，直到他哭停也沒放開），因此需要相關系統的一致合作才有成功機會。再者，削弱初期常會發生短暫的行為頻率暴增現象（extinction burst），亦即不適應行為消失前會先變得更頻繁且更強，這對執行者與其環境都是很大挑戰。最後，從行為功能分析中得知，多數不適應的行為背後都有其功能存在（例如割腕讓患者緩解了部分痛苦感受，也獲得親友關心慰問），假定只有透過削弱方式，雖能減少了不適應行為，但個案也缺乏新的有效行為去滿足原有功能，反而增加其煩躁與痛苦。因此治療師在設計削弱程序時，同時亦需考量增強或塑造另一組行為反應（延續前述割腕案例，治療師引導個案可以運用痛苦耐受技巧來緩解痛苦，也逐步形塑其增加表達人際需求的技巧）。

(4) 處罰（punishment），透過移除增強物或給予嫌惡結果（aversive consequence）來抑制不適應行為再次出現。如同增強物會有因人而異的狀況，只有具備抑制行為成效才能標定為嫌惡；也和削弱程序相仿，處罰亦無法增加新的適應行為。此外，懲罰可能會導致破壞關係或個案的自我否定，若非得使用時，治療師需加以強調被處罰的對象是他的行為而不是他本人。多數行為治療會將增強作為優先的手段，Linehan（1993a, 1993b）也認為在 DBT 中，只有兩種狀況才會使用嫌惡結果，其一，當個案不適應行為的增強（物）並非治療師所能控制，或是這些增強（物）的效果遠大於治療師所能使用的增強或削弱策略；另一，當個案不適應行為已干擾其他適應行為，也就造成沒有其他行為能被強化時。Linehan 認為對一般邊緣性人格者而言，治療師的批評、面質、收回同意和溫暖會是很大的嫌惡刺激；而最終的處罰就是終止治療，但這樣也會終止幫助個案改變的機會。因此，若所有後效操作都無效，或是行為嚴重到跨越治療師的限制時，Linehan 會使用「治療假期（vocations from therapy）」作為撤

退策略，用以處理與目標或與限制相關的行為。所謂假期就是停止治療達一段時間，直到符合特定情況，或是行為改變為止，她認為安排治療假期有幾個必要的步驟。首先，治療師要確認需改變的行為是什麼，以及對其清楚的預期；第二，要給個案合理改變行為的機會，並協助他去執行，用以讓個案避開假期；第三，呈現出治療師本身的限制，謙卑的告知其他治療師也許可以幫忙他；第四，清楚讓個案知道，一旦符合狀況或期限已到，就能回來治療；第五，在假期中治療師可間斷的用書信或電話，鼓勵個案改變並回到治療；最後，提供個案在假期中的轉介或備援（Linehan, 1993b）。上述步驟可以透過治療假期的後效，協助改變個案不適切行為，但若包含治療假期等所有方式都無法奏效時，治療師就應該考慮讓個案放假到契約結束，然後才能再回來與治療師重訂新的治療契約。

整合以上，後效管理運用清楚的原則來達成行為改變，治療師在實務操作則需要系統性的整體考量，同時也要彈性運用各種操作策略。

2. 觀察限制部分。 技巧訓練者或治療師很常面臨到 BPD 個案挑戰與衝撞治療底線的行為，如此會耗竭大量心力、且影響進行繼續治療的能力與意願。舉例來說，某個案很好奇治療師的私人資訊，總是努力抓緊機會探問，或在網路搜尋，個案表示若能進一步了解治療師，可以幫助自己信任且更投入，而且以前的治療師也會與他分享，然而此行為讓他的治療師不堪其擾。因為每個技巧訓練者或治療師的底線不同，即便是同一個治療者，其底線也會隨時間或情境變化而有不同。因此，Linehan（1993b）強調 DBT 治療師要去觀察自然發生的困難，並依此真誠地與個案進行溝通，說明設限的出發點雖然是為治療者本身著想，否則可能使他耗竭，降低治療效能或終止治療，但設限背後更是為了希望個案能得到更好的幫助。

四、技巧訓練程序

(一) 概念原理與案例

如果我想在下個月野外露營時能吃到熱食、但自己又還未存夠預算買高級炊具，該怎麼辦呢？為了能達成目的，我可以學習用炭生火、開源節流或認真工作去賺錢、跟朋友借用炊具、或是邀請炊煮高手陪伴同行等，而這些方法都需要運用到不同層次的技巧。因此，當缺乏有效與適切的方式來達成生活目標或解決問題時，學習相對應的技巧策略便是必要途徑。

無論是個別治療、團體技巧訓練或是電話諮詢，DBT 歷程涵蓋了各種技巧訓練，技巧訓練者或個別治療師要協助個案學習技巧、並主動把握所有的練習機會。然而，BPD 患者可能會表示：「這些技巧我都試過，沒有效的」、「為什麼都要叫我用技巧？」「問題是別人，不是我沒有技巧！」此時治療師便必須直接、堅定且重複地挑戰其被動問題解決模式。此外，要讓技巧訓練發揮最大效果，也需考慮其他改變程序對個案的影響，包括對於使用技巧是否有不適切的預期或認知、是否有針對使用技巧的後效管理、或是處理與暴露有關技巧的困難。

(二) 在辯證行為治療中的應用

完整介紹技巧訓練的目的與程序、並且取得個案投入學習與練習技巧的承諾，是使技巧訓練能成功的重要前置條件。DBT 無法保證每個技巧對任何人都能有幫助，但會讓個案明瞭某技巧可能有效用的理由，同時闡明練習、再練習的重要性。除了運用多數行為取向的概念外，Linehan（1993b）特別將 DBT 技巧訓練分為三種程序，包含：技巧獲得（skill acquisition）、技巧強化（skill strengthening），以及技巧類化（skill generalization）。

1. 技巧獲得程序。首先，治療師／技巧訓練者需要先評估個案特定領域的能力（或缺陷）。然而，造成個案技巧失效的原因可能多又複雜，

包含不會做、做得不完全、缺乏動機去做、受過去經驗影響的迷思或是害怕、其他情緒干擾、環境變項等。因此，治療師可以利用角色扮演的情境練習，從個案的表現與回應方式，評估他需要學習或修正哪些特定的技巧。

教導（instructions）與示範（modeling）是獲得技巧的主要方式。DBT 透過團體訓練課程來教導新技巧，如同前面所介紹，個案面對學習技巧會產生各種疑惑與抗拒，因此在教導技巧時，除了介紹技巧內容、進行方式，以及使用時機情境之外，更要清楚解釋使用技巧與其目標的連結，甚至無法成功的原因，以及如何將障礙排除，才能幫助個案有效學習。透過多元管道可以達到示範的學習效果，如在課堂中的角色扮演、治療師表現有技巧的溝通、環境中的有效成功經驗（如團體成員或他人的分享、傳記／電影等），而技巧訓練者／治療師的自我揭露更能引人入勝。筆者在教授情緒調節課程時，經常分享自己過去情緒失控的經驗，並從中示範如何描述情緒、分析失控原因、連結所需要的情緒調節技巧、演練技巧使用方式以及後續發展，透過自我揭露的示範教學，很能引發學員的專注度與共鳴，並在故事的潛移默化下，學會技巧的概念與應用。

2. 技巧強化程序。在學習新技巧之後，需要透過強化來維持使用的可能性，否則不能算是個案的能力。DBT 運用以下策略來強化學到的技巧。(1) **行為預演**（behavioral rehearsal）：讓個案練習做出行為技巧，透過內隱（如想像）或外在方式（如角色扮演或實際情境），可以在課程／個別治療中或當成回家作業，增加使用技巧的機會。(2) **增強**（reinforcement）：同前面說明的後效管理原則，增強能塑造個案的技巧行為，不只是因為新技巧對其達到目標的效果，也有來自環境的認可。(3) **回饋與指導**（feedback and coaching）：技巧訓練者／治療師根據個案的行為表現給予回饋、然後引導如何修正與改善。雖然治療師也會運用行為的洞察策略，但 Linehan 特別強調在技巧訓練中，回饋應針對行為表現本身（如其執行技巧的掌握度、是否能達到目標等），而非影響其行為的背後動機。

除了避免對個案的動機做出不精確推論外，也才能在技巧層面給予具體修正。

3. 技巧類化程序。筆者前面分享自身學游泳的經驗，即使在岸上動作做得再標準、換氣再流暢，入池後還是狼狽溺水。由此可知，學到的技巧並非總能順利應用在真實情境中。因此，DBT 技巧訓練的目標，是在紙上談兵之後、也能親自上戰場取得成功勝利。技巧訓練者／治療師也可以透過以下方式，協助個案有效應用所學習的技巧。包括 (1) **類化設計：**行為治療普遍將類化分為兩種，反應類化（response generalization）是讓習得技巧的擴大化與靈活彈性，如在學會擦拭桌子的技能之後，也可以去擦椅子或地板，在此治療師教導個案使用與調整技巧來達成目標；而刺激類化（stimulus generalization，或稱情境類化）則是讓習得技巧運用在其他刺激或情境中，如學會在學校合作社購買物品，也能去大賣場購買，在此治療師會鼓勵個案盡可能在不同情境中使用技巧。(2) 指派實際的行為預演作業，如技巧訓練者請個案將進度作業，帶到個別治療師會談時演練。(3) 在兩次會談期間，透過電話聯絡檢視個案實際運用技巧的狀況，並提供諮詢指導。(4) 教導個案如何從其真實環境中得到增強，運用自己管理技巧來結構環境、提高有效行為被強化的機會，或是利用家庭或伴侶諮商／課程，讓其重要他人能學習 DBT 技巧與概念，彼此提醒、一起練習，讓有效技巧能遍布個案的生活情境。

五、認知矯正

(一) 概念原理與案例

不論是 Albert Ellis 理情行為治療（REBT），或是 Aaron Beck 認知治療（CT）等主流認知理論，皆認為個體對事件的解讀／假設／觀點，是形成其情緒與行為反應的主要決定變項。雖然 DBT 不進行結構的認知治

療程序，但也靈巧地運用不少認知重建技術於整個治療歷程中。例如：了了分明中的觀察、描述、與不評價技巧，可以教導個案貼近事實的真相；情緒調節中的挑戰迷思與核對事實，可以協助修正失功能的信念。（註：上述技巧請詳參本書相對應章節）

　　然而，DBT 更強調透過後效澄清（contingency clarification）的程序，協助個案明瞭其行為與後果之間的規則關係（如果……就會……）。例如，個案可能會這麼想：「如果我威脅要去死，男友就會對我讓步」、「假使我狀況穩定了，治療師就會和我結束關係」。而認知重建（cognitive restructuring）的程序，則是協助個案挑戰失功能的思考型態或內容，並發展替代或具適應性的想法。

(二) 在辯證行為治療中的應用

　　作為DBT兩種主要的認知矯正程序，認知重建的目標聚焦於改變「一般性」的思考型態或風格，後效澄清則是在「特定性」的事例中，修正失功能的規則關係。兩種程序相輔相成，就如同洞察策略（insight strategies）之於行為分析（behavioral analysis）一樣。以下分述說明：

　　1. 後效澄清部分。此部分的目標是協助辨識與找出個案行為所造成的影響（包含對自己與他人所造成的立即效果以及長遠影響），可以聚焦在個案目前生活中的事件，像是問題行為、與他人互動的雙向作為、及其行為對治療關係以及治療結果等。治療師可以利用下列方式來協助澄清後效關係，包含 (1) 行為分析：在問題行為的鏈鎖分析中，治療師引導個案思考其行為導致什麼樣的後果，如詢問「接下來發生了什麼？」、「對你自己的影響是什麼？」、「別人怎麼回應你？」等；(2) 洞察策略：在個案持續出現的行為中，治療師從中摘要出規則關係的模式，如「當別人不開心時，你馬上就會低聲下氣道歉」；(3) 相互溝通策略（reciprocal communication strategies）：讓個案了解其行為對治療（師）的影響，如「你連續兩週沒帶日誌卡過來，我感到有些生氣」、「今天作業討論順利完成，剩

下時間來聊你想聊的部分吧」。

　　後效澄清也有打預防針的效果，治療師透過說明 DBT 的程序、規則以及設限等，先讓個案充分了解後，才能對 DBT 治療有合理的期待。此外，後效澄清也能增加改變的動機，治療師帶領個案討論不同行為的優缺點分析，特別是以新的技巧行為取代舊有的失功能行為，能為他帶來什麼結果，如此能鼓勵個案邁向有效行為的新人生。

　　2. 認知重建部分。此部分的目標是修正錯誤的思考型態，並協助個案發展更具適應性的認知。首先，治療師要教導個案去觀察與描述自己的思考方式，可以透過想像從外觀察自己、或是寫下在特定情境中的想法。接著，如前所述，DBT 較不強調結構化的認知矯正，取而代之以教導辯證式的思考風格（dialectical thinking style），去挑戰與修正個案失功能的認知方式。舉例來說，有位個案認為唯有割自己幾刀才是緩解痛苦的妙方。傳統 CBT 的作法，治療師會分析此想法的不合理之處、然後透過面質或挑戰、修正為我們能接受的合理思考。然而，在 DBT 中，直指個案思考為不合理或錯誤的，也是一種會讓個案情緒不適且破壞關係的不認可；因此 DBT 治療師通常會先認可個案有此想法的理由，然後幫助個案延展思考觀點，聚焦在其功能性且有效用的思考上、而非決斷的對錯，因此治療師可能會說：「你很想找出各種能解決痛苦的方法」；而不是說：「割腕只會讓你步步錯」。此外，也可運用如「魔鬼代言人」之類的辯證策略，例如治療師會說：「不割腕真的好難喔，因為這對減輕痛苦又快又有效；除了割腕以外，真的沒有任何更好的方法了。」形成辯證張力後，個案便會自提反證，看到並調整原有論點的不合理處。

重點提示

1. 問題解決策略是 DBT 作為改變基礎的核心策略，其中又細分為問題／行為分析以及解決方案分析兩部分。

2. DBT 主要運用的改變技術，包含古典制約、操作制約、技巧訓練程序以及認知矯正等四種。

參考文獻

Linehan M. M. (1993a). *Skills training manual for treating borderline personality disorder*. Guilford Press.

Linehan, M. M. (1993b). *Cognitive-behavioral treatment of borderline personality disorder*. Guilford Press.

Harned, M. S., Korslund, K. E., & Linehan, M. M. (2014). A pilot randomized controlled trial of Dialectical Behavior Therapy with and without the Dialectical Behavior Therapy Prolonged Exposure protocol for suicidal and self-injuring women with borderline personality disorder and PTSD. *Behaviour Research and Therapy, 55*, 7-17.

Harned, M. S., Wilks, C., Schmidt, S., & Coyle, T. (2018). Improving functional outcomes in women with borderline personality disorder and PTSD by changing PTSD severity and post-traumatic cognitions. *Behaviour Research and Therapy, 103*, 53-61.

第五章

核心策略：認可策略

吳書儀

【個案描述】

志明在情緒痛苦時便找朋友使用毒品，想逃避壓力及麻痺自己，反覆使用之下累積到中毒劑量而不自知，在家中出現自言自語、暴力砸窗等精神症狀而送醫治療。毒品藥效退了之後，志明在住院時對醫護人員態度非常防衛，討厭醫護人員，拒絕講話，拒絕配合治療，覺得自己都是對的，會導致今天這樣都是別人的錯，不是自己的錯。又因為小時候到醫院及在學校被標籤化的的種種經驗，不喜歡當病人，不想接受治療，還痛罵醫護人員沒有同理心、不夠溫暖、只要賺錢、沒有醫德。醫護人員縱使滿腔熱血卻也感覺非常挫敗。受到個案拒絕合作的影響，醫護人員也想要直接放棄對志明的治療計畫……。

一、雖然是前言，但是很重要

我想各位治療師在漫長的治療生涯中一定曾經，或遇到這樣引起治療師心中許多難以處理的負面情緒的個案。DBT 強調情緒導向（emotion-focus），包括當個案遇到問題事件，而我們不知道從何下手時，就先試著從傳達理解，以及請個案回歸自身情緒辨識，由情緒引起的生理變化、反應衝動等開始出發，導向到問題事件的相關鏈鎖分析。同時治療師本身也

需要情緒導向，也就是要能熟練在第一時間覺察並感受自己對個案的情緒、行為、反應、信念、認知等，以及由治療師個人的情緒辨識。所以面對志明的反應，治療師可能會覺察到自己有下列的情緒：

1. 焦慮：自己可能真的有沒做好的地方，他下一步會不會除了言語攻擊之外用行動攻擊我？

2. 憤怒：是你自己太挑剔，我其實也很怕得罪你，我怎麼做你都說不對，我都一直這麼戰戰兢兢了，你還要怎樣？

3. 想到這邊麻煩治療師們等一下！記得要了了分明地做，也就是要專注地保持覺察，但是要以中性立場、先不要評價自己或個案，然後⋯⋯。

4. 仔細思考個案會這樣控訴的促發事件跟脆弱性因子為何，例如，很多天沒睡覺又吃不好，被家人強制送醫過程長途跋涉、塞車等待還被做快篩戳鼻子很痛，還有個案會如此控訴背後可能有的動機（例如害怕又被貼上精神病人的標籤、害怕被家人拋棄、覺得自己很悲慘⋯⋯）。

5. 你可能會問我，在治療室中怎麼有時間思考這些？我的建議是，DBT 治療師一定要大量且時常練習了了分明，對自己的情緒、思考、意念、想法及衝動，刻意保持專注地觀察與描述。持續地了了分明，並且開始在腦中建構本次對個案的概念模型與假設。如此便能較快反應中性地思考、試著和個案一起繼續情緒導向，一起命名個案現在的情緒，然後跟個案一起中性且了了分明地走到描述情緒及情緒調節模式圖，決定要相反行動還是問題解決（實例練習可見後方個別治療章節）。有沒有注意到，這邊的治療師也同時在辯證的接受與改變之間彈性變換位置及姿勢，不執著於任何一端。

看到這裡，您可能會問我，「咦？不是要講認可，怎麼講到情緒調節去了？」沒錯，我要說的就是，各位治療師在臨床上會碰到的狀況，在DBT 裡也會碰到，而上面就是在 DBT 裡碰到時，在試圖傳達出對個案真實有效行為的真誠認可前，我覺察到我自己的情緒反應想法後，腦中會經

歷的 DBT 辯證內容。我自己在還沒有學習 DBT 前的傳統做法，看每一本心理治療的書都會講到要對個案有同理心，但我自己對同理心的具體成形步驟及作法，是在接觸到「**DBT validation：同理認可並傳達理解**」之後，才覺得比較能具體掌握。而且我覺得「DBT validation：同理認可並傳達理解」，就是 DBT 應用在邊緣性人格個案上，能與一般認知行為治療上最大的不同。過去在學習 DBT 之前，我可能有做同理，但似乎打不到個案的心，無法讓個案覺得我跟他站在一起；然後我就進入認知行為，但沒有真實有效的同理認可的認知行為治療，感覺只是在跟邊緣性人格個案辯論吵架、各執一詞，他堅持他的，而我堅持他要改變認知。後來可能導致個案更加惱怒，治療師只能悶聲不吭挨打，更因此降低治療師繼續一起工作的動力，而真的導致個案被放棄（原本邊緣性人格個案是想避免想像中的被拋棄，但最後因為這樣的互動結果而真實被拋棄了……）所以，在 DBT 裡，我們決定要不一樣，請麻煩務必記得，正確的「DBT validation：同理認可並傳達理解」步驟，是每次團體治療中、每次個別治療中、每次跟個案每分每秒的互動中，都必須、必須、必須（因為太重要所以說三次）要做到的必做項目（必做項目的意思就是，沒有在每次治療中做到真實有效的同理認可的話，那次治療就不是 DBT 治療），所以 Linehan 博士有特別提到，同理認可傳達理解及問題解決，是 DBT 最重要的核心策略，其他的策略則都是根據這兩個核心策略建構圍繞的。

二、DBT 的同理認可並傳達理解策略

　　DBT 的認可策略，就是最直接的 DBT 接納端策略。「DBT validation：同理認可並傳達理解」是除了在溝通時試著將心比心理解其想法、感受、行為（傳統同理）之外，還要能精確傳達，個案的想法行為，在當時或其個人的脈絡情境之下是可以理解的。而接著上場的問題解決策略則是最直接的 DBT 改變端策略，也就是在接納之後，治療師讓個案能開始

分析自己的行為、鼓勵個案承諾要改變，並且促使並增強個案改變自己的行為。乍聽之下似乎是治療師試著找到個案想法、感受及行為中，有足夠「智慧」的地方來接受並傳達理解，然後對個案輸出其對不良問題行為的解決改變方法。但其實從辯證的另一端來看，也可以是個案認知到自己的適應不良行為形成了問題需要改變，而治療師對於個案對其不良行為的覺察、傳達此在當時或個人脈絡情境之下是可以被理解的。因此治療師也要能對前面幾章中所提到的 DBT 生物社會理論及個案概念化技巧有相當程度的熟悉，才能真實理解，並抓出造成個案如此不良行為的失功能想法、過強或持續過長的失調情緒反應，及不適切的人際技巧的情境脈絡原因，將這樣理解的重點回應傳達給個案，然後也才能進到 DBT 的改變端策略，取得個案合作一起努力下去。

「DBT validation：同理認可並傳達理解」主要分為七個部分，其中第一到第三層次的認可技巧幾乎是所有心理治療都會提到的同理步驟。第四層次開始則是 DBT 中特別的認可技巧。

(一)DBT validation 同理認可並傳達理解第一層次：觀察傾聽 表示興趣（Validation level 1, or V1）

治療師要能對個案所經歷到的事件情境，以及治療室現場個案的情緒反應，進行有效地傾聽觀察。觀察傾聽及表示興趣的外在姿勢表現，包括直接眼神接觸，身體前傾，傳達專注神情。治療師內在則須了了分明覺察、並放下自己的偏見、評價、判斷，放下自己想當法官判斷對錯、或是想當老師說教的衝動，才有機會體認到個案的真實想法感受。所以在志明的例子中，治療師把握每次與志明互動的機會，大量投注直接眼神接觸、傳達全心傾聽、皆是上半身前傾的姿勢、不管是言語或非言語的訊息都是傳達「我很願意傾聽，你什麼都可以跟我說。」但志明仍左閃右躲，治療師則先從關心個案住院期間睡眠及飲食等生活作息開始，傳達自己中性不批判的立場態度。

(二)DBT validation 同理認可並傳達理解第二層次：反映、澄清、摘要而不評斷（Validation level 2, or V2）

　　治療師要能對個案所經歷到的事件情境，以及治療室現場個案的情緒反應，進行精確中性地描述，並做出摘要反映給個案自己的觀察。有效地澄清，同樣包括要能放下治療師本身主觀的想法，要能中性客觀使用開放式問句先促使個案能多做描述。治療師要繼續 V1 時的了了分明覺察、放下自己的偏見、評價及判斷，摘要重述個案所描述的議題場景或情境，尤其著重在個案的感受、情緒、想法或行動衝動的澄清與摘要。以志明的例子而言，治療師先以開放式問句想讓志明說出為何來住院，但志明仍不想回答，治療師提到由於住院時的尿液檢測反應呈現陽性，自己想要對這方面做一些了解，志明提到是什麼原因住院自己早不記得了，當時狀況也不記得，治療師重述並摘要了志明的反應，志明說自己不想被當成病人，治療師接著邀請志明多說說不想被當成病人是因為過去什麼樣的經驗，並在每個段落要接問下去之前，先能中性不帶評價地摘要志明的描述。

(三)DBT validation 同理認可並傳達理解第三層次：命名情緒、想法、感受、行為衝動（Validation level 3, or V3）

　　治療師除了做到上述的 V2 之外，要能中性不帶評價地覺察、並對個案未能明說的情緒、想法、認知、行動衝動進行辨識及命名，以言語傳達給個案，並與個案核對是否有理解到個案所提的訊息。最基礎的技巧是透過個案的表情、姿態、聲調、態度及肢體語言等，試圖假設其所可能未明說卻經驗到的情緒、想法或行動衝動。當然更重要的是，治療師能透過 DBT 相關理論的角度，以及對個案背景的理解，推敲並表達出個案未明說的情緒、想法、感受或行動衝動。因此 V3 也被稱為 mind read（讀心術）。**如果治療師對個案的解讀能得到個案的贊同，例如，個案感受到接近其真實經驗的 V3，且能認同地說「對，你真的說出我的感覺」，代表**

有可能我們的回饋與詮釋有做到 V3 的方向。在志明的例子中，治療師摘要並辨識了志明因為不想被當作病人，所以把過去對醫護人員的憤怒情緒轉嫁到目前的情境中，且與志明確認是否如此。志明又另外說出了，使用毒品可以讓他完全放開病人的角色，好像可以什麼都不管了可以做自己，治療師描述似乎毒品讓他可以比較放鬆，志明同意，並補充說明雖然如此，但因為使用毒品是不合法的，所以其實他也察覺到這也變成自己的黑暗面，治療師提到，是否志明用了毒品雖然好像可以做自己，但又不是那麼坦然地做自己，因為還是有怕被人家發現的祕密，志明表示同意。

(四) DBT validation 同理認可並傳達理解第四層次：治療師能以個案過去學習或生物理論等原因解釋個案的行為脈絡（Validation level 4, or V4）

接下來進入的部分就是 DBT 同理認可技巧的精華了，也就是第四層：治療師要能對個案說明，由於個案過去曾經經歷過的生活或生命事件脈絡，他現在會有此行為是可以理解的，因為人會透過學習而可能使得不良適應行為被錯誤增強。雖然對個案生活或成長史的了解讓我們可以傳達對他現在行為的理解，但不代表治療師同意這樣的行為符合眼前發生的事件，或是個案對於自己生活的目標。所以只需要認可過去真實發生過的事件，根據行為、學習理論、生物性原因，例如生理或精神疾病等的解讀，來了解個案現在行為可能的出現原因。有時候，雖然現在發生的事件可能沒有到如此嚴重，但由於對個案過去的了解，所以治療師可以理解，為何個案會有不太適切的反應。例如如果個案出現害怕的情緒是因為以為發生了地震，但其實並沒有地震，所以其實是安全的狀態，治療師要能說明，可以理解個案害怕恐懼的情緒，但也需要傳達並沒有發生地震而個案是安全的。所謂生物性原因則是，有時可以向合併憂鬱症的個案說明，其目前的憂鬱情形是合理的，主要因為是腦部神經傳導物質分泌失調所致。同樣

的，治療師仍須熟悉前面幾章的 DBT 生物社會理論，及個案概念化的技巧，必要時也須向個案詳細解說，不只呈現專業，也是開啟讓個案可以自我去汙名化的歷程。在志明的例子中，治療師摘要並傳達可以理解過去志明常常被家人提醒要吃藥、要吃藥，在學校也被同學笑說要吃藥了，常常感覺到憤怒及焦慮的情緒，所以對醫護人員也有一些難以言喻的矛盾感受，而採取不合作的態度，從志明對過去成長背景的描述是可以理解的。

（五）DBT validation 同理認可並傳達理解第五層次：治療師能找到並說出理解確認個案在目前事件脈絡下會有此反應的原因（Validation level 5, or V5）

　　DBT 同理認可並傳達理解技巧第五層次堪稱是這系列技巧中最重要的技術，在 V5，治療師並不能只對個案說「您辛苦了」，治療師要能找到並說出，在目前事件脈絡情境下，可以理解個案的情緒、認知、想法、反應、甚至過度高張的行為衝動之所以會如此的具體原因。V5 的重點在於治療師尋找個案行為真實有效的部分，予以確認傳達理解，但不是對適應不良的行為表達同意。是要讓個案知道治療師真心覺得個案之所以會如此，真的有其原因。必要時，治療師也需要跟個案說明，雖然可以理解個案這麼做可能可以帶來短期的正向結果，但或許是不利於長期的人生目標或規劃的。治療師在說明這樣的道理時也要非常小心兼顧辯證的兩端，也就是個案問題行為的確可能有一些短期的正向結果，但也可能會有非有意造成的負向後果需要同時考慮。我常常說，V5 的治療師金句是「如果是我的話，我大概也會有這種反應」。要記得，在說這句話的時候，治療師要真心考慮過，如果自己是個案本人那樣的背景、脈絡、架構、個性、成長及適應不良狀況，在眼前的情境下，是否也有可能會有這樣的反應。例如志明提到，這次就是媽媽一再嘮叨叫他不要再吸毒了，志明才會氣到想砸東西洩憤，治療師能否在心中快速想過一次：「如果是我老媽一直嘮叨

個不停，一直重複一樣的話停不下來，雖然她是為我好，但我大概也會非常生氣，而且很想要能有什麼方式可以讓對方停止下來，或是要能宣洩這個怒氣啊！」也就是治療師要能傳達對個案行為的理解，但不是贊同或同意個案繼續採取適應不良的問題行為。

(六)DBT validation 同理認可並傳達理解第六層次：治療師與個案的互動是全然真誠地（Validation level 6, or V6）

　　本層次的認可在治療師把互動重點放在個案是一個獨立個體，而不是把焦點放在個案的行為上，同理認可及傳達理解並不只是嘴上說說，而是治療師整體傳達的態度是直接、真誠、沒有治療師架子的，也就是把個案視為一個人，而不是一個病人，也不是一個病，因此在治療中，雙方是兩個平等的個體。治療師與個案互動的方式就是治療師跟任何一位他所真心關心的人的互動方式，雖然治療師知道個案的能力跟脆弱性，但治療師不會視個案為無助無能或不堪一擊的。治療師要能注意到個案的能力，並且時時刻刻傳達給個案，相信個案是有能力，而且也有能力改變的。治療師因此需要避免過度溫和，避免過度避開敏感話題，避免有問題行為或危機卻不跟個案討論，避免以對待小孩的態度對待個案，也不能拒絕回答個案所提出的合理要求或問題。具體而言，治療師跟個案的互動是直接、尋常且自然的，就好像跟任何一位治療師真心關心的人的互動一樣，這樣真誠平等的態度，也需要且同時傳達了 DBT 治療師的專業性、可靠性以及治療的有效性。在志明的例子中，治療師不先入為主把個案當成病人，而是把個案當成一個人，一個從小被貼標籤，可能一直覺得自己不夠好，又很難達到外在環境的要求，自己也不想再靠毒品生活，但就是很難做到，在自我挫折感之下，媽媽又常把自己的焦慮藉由叨念轉嫁到他身上的一個尋常百姓，在這樣內外在狀況下能不有情緒真的很難，加上情緒表達或反應有時過度強烈或過度極端，所以才會對醫護人員如此不合作，其實主要也是因為生活中挫折太多太大，而對自己的放棄使然啊⋯⋯。

(七) DBT validation 同理認可並傳達理解第七層次：治療師傳達相信個案（Validation level 7, or V7）

最後一層次的認可是治療師能以行動來傳達相信認可個案，這個相信認可可以是著眼於現在，也可以是對於未來，也就是像啦啦隊一般，認可並傳達相信個案具有對於改變以及克服困難的能力。治療師同時也傳達了整體的正向希望，以及主動積極表達、對於個案有能力克服困難，及建構一個值得活的人生能力的信念。常常在治療師進行 V7 的時候，同時也在傳達給個案一個訊息，那就是，「沒錯，人生還是會遇到不順心的事、也會遇到外在的批評，有時這些批評也可能在描述事實，但不代表你是全然無助的，因為我相信你有這樣的能力可以克服困難，也可以進行改變」。通常加油打氣啦啦隊比較常在整體一年度的治療快要接近尾聲時，也因為在這個時候，有更多過去一年來個案與治療師所努力的、個案的確可以克服困難的能力提升的確實證據，更可以讓治療師跟個案本身真心相信個案有這樣改變及面對挑戰的能力；而認可個案具備可以面對及因應眼前挑戰的能力，則有可能在治療進行到中期，甚至只要治療師能做到前面的 V1～V6，或許就能真實找到能同理認可個案能力的理由或方式。治療師也要能把前面 V1～V6 的理解隨時傳達給個案，讓個案知道治療師是真心真誠關心，也希望跟他一起提升自己面對困難及挑戰的能力，更相信個案能夠如此分析自己的情緒跟行為，一定有這樣的能力可以繼續練習改變的。

三、需要應用到 DBT validation：同理認可並傳達理解的時機

前面所講到的 V3 讀心術可能在面對邊緣性人格個案治療初期時需要大量使用，不過隨著治療有所進展，V3 的使用次數希望能逐漸減少，因

為在 DBT 裡，我們希望個案能學到如何自己辨識並命名情緒、信念及想法。同樣的，我們最終也希望個案能學習對自己進行同理認可並傳達理解，所以隨著個案對 DBT 技巧越來越熟悉，到了治療的中後期，治療師要邀請個案對自己的情緒或想法進行辨識及解讀，這樣我們也更有機會且能更 V6（真誠）地做 V7（啦啦隊），而且個案也才能發現自己真的跟之前比起來是有進行情緒辨識、調節、人際效能及了了分明等能力的，才能更自然且有所本地自我認可。

治療師也需要大量練習同理認可的能力，除了對個案，也可以在生活中尋找機會練習，例如很想罵老公亂丟襪子的時候，先壓住怒氣，詢問老公是什麼原因會把襪子丟在門口（中性不評價不預設立場），老公解釋剛下班回家看到老大在吵，怕他吵到在睡覺的老二，鞋子都來不及穿直接穿了拖鞋就趕快先把老大帶出去走走。治療師可以傳達理解老公的著急，認可老公把小孩的事情當作自己的事情般有擔當有肩膀（認可真實有效的部分），自己氣也消了一半，然後再跳到改變端，詢問下次如果同樣的狀況，老公打算可以怎麼讓結果好一些。建議可以在生活中試試看尋找練習的機會。

四、個案如何應用認可技巧

因此，除了治療師在跟個案的治療中要使用到同理認可技巧，我們也需要讓個案熟悉如何在他自己的生活中應用同理認可技巧，來提升人際效能中的關係效能。讓我們透過下列例子來檢視個案可以如何應用同理認可技巧：

今天是志明跟他男友交往一週年紀念日，志明滿懷期待跟男友碰面，男友在一開始時有對志明說了「一週年快樂」！但除此之外就沒有其他的表示，或是要慶祝的準備。志明感到失望、憤怒跟難過，不敢相信男友在

這樣的日子居然完全沒有安排，決定要跟他問個清楚：

(一)DBT validation 同理認可並傳達理解第一層次：觀察傾聽表示興趣（V1）

因為有上過了一點 DBT 課程了，志明了解到憤怒或攻擊，只會對他與男友的關係造成負面的影響，所以雖然他無法理解，也不同意男友為何沒有計畫要慶祝，還是決定先讓男友有機會表達回應，並希望能在這過程中做到先認真專注傾聽，注意對方的行為、想法跟感受。所以並不是贊同男友不慶祝的行為，而且先專注傾聽也不是輸了，而是在傳達他對自己很重要，就算不贊同他的行為，自己也願意溝通跟傾聽他的原因、想法及感受。

(二)DBT validation 同理認可並傳達理解第二層次：反映、澄清、摘要而不評斷（V2）

由於志明先放下攻擊的態度，靜下心來聽男友講，男友開始說明是因為最近事情太忙才會漏掉，早上想起來的時候已經來不及了，硬著頭皮過來並不是不在乎，而是還想討論看看能如何彌補，但又無法啟齒，真的非常抱歉。志明的氣稍微減了下來，因為他雖然知道男友最近工作很忙，但他還是想知道男友到底打算要怎麼辦，所以他讓男友講完後，努力控制自己不要太抓狂，告訴男友，自己可以了解男友的工作的確讓他很傷神，但也想詢問男友是否有什麼備案。男友回應，週年紀念日的確是一個里程碑，但不一定要特別做些什麼，只要兩個人在一起開心度過每一天，對他來說就很幸福了。聽到這裡，志明讓自己練習保持開放的心胸，不加入自己的判斷跟詮釋，摘要表示自己的確有聽進去男友說的話，希望男友能對自己重述的內容做補充及指正。

(三)DBT validation 同理認可並傳達理解第三層次：命名情緒、想法、感受、行為衝動（V3）

志明發現男友在解釋時的語氣十分急促、聲調比較高、臉部表情及肢體動作也比較大，因此在心中委婉猜測並對男友說：「你是否對於這樣被我質疑感到很緊張，也或許這樣能表示你還滿在乎我的吧。」（但心中還是有點不相信，覺得男友會不會是故意忘記了），不過講到這邊，志明知道自己如果說錯了，也要能接受男友的說明，因為自己也可能誤解了男友的表達，畢竟沒有人真的會讀心術，主要也是一個了了分明的專注，讓志明可以中性地觀察描述男友狀態，雖然不一定會百分之百說中，但也代表他願意傾聽並且思考男友的心情反應，而不是直接生氣。

(四)DBT validation 同理認可並傳達理解第四層次：能以對方過去學習或生物理論等原因解釋對方的行為脈絡（V4）

志明雖然氣男友因為太忙沒有提前準備慶祝週年紀念日，但記得以前男友曾說過，他的前一任就是在交往一週年的當天，跟原本精心準備要慶祝的他提出分手的，這樣就算男友是有點故意忘記週年紀念，但似乎也可以理解男友因為過去受傷的經歷，而對慶祝週年紀念可能因此提不起勁。

(五)DBT validation 同理認可並傳達理解第五層次：能找到並說出理解確認對方在目前事件脈絡下會有此反應的原因（V5）

在 V5 承認真實有效的部分，志明想到治療師說過，V5 的金句就是「如果是我的話……」一把這個話講出口，後面的理解就源源不斷地出來了「如果是我的話，我也有可能因為工作的關係而忽略慶祝，何況你的前任曾在週年紀念日跟你提分手，如果是我，可能也會有意無意想忘記這個痛苦的回憶。好啦，至少你有記得這件事，也有主動表達歉意，代表你真的在乎我，雖然採取的行動不一樣，但我真的在意的，其實是你是否重

視我們的關係，那既然都說開了，就讓我們用輕鬆的方式度過這天，能夠甜蜜開心比什麼都重要呢！」

(六)DBT validation 同理認可並傳達理解第六層次：與對方的互動是全然真誠、而且互相平等的（V6）

也就是在回應對方時，跟對方站在同樣立足點，不因自己可能是受害者而擺出高高在上的姿態，也不會因為怕得罪對方而過分低聲下氣，真誠相信對方有能力做出有效而且可以理解的行為反應，試圖了解、感受並找到真實有效於共同目標的部分認可對方的觀點，但不用同意對方的行為，例如可以理解因為過去經驗的影響，可能潛意識裡不想慶祝，但不代表自己同意這麼做。如果對方的感受行為真的無法理解，可以承認自己不了解，但是希望能了解，請男友再說明一次可能原因，平等地給彼此雙方澄清說明跟了解對方的機會。

希望上述例子能說明認可的重要性，在於能維持跟促進人際關係，展現我們用中性不評價的態度，試著傾聽與理解，並且能用心傳達自己有抓到對方的意思而不是直接否定，同時也能將心比心，換位思考如果自己在那個角色所可能有的感受想法或行為反應，因此可以減低極端的情緒或壓力，繼而解決問題，讓關係更親近。但也要注意，「DBT validation：同理認可並傳達理解」並不是無條件的正向關懷，如果無條件對個案所有問題反應或問題行為照單全收，反而是一種不認可（invalidating）。治療師可以把重點放在個案所做出的符合情境脈絡的可理解的想法跟行為反應，雖然也會提到一點點個案的問題行為，但基本上是認可「可以認可」的「真實有效」的部分，個案才能學習到繼續朝著這些被認可的正向行為目標改善，因此，認可策略在 DBT 中是屬於接納端的策略，讓治療師可以展現接納。

五、個案也要練習認可自己的技巧

我們無法認可他人時，會對關係造成傷害，而自己不被認可時則會感到痛苦，但有時候個案生活中，除了治療師之外很難再找到其他人可以有效地對個案傳達同理認可，所以我們也要教導個案要能自我認可，以及從不被認可中恢復。如果是有害的不被認可，例如遭到誤解、不了解、被忽略、對方詮釋有誤、真實有效的事實被忽視或否定、或受到不公平的對待時，要怎麼辦？以志明住院的例子來講，過去他其實是因為有過動症狀需要專心而會帶藥到學校吃，卻被大家動輒嘲笑該吃藥了，這樣的童年經驗一直持續困擾志明，覺得自己被誤解被否定，那要如何從這樣有害的不被認可中復原呢？

首先建議找一個志明能夠信任的人，在安全受到支持的環境中，一起核對事實，承認過程中有效的部分，也就是其實過去吃藥這件事情本身的確能讓志明專心上課及讀書，有專心上課則回家準備考試會比較輕鬆，所以吃藥這件事情本身的確是有效的。另外也可以理解那些同學年紀都還小，大家都不懂，自己也曾經做過或說過否定別人或嘲笑弱小的事情，所以指責別人其實也於事無補，重要的是要拋開自己評斷性的自我評價跟描述，吃藥能正確有效幫助自己，並沒有做錯事，就算有做錯事，也不代表應該受到指責或嘲笑，提醒自己，小時候同學會那樣做的行為其實也有背後原因，例如不成熟、不了解、整個社會的汙名化等等，但自己已經盡全力做到當時狀況下最好的選擇了。另外也可以鼓勵志明，當獨處想到這段過去時，不需要硬撐或在給自己補刀，覺得吃藥很遜，應該要試著用上述說明真的對自己喊話，安慰自己已經盡了很多的努力了！尤其連自己都不認可自己的時候真的很痛苦，自己要能認可並命名自己痛苦的情緒跟歷程，對自己說事情的發生有它的原因，而自己已經很努力的做到最好了！如果志明還是很執著過去這樣被誤解卻無法改變別人的想法，可以提醒志明，他人過去的不認可已經不會對現在的他造成任何災難，但自己過去已

盡力，而現在會如此在意的情緒也是合理而正常的，就接納這件事情跟反應的存在，持續中性不評價地關注描述自己的行為、想法及感受，承認真實有效的部分，即使別人不這麼認為，但仍用尊重真誠的態度，平等地對待自己與對方，練習完全接納自己，同時接納承認不被認可的痛苦，試著擁抱安慰自己受苦了，全然接納不認可你的人，然後繼續有效地帶著自我認可走下去（也可參見第十一章人際效能章節）。

重點提示

1. 同理認可並傳達理解第一層次：觀察傾聽表示興趣。
2. 同理認可並傳達理解第二層次：反映、澄清、摘要而不評斷。
3. 同理認可並傳達理解第三層次：命名情緒、想法、感受、行為衝動。
4. 同理認可並傳達理解第四層次：治療師能以個案過去學習或生物理論等原因解釋個案的行為脈絡。
5. 同理認可並傳達理解第五層次：治療師能找到並說出理解確認個案在目前事件脈絡下會有此反應的原因。
6. 同理認可並傳達理解第六層次：治療師與個案的互動是全然真誠地。
7. 同理認可並傳達理解第七層次：治療師傳達相信個案。

參考文獻

Linehan, M. M. (1993). *Cognitive-behavioral treatment of borderline personality disorder*. Guilford Press.

第六章
核心策略：辯證策略

陳淑欽

「邊緣性人格的問題來自於辯證平衡的失敗」

（Borderline Personality Disorder as Dialectical Failure）

Marsha. M. Linehan (1993)

DBT 第一本教科書《針對邊緣型人格個案的認知行為治療》（*Cognitive-Behavioral Treatment of Borderline Personality Disorder*, CBT of BPD, Linehan, 1993）書名中並沒有辯證兩個字，當時是強調，這個治療的目標對象，是以「重複自殺自傷行為」著名的邊緣性人格個案發展的治療模式。

治療最初是一個認知行為介入的研究計畫，在治療歷程的自然發展中，治療者發現由於個案「情緒脆弱」的特徵，傳統認知行為治療 CBT 以改變為主可能會給過大的壓力，促使 BPD 個案離開治療或發生危險，而太過強調接納的治療，又無法有效地回應個案急切的問題，例如：自殺自傷、藥物毒品使用、其他衝動行為等等，此外，如果只用支持性的治療，邊緣性人格診斷的個案的脆弱行為又容易被增強，使得個案認為自己「只能」停留在這個狀況中，無法改變自己的困境。

因此，Linehan 博士發現，有效的治療中，治療師需要靈活地在「改變」與「接納」來回轉換；這個轉換是治療者需要平衡兩個端點，一邊是使用問題解決的改變策略，鎖定治療的焦點（target）推動個案練習更多的技巧、改變目前生活中的困境；另一邊是用敏銳的認可策略，平衡個案

因情緒脆弱產生的干擾治療行為。如此，才能支撐個案在改變中，知覺到痛苦而不逃走，同時維持緩慢地進展。

辯證的概念在 DBT 中有很多層次的表現，從哲學觀點、治療結構的設計、治療者及歷程與技術／策略的角度等。辯證哲學是一個宏觀的角度，包含看待世界與個案的視角，以及解讀世界的觀點，如第四章的個案概念化展現的平衡。治療者及歷程的辯證則是穩住整個治療辯證平衡的起點，治療師本身具有辯證平衡的特質（characteristics），並且使用靈巧的遊說、教導辯證思考等作法貫穿整個治療。而辯證的策略或技巧則是指治療中針對 BPD 整理／發展出的特殊技術（technique）或歷程（proce-dure）。包含：個案概念化中的各次級治療目標的平衡、推動個案學習的改變與接納平衡的技巧（skills），以及治療者使用的辯證策略（strategies）；這些辯證的精神散布於本書的各章節中，本章的重點將放在辯證哲學（世界觀）、治療歷程中的辯證平衡，以及治療中的特殊辯證策略，其中有些辯證策略由於直接與辯證哲學相關，放在一起說明將更容易閱讀，便直接列在辯證哲學的段落中。

本章最後也針對想開始 DBT 治療計畫的實務工作者，在進行標準化 DBT（包含四個模組：個別治療、團體技巧訓練、個案管理以及治療者諮詢團隊），或者在有限資源的運用中取捨，提出一些相關建議的整理。

一、辯證的世界觀以及在治療中的運用

辯證哲學起源於東方的思想，有三個假設（Koerner, 2012），與研究華人文化辯證思維的學者提出的三個原則（principle; Peng & Nisbett, 1999）概念相仿，說明如下：

(一)改變是常態

在辯證的世界觀中，變動是常態，真理（reality）是一個變化中的歷

程（process），如同溪流中的水流，即便小溪的外型沒有改變、水位沒有改變，前一秒流過的溪水和下一秒流過的溪水也是不同的；又如同庭園中的樹木，十年以來都是同一棵樹，然而，每年的春天樹木都長出新的枝葉、夏天變得繁茂、秋天開始落葉，冬天則進入蕭瑟，每年這個樹看起來是同一棵樹，卻又有所不同。在維持固定不變或隨著時間／情境而改變的兩極之間，辯證的觀點會說「變動本身就是最持久的不變」。

在有 BPD 診斷的個案身上，很容易出現一些特定與這個原則相關的困境。比如：BPD 個案常陷入一個糾結，「如果我改變了，這個改變後的我還是我嗎？」，「如果我不再情緒化，那麼我是否就不是原來的我了？」或者，「當我服用了抗憂鬱劑或情緒穩定劑，我的感覺不再那麼鮮明，這樣的感覺好怪⋯」。「部分的我改變了之後，我還是不是我？」是個哲學性的問題，古希臘時期的作家普魯克塔（Plutarch）曾以忒修斯之船的故事探討這個問題，當一艘船經過屢次的維修，換過所有的零件之後，和原本的船是不是同一艘？以成分來說確實是不一樣的，同時，忒修斯船的外型、功能以及人們對她的認知卻仍是一樣的。又如古蹟修復，台南警察署的建築物在 1931 年建造時，是土黃色的磚牆，但到了 1970 被漆成紅色，在 2015 年古蹟修復時，要修復成黃色或紅色？可能就要仔細詢問我們想看到哪個時期的樣貌，同時，不論是哪個顏色，其內部建築結構仍然是一樣的。

BPD 個案也常擔心或害怕改變，治療或會談的時間做更動有時候對他們來說，可能就是一個壓力；同時，他們又有困難維持穩定的行為或架構，比如：準時出席會談。

在治療中，辯證策略：**「允許自然的改變（allow nature change）」**基本上就是活出這個世界觀。在 DBT 的治療歷程中，治療的時間、環境的設定都有可能在治療的過程中隨自然發展而有所不同，不同的治療者與同一個個案的互動方式也可能不同，一個可能比較幽默、另一個可能比較就事論事，只要治療者都是在 DBT 的原則下治療個案，每個治療者有自己

的風格也是被接受的，而治療師或個案隨著治療歷程的進展，有一些需要變動的事項，也是可被接受的。治療者「不會刻意」地造成很多的改變，也「不會刻意」地維持不變，治療者與個案在辯證的世界觀中，「活在」辯證中的生活裡，接納「改變」在自然的生活中是一個持續發生的歷程，就像水流流經河谷，河谷的形狀也可能會隨之改變。

　　DBT 的治療目標是期待能提升案主生活適應，為了避免讓個案經驗有不舒服的情緒而避開所有的改變，並不能夠達到適應生活的目的。真實生活中原本就存在著不確定感、模擬兩可、變化與非預期性的突發事件，例如：2019 年年末新冠肺炎的發生，到其對於全球的影響都是在許多人沒有預期之下發生的。「允許／接受」環境的不確定性而不與之對抗，並且理解這些變化是「自然」發生的，可以讓個案與治療者學習調適，需要提醒的是，這個歷程中，治療者並不刻意地添加過多的意義，只是試著接納改變原本也是生活中的一環，讓自己學習與生活共舞。

　　最後，即便生活及治療歷程存在著變動，深層的「不變」也仍然存在；這些穩定性通常不容易從表面看出來，需要透過長期的觀察、投入、感受而「知道」，如同沉在水中的錨，幫助船隻穩定在起伏的海面，調適改變過程中的不適。例如：四季的轉換仍然會循環回到開始的季節；又如在治療歷程中，治療者維持治療承諾，陪同個案調適這些事物的改變、確保個案的安全，並且將這個調適的歷程視為「從檸檬榨出檸檬汁」的機會（後面提到的辯證策略），協助個案不斷地練習各種技巧，以維持個案緩慢地前進，這是整個治療歷程中最深層的錨。回到「改變後的我還是不是我」的問題，從整個治療歷程來看，DBT 原本訓練個案改變一些互動的技巧，但長期累積的行為改變，也確實會慢慢成為自我人格的一部分，原本覺得很不習慣的自己，也就成為自我一致性的一部分了（李錦虹，2011）。

(二)兩極（polarity）／矛盾（contraction）／複雜（complex）是世界的常態

在辯證的觀點中，和諧是動態（active）平衡的狀態，含括相互矛盾的兩個極端，陰陽、男女、新舊、變與不變、受害者與加害者等等，兩極之間相互地關聯、影響、對立，並且牽制彼此。矛盾不只存在外在，也在我們的內心，如同心理學中討論個體的矛盾衝突，又可以細分為雙趨衝突、雙避衝突、趨避衝突。

當矛盾的兩端落差加大、張力升高時，當事人會感到不適，產生一種急切期待消除另一方的焦慮感，或「證明自己」的壓力。這樣的焦慮感或壓力會促使個案快速地下決定或衝動地表達，很容易就會造成分裂或對立。

例如：當志明在會談中追問治療師，自己是否是一個沒救的酒鬼，治療者快速地安慰個案「不，你不是」，或同意個案可能都不是最佳做法；辯證平衡的做法是，注意到自己有時候喝酒會失控，並且也看到自己有意願和動機戒酒，當我們將兩個看似「對立」的觀點平衡地帶出來時，就可以試著幫助個案找到「合」（synthesis）的可能性，也就是盡可能延長自己不喝酒的時間，並在失控後盡快讓自己回到欲戒酒的狀態中。在辯證的世界觀中，兩個端點都是真實的、有功能的，不喝酒保持清醒是有功能的，喝酒有助於減輕焦慮也是有功能的，對立的發生常是我們執著於某一個觀點導致，所以，試著尋找雙方沒有留意到的部分（missing part），就可能可以在當中找到其他的可能性，這樣找出的解決方案，也會更周全。

BPD 個案由於情緒脆弱的影響，「停留在矛盾中尋求整合」的能力格外需要被訓練。當個案的情緒被引動，內心啟動的小劇場通常又快又強烈，隨著情緒的拉高，個案便無法保持客觀觀察的能力，比如：沒有完整地聽清楚對話的內容，就陷入自己內心小劇場的內容，接著情緒就爆發，再來、這個爆發可能勾起互動對象的情緒，於是兩個人都陷入情緒漩渦

中，不再保有客觀觀察或澄清的能力，強烈的情緒衝撞一不小心就可能促成對話的破裂。

例如：當春嬌聽到治療師表示下次治療需要暫停，還來不及聽到後面治療者說的狀況，便開始擔心，腦中浮現一系列的小劇場：

治療師不喜歡自己，準備要結束治療，這只是一個開始，接著他就會常常跟我改時間，原來之前合作愉快只是假象，他跟其他的人也沒有什麼兩樣……。

隨著小劇場的發展，個案便開始指責治療師，「你難道不知道，改時間對我來說很痛苦嗎？如果你不想治療我，把我結案就好了……」

更強烈一點的可能會直接指責治療師：「你果然是一個爛治療師，說什麼 DBT 治療師，都是屁，才治療了幾次就要跟我改時間，難道你不知道 BPD 很難調適改變嗎？」

治療者如果因為緊張或擔心個案失去治療信心，決定放棄原本的計畫，維持原本的治療時間，就失去一個跟個案練習辯證平衡的機會，同時可能會增強個案用情緒溝通需求的行為。同樣的，如果治療師生氣而與個案產生爭辯，「我這麼努力地治療你，如果你還是感受不到，那我真的也是沒辦法了！」也會讓治療關係陷入僵局。

比較合適的作法是，治療者用了了分明的態度觀察到個案情緒突然地轉變，以和緩中性的語氣描述剛剛治療室中發生的狀況，與春嬌核對剛剛歷程中的情緒起伏，在個案表達情緒之後，認可她的焦慮並核對那些訊息和客觀可觀察的內容有出入，例如：治療者並沒有說要結束治療（核對事實的技巧），邀請春嬌重新理解治療師請假的事情，並且說明人際效能中「他人與自己的需求需要獲得平衡」的觀點，協助個案理解情緒雖然不舒服，同時可以用技巧調適自己的不舒服，而不一定要對方滿足自己的要求。

Linehan（1993）所標定的辯證策略中「**進入矛盾中（Entering the Paradox）**」是直接與這個世界觀相關，也是活出辯證平衡。

當治療中出現強大的矛盾（兩極），而個案情緒被卡住，治療者需要化解一個兩難的困境（dilemma）時，治療者沒有轉移開討論的焦點，也沒有情緒化地反應，而是用「輕鬆的態度」點出兩極中疏漏的部分，最好讓個案有些驚訝／意外，並吸引個案注意力達到轉換個案的情緒的功能，則額外可以達到平衡的目標。因此，這個策略不是理性的說教、解釋，而是將個案留在矛盾中，從經驗矛盾中獲得超越知識（intellectual）的理解。

以前段的例子為例，治療者可能會跟春嬌說：我怎麼會不了解妳的困難呢？同時，因為要好好跟妳一起完成治療，我也需要照顧好我自己，所以，這次的時間調動，是我努力思考過其他的可能性，以及我們兩個的情況之後，考慮可能影響最小的做法。

又例如：個案可能很生氣地跟治療者說，你如果理解我已經受不了這樣的痛苦，你就會同意我需要住院；治療者可能回應，我如果不理解你痛苦，我就同意讓你住院。這兩個端點的整合（synthesis）則是，如果每次痛苦情緒升高就住院，那麼個案的痛苦耐受程度將會越來越低，也更無法處理生活中的困境，自殺的風險更會隨之升高。

Linehan（1993）提到幾個在面對 BPD 個案常見的矛盾，也需要特別摘要在這裡；個案對自己的行為有選擇的自由，但如果不同意減少自殺自傷行為，就不能留在 DBT 中。即便治療師是有收費才進行治療，仍然是關心個案的，同時，沒有付費治療就會結束。個案需要學會適當的求助，以提升自我效能（self-efficacy）。治療師既是親密的（intimate）也是有距離的（detached）。個案透過控制自己的過度的衝動以獲得控制。治療者使用「高強度控制」技巧（techniques）以增加個案的自由，例如：當個案的學會技巧，增加了自我控制力，就比較不會被衝動行為破壞了自己的生活與規劃，反而也就獲得了自由。

治療者在使用這樣的策略時，需要有充足的**信心**，在兩端論點上沒有

虧欠或心虛的感受「兩個論點都可能是真的，也都可能不是真的」，如此才能讓個案從中感受到雙方均等的力道。當個案停留在這樣的矛盾中，經驗到需要放下自己僵化的想法或行為時，彈性（flexible）與自發性（spontaneous）的行為模式便會油然而生。

(三) 世上的事物都是互相關聯而構成一個整體（whole/holistic）

單一零件放在桌子上，既不起眼也不重要，然而，少了一個零件，原本可以運作的機器可能就無法運轉。辯證的世界觀中，沒有任何人、事、物是單獨存在的，都是相互關聯且互相影響的，而認識一個個體，如果沒有充分地認識這個個體與其他部分的關聯，也無法獲得全然的理解。這與家族治療中系統觀點（system）相仿，家庭成員的生病是系統中的個體互動的結果。也與完形（Gestalt）心理學「整體大於部分的總和」（The whole is larger than the sum of the parts.）的概念相通。

這個世界觀對於 BPD 個案尤其重要，BPD 常有空虛寂寞的感受，覺得自己像是一個局外人（outsider），與世界格格不入。從 DBT 的角度來說，這是一個辯證上的失誤（failure），雖然每個人在生命的某些時刻會感受到自己是一個人、或不被了解，另一面的事實是，人類的生活是互相關聯且影響，沒有哪一個人是全人孤獨地存在的。最明顯的例子是，人類的嬰兒在沒有被照顧的情況下無法自然地長大，雖然所獲得的照顧可能不是完美的，照顧的存在仍然是事實；再者，現代社會中的便利是透過整個社會的分工合作所達成，同時也共享了環境的汙染；不論我們想不想承認，人與人之間，甚至於人與環境之間都交互影響彼此。這個事實可以透過一些練習去覺察，例如在團體技巧訓練中，有些了了分明的練習，就會透過刻意地覺察到自己與他人、環境的連結。

DBT 也強調部分（part）之間的「交互」影響。在治療中，治療者影響個案，個案也影響治療者，如同一名動物訓練師所說：當治療者透過食物進行操作制約，訓練一隻貓完成按鈴的動作時，從貓的觀點可能是，我

成功地訓練人類在聽到鈴聲之後就要拿食物給我吃。

　　治療者需要仔細觀察交互影響的後效（contingency），並且以交互影響的方式協助個案理解自己的「影響力」。個案可能抱怨朋友不理解自己所說的話，並且會刻意迴避自己，而治療者在治療中可能經驗到個案說話難以被打斷、不傾聽他人、並且充滿抱怨的特徵，這個互動經驗在合適的時間，可以回饋給個案，用以協助個案以了了分明的技巧觀察自己和互動的人，觀察自己的情緒、說話長度與互動者的反應，自己在互動中其實有某種程度的影響力。

二、平衡的治療架構：四個模組（modes）之間的平衡

　　考量到 DBT 治療中需要面對許多的兩難，目前研究證實最為有效的 DBT 標準做法包含四個治療模組（DeCou et al., 2019）：非住院的個別治療（第七章）、團體技巧訓練（第九到十二章）、個案管理以及治療者諮詢團隊（第八章）。四個模組之間是巧妙的辯證平衡的組合；個別治療與團體技巧訓練，是為了平衡個案生活中常常發生的突發狀況以及過度缺乏的技巧；而治療師諮詢團隊則是為了協助治療者保持辯證平衡。個案管理設置的目的則是避免個案在生活中獨自面對許多的困境，在以下三種情境下，DBT 鼓勵個案主動與治療者（或個管師）聯繫與討論：

　　1. 在個案自殺意念升高，可能有自殺風險時，可以與治療者討論如何避免衝動的發生；然而，為了避免後效增強，如果個案已經發生自殺／自傷行為，除了原本已經約定的治療之外，額外的電話聯繫在 24 小時內都會停止，或者由其他治療者協助。

　　2. 個案在生活中需要諮詢技巧時，例如要預備去面試，可以與治療者討論自己可以用哪些技巧來緩解焦慮，或者與面試官互動。

　　3. 個案對治療關係有些疑慮，也可以打電話跟治療者反應。如果等

到下週會談再討論，個案心中的疑慮可能會像滾雪球一樣越滾越大，下週會談前個案就會將疑慮當成是事實，而直接取消下週的會談。打電話給治療者，治療者可以立即對個案的感受進行認可，並且做些簡單的澄清，如果有需要就把這個主題放入下週會談的重點中。

　　個案管理本身也包含辯證平衡的考量，分別是向個案諮詢（consult to the patient）與直接環境介入。個案管理是將治療延伸到生活中，一方面不要增強個案的依賴，另一方面，也不忽略或低估個案有時確實有技巧或能力不足的情況。在個案能力可及的範圍內，即便個案提出期待被協助的要求，DBT 治療師會與個案討論「如何使用技巧幫助自己完成這件事情」，稱為**向個案諮詢**，例如：和男友反應自己的歉意。但某些時候個案確實無法完成一些事情時，治療者**直接介入環境**也是需要的，例如：在危急時刻報警、或者協助個案準備一些文件提供給需要申請資源的部門。個案管理過程中，治療者／個管師也需要留意個案是否有過少使用個案管理機制，有需要但不會打電話，以及過度推擠治療者／個管師的個人界線，一天打好幾通電話找人的情況，此時行為治療的形塑（shaping）等作法就需要適當地使用。

三、辯證平衡的治療者與治療歷程

　　DBT 治療的歷程就像是跳雙人舞的歷程，隨著舞曲的進行，雙方以相當的力道相互推擠、拉扯、旋轉。這些力道在心理治療中就是強烈情緒的互動，2007 年之後，DBT 被視為具有治療廣泛性情緒脆弱（pervasive emotional dysregulation）特徵的療法（Lineman et al., 2007），高情緒脆弱個案很容易有過快過高的情緒激發，伴隨僵化、極端化的想法，以及可能發生的衝動或極端行為；這一系列的行為表現，都是辯證失衡的特徵，很容易牽引治療歷程進入僵局（impasse），或兩難情境，如果治療者感受到這樣的壓力，一邊維持著本身以及治療歷程的平衡，同時隨著力道讓個案

微微地失衡，就可能化解治療中這樣的緊張，並帶出治療中的轉機。

然而需要留意的是，在這樣緊張的氛圍中維持平衡並不容易，個案的失衡很容易感染治療者，憤怒引發憤怒、誤會引發誤會（過度解釋）、憤怒引發退讓等等，種種失衡的互動模式隨之發生；許多專家特別提醒，僅是個案提及「自殺自傷行為」，治療者的情緒就可能會變得脆弱，容易犯下各種認知偏誤（李錦虹總校閱，2013；陳秀卿等人譯，2006；Wasserman, 2017），甚至誤以為個案自殺自傷行為「只是」為了引起注意，這些被情緒牽動的反應就可能成為「不認可的環境」，不再是推動個案在治療中進步的力量。

治療者在治療歷程中有三種特別需要觀察留意的辯證平衡：

(一)治療者自身的辯證平衡

一位平衡的 DBT 治療者需要能自在地於存在模糊、不確定與各種兩難情境，並且在整個治療歷程中保持「清醒」，隨時以了了分明（mindfulness）的態度留意自身與個案的狀態、注意個案在治療中的微小變化，以及在微小變化中環境和自己的狀態，確認自身的反應在互動中是否不經意地「增強」或「削弱」了對方的行為。為了維持治療微微地前進，治療者能評估個案可以承受「剛剛好」的壓力大小是重要的，類似燒燙傷病患的復健歷程中，復健師需要施加壓力拉扯燙傷病患長出結締組織的肌肉，好使得肌肉可以在復原期間恢復彈性，同時又不能施加過高的力量，避免使肌肉再次受傷，或使病患無法承受復健的痛苦。

這樣的治療者會展現出三種平衡的特徵（characteristics; Linehan, 1993）：

1. 改變與接納的平衡

個案帶著急切需要發生改變的需求前來治療，例如：自殺自傷問題如不盡快改善，個案的性命可能受到威脅；同時，「個案自身也需要改變」

的想法會觸動個案的脆弱情緒，讓他們感到敏感與痛苦，認為自己被評價（改變也有自己的責任），他們的敏感如同手臂沒有皮膚的人在經歷微風吹過手臂，感受到的不是涼爽而是刺痛 Linehan（1993）。這樣的高敏感需要透過治療者用力傳達對個案、對治療相當程度的「認可與接納」，才能支撐個案忍受痛苦持續留在治療中，使治療平衡地進展。缺乏支持的改變壓力會增加個案被評價的痛苦，誤以為治療者具有攻擊性（hostile）或者只會提出要求（demanding），相反地，過度的認可則可能使得個案相信自己是無法改變的。

2. 不可動搖的篤定與憐憫的彈性（Unwavering centeredness versus compassionate flexibility）

治療者對於治療的**強大信念**是混亂（chaos）中穩定的力量，這個信念是從智慧心中「知道什麼」對個案的長期利益是重要的，對於「自己可以幫助個案、DBT 可以幫助個案、個案可以有能力改變這個困境」的相信是基本的根基。然而，這樣的信心也需要保持一定的彈性，留意到每個人都有限制；治療者對個案可以承受的要求的程度也需要在互動中進行修正，當發現自己有高估個案或自己的嫌疑，或個案因為某些因素變得異常脆弱時，治療者都需要彈性地調整設定的目標，例如：志明的喝酒問題復發時，完全戒除的目標可能就要暫時修改為減害戒癮，先幫助個案回到對攝取酒精有些控制力，並且提升自己的信心的目標。

治療者在評估個案的能力時攝取，需要留意個案有「表面勝任」的特徵，特別在學業或工作目標時，治療者需要核對其過往的成就表現、醫院的智力測驗結果等，以確定個案設定的目標是否符合能力、時間與資源的情況。

3. 滋養與善意的要求（Nurturing versus benevolent demanding）

治療的最終目標是增加個案適應環境的行為，治療者要視自己是技巧訓練員，特別當個案處在情緒脆弱中，出現主動的被動、任性、破壞性的行為時，在滋養一端，治療者需要確保個案的安全並核對他的情緒與需求，在善意要求的一端，則是握住可以給予的幫助或增強物（資源），鼓勵個案表現出已有的行為技能。精準地評估在這裡是需要的，治療者需要以敏感並關懷（compassion）的態度體恤個案的狀況，確認當下的情境要求，是否已經超過了個案的能力範圍；後效管理以及相關的程序（procedure）也是需要考慮的。例如：治療者希望春嬌減少傷害自己的行為，但也不能過度要求春嬌，避免春嬌覺得自己做不到而卻步，或者因為覺得要求太高而誘發自傷行為。

(二)辯證式的遊說（persuasion）與溝通風格（communication style）

治療中的張力是治療療效重要的因素，許多時候，治療者與被治療者就是辯證對立的兩個端點；例如：治療者可能認為個案還可以再努力一些、堅持更久，被治療者可能認為自己已經夠努力，無法繼續努力了，當雙方進入論點的爭執，兩個端點在治療中的張力就進入白熱化了，甚至有種認為自己才是「對的」想法，期待對方採納自己的意見，有時帶出精神分析學者所說的分裂（split），雙方無法再繼續討論、其中一方離開治療，或者其中一方不甘願地放下自己的觀點。

在 DBT 中「辯證式的遊說」是用來轉化對立、找到整合的策略。遊說表明治療不會讓對立論點停留在沉默中太久，治療者不迴避這樣的張力，在接納原本就存在的兩個端點的同時，治療者也示範並教導辯證的思考和行為，或者採取一些特殊的辯證策略好轉換這個治療的失衡為改變的契機。就如同想要打撈鰻魚苗的漁夫，在海水漲潮時反而要往水深之處進

行打撈,而不是轉頭回到岸上等退潮再來打撈。

比如:治療中雖然志明一開始說自己的目標是擁有穩定的工作,但工作幾天之後就回來跟治療者說,這個工作並不適合自己,且已經找到另一個更好的工作,並且用積極的態度說服治療者同意此論點。治療者便需要保持清醒地觀察,確認個案又想換工作是出於智慧心,或者是想要逃開壓力,如果這並不是智慧心的決定,那麼治療者需要透過各種引導、優缺點分析協助個案從想再次換工作的執著中鬆動立場。

遊說或治療歷程中,治療者靈活地轉換溝通風格、維持平衡是發生療效的訣竅。互惠的風格(reciprocal style)可以類比為充滿認可、同理和支持的風格,樂意傾聽個案並且回應他的內容及需求,並傳達對於個案所說的理解與支持。無理的溝通風格(irreverent style)則類似工程師試圖找出問題的癥結,不帶評價同時非常聚焦於探討如何解決問題,從不同的角度詢問、探究,推動個案去思考、辯解,接觸自己想迴避的主題,態度相當就事論事(matter of fact),面對個案的推託、排斥仍然保持中性的態度進行討論,彷彿兩人討論的是一件日常生活的瑣事;無理的風格也可能是以有些幽默的態度提出問題,試著啟動個案的智慧心,看到其他的可能性。兩個風格的轉換需要非常地巧妙,治療者需要保持著清醒(awake),觀察治療的流動(flow)及速度(speed),允許張力的浮現,甚至製造出一些張力,迫使個案思考其他的可能性。

比如:身家富裕的個案告訴治療者,自己不用練習這些技巧,因為家中的資源可以幫助自己避開所有的壓力,即便不工作、不交朋友,也可以安穩地度過人生。治療者在此可能會用不同的方式挑戰個案這樣的假設,推擠個案離開自己「以為」的舒適圈,看到自己的長期目標並不是一個只能躲在家中的宅男,也幫助個案接觸自己的智慧心,明白自己的自尊並不會在這樣的前提下獲得滿足。

在推動/遊說個案的同時,治療者也需要留意個案可承受張力的程度,不能超過可以忍受的範圍過多,才能保護個案不至於在失衡的張力中

離開治療或發生意外，因此，過程中每一個步驟的一動都需要是「剛剛好」的量，恰恰好地推動治療緩緩前進；Linehan（1993）用兩個人在美國大峽谷邊玩蹺蹺板的例子，治療者與個案踩在蹺蹺板的兩端，治療師隨著個案的力道調整力道以及和對方的距離，好讓兩個人可以維持在有些驚險的平衡中，如此，才能維持兩人的安全；一不小心失衡，個案或自己就可能會掉入峽谷中。

(三)治療者教導與示範辯證的思考與行為

認知也是影響情緒的重要元素，DBT 治療中特別留意治療歷程辯證失衡的語言（認知），治療者會刻意地示範並教導「辯證平衡」或「客觀的描述」的語言以取代之。例如：生活中常有「你說的對，但是……」的論述，這類「Yes...but...」的語言並不是辯證平衡的說法，因為語氣上否定了前者，在 DBT 中會不斷地示範／教導「Yes...and...」的語言，平衡地支持兩端的論點。

「僵化（rigid）」的思考是另一類常見的辯證失衡，一定、總是、災難化等等思考形式都是缺乏彈性的表現，把規則／期待／可能性看得過於嚴謹（例如：一定要非常準時地開始會談；事情如果沒有照著我的期待發展，就是可怕的災難等等）；有些執念，如「認為自己在環境中是無能為力的」或者「認為整件事情的發展都是自己的責任」，這些缺乏彈性的思考與行為，在治療中需要被辨識出來、理解這樣的想法對於情緒的影響、最後改寫為平衡的想法；需要留意的是，這樣的討論也需要維持中庸（middle path）的態度，不能夠過度強調彈性，以至於成為另一種極端，變成沒有原則或者不敢有期待的個體。

因此治療者在治療中示範／教學上述的思考、行為形式時，重述（描述）、強調（highlight）這樣的行為是辯證平衡或者是不平衡的，同時修改個案「評價式（judgmental）的內在語言」，例如：你教了我這麼久我還是學不會，我真的是個浪費資源的人、沒救了。就可以修改為「治療者

教了我半年我仍然不熟練，辨識缺乏辯證平衡的想法對我來說仍然是困難的，我需要對自己有耐心。」

　　治療者背景也可能與教導辯證思考與行為的效能有關。雖然 DBT 並不是正式的認知治療，治療者如果具有認知行為治療訓練的背景，辨識Beck 的負面自動化想法、Ellis 的非理性信念速度夠快，治療歷程中可以從僵化陷阱脫身的速度也會比較快，更能有效的幫助個案找到新的平衡點。而治療者的經驗，特別是與高風險個案工作過的經驗，將有助於治療者能夠在個案的情緒風暴中，保持自身內在優雅的平衡，同時比較能夠以「就事論事」的態度幫助個案調整認知上的辯證失衡。

四、特殊的辯證策略

　　除了治療與治療者的辯證平衡、辯證的世界觀與思維之外，DBT 也列出幾種治療中常用的辯證策略，多數使用的時機是治療出現僵局或治療停滯不前的時候。

(一)使用比喻（Using metaphor）

　　故事是很多治療都會使用的工具，在 DBT 中特別會在治療僵局發生，或者個案的情緒變得相當脆弱時採用。在上述的情況下，個案的想法容易變得僵化（rigid）沒有彈性，此時，使用故事、比喻、寓言來描繪所處的狀況，有增加趣味、減低張力（個案可以自己從故事中尋找意義和答案，而減少被治療師控制的感受）的功能，同時，故事也比直接的教導更容易增加個案的記憶（Kopp & Craw, 1998）。

　　例如：治療者可以使用「我們好似一起要划船到對岸，但你好像一直往反方向划。」的比喻，讓個案理解自己的治療干擾行為。而「我好像一個游泳教練在教你游泳，但似乎你比較期待我揹著你游。」則是治療者說明自己感受到個案過度的依賴行為。「你好像是一棵可以結出香醇咖啡的

咖啡樹，卻被熱心的農夫種在水稻田裡。」則可以用來具象化個案周圍的人，雖然愛他卻又幫倒忙的困境。

很多民間的故事和成語在治療中也都很好用，「瞎子摸象」可以被用來陳述每個人都看到了一部分的事實，卻也沒有看到全部的事實。「塞翁失馬焉知非福」可以幫助個案理解，災難化的未來觀點未必有道理。「自相矛盾」的故事則可以幫助個案理解自己與目標之間存在著不能共存的特徵。

這些做法的目的，是透過將困境具象化，讓個案從比較全面的角度看到自己所處的情況，可以增加個案的辯證思考、開啟新行為的可能性，或者找到其他的問題解決方法。

(二)魔鬼代言人的溝通法（Devil's advocate）

這個策略常被用在鬆動案主頑固的信念，或者增強個案對於治療的承諾（參改變策略），其背後的原理是，一個人為一個立場辯護之後，對於該立場的堅信程度也會增加。其做法是，治療師站在支持「失功能（dysfunction）或不適應信念（maladaptive believe）」的一端，以天真而戲劇化的方式擁護該信念，使得個案反應性地為適應性的信念進行辯護，藉此穩固（stable）案主對於此信念的堅持度。

例如：個案認為自己這麼胖，要減肥也一直沒有成功，這樣的人就是廢物。

治療者開始擁護失功能的信念：「你有點說服我了，也許所有這麼胖，又一直減肥失敗的人，的確都是廢物，減肥應該沒有這麼困難，他們在生活中沒有任何值得肯定的事物。」

個案疑惑治療者怎麼會這麼說：「不是，我指的只有我自己，其他人有他們的原因和理由，不應該這麼評價性地想他們。」

治療者繼續堅持這樣的不適應信念：「即便有一些理由，他們仍然太沒有持續力，也讓他們周圍的人失望，這樣沒有堅持力的人一定什麼事情

都做不好。」

個案開始比較強烈地辯護：「這樣說太評價了，也許他們在其他的事情上並沒有像減肥這樣沒有成效啊！而且，你不是說，每個人要為自己的期待負責，肥胖又沒有傷害到其他人，其他人的期待是其他人自己的事情。」

治療者：「你這麼說也是有道理，他們可能在其他的事情上是有成效的，只是減肥的目標還沒有達成。但他們還是太不努力了！減肥應該沒有這麼困難！」

個案：「不是啦！他們很辛苦耶！你不是說，一直失敗還能夠持續堅持是很不簡單的嗎？好啦！我其實也很不簡單，至少我還沒有放棄。」

(三) 使用誇大的作法（Extending）

基本上，誇大法可被視為「情緒取向」的魔鬼代言人，治療者在面對個案具有威脅性的情緒表達時，用比個案更看重的態度回應個案需求，提出一個不是個案訴求的解決方案，使得個案重新定義自己的需求。其原理源自於日本合氣道，藉著對手攻擊的力道，以對手出其不意的方式將其力道轉移開來，使得對手失去平衡。

這個策略最好使用在個案認希望治療者認真看待某問題，又認為治療師並沒有認真看待自己的問題，同時個案的失功能行為可能已經不當被增強時，治療師以更擴大這個問題的嚴重性的方式來回應個案。下面是與有自殺風險的 BPD 工作會發生的情況，與 Linehan（1993）例子相仿，但此例子的背景不是在個別治療中，而是在個案管理情境：個案堅持治療者不能掛掉電話（個管相關重點請參第二章），否則自己就會採取自殺行為。

治療者：「我覺得你的危險性可能真的很高，我需要幫你聯繫警察或家屬。」

個案：「不要聯繫他們，你為什麼就是不想聽我講話？」

治療者：「我現在正在聽你說啊！同時，你現在的風險太高，我想確

保你的安全現在是首要目標。我剛剛已經請同事打電話給警察，你再撐一下下，就會有人到現場協助你。」

這個策略的使用需要相當小心，個案的風險管理、後效管理等都需要同步被留意，當個案的情緒或者說法開始轉換，我們也需要快速跟著轉換。

例如，病人如果改口「我沒有真的要自殺，但我情緒很不舒服，我需要你跟我說話。」

那麼治療者也需要確認「所以，現在沒有自殺風險？你剛剛有嚇到我，確定嗎？你不需要警察或家人到你的家裡找你，你可以確保自己的安全？」

個案：「不要叫他們來啦！他們來了又會怪我！我不會自殺啦！你弄得我心情更差了」

至此，治療者就可以引導個案回到個別治療以及個案管理的架構中。如果危機解除了，也要與相關單位回報，危機已經解除。

(四)幫助個案找到自己的智慧心（Activating wise mind）

DBT 相信每個人都有自己的智慧心，在理智心（reasonable mind）與情緒心（emotion mind）平衡的位置，當我們觸及自己的智慧心時，會有一種對事物直覺性的了解，既不是分析來的，也不是情緒衝動的結果。了了分明技巧中會教授智慧心技巧，協助個案找到並接觸自己的智慧心，在個案已經學習過這個技巧之後，治療者可以在需要的時機詢問個案：「你的智慧心怎麼說呢？」

例如：個案在會談中表示自己和家人爭吵，今天不想回家，也沒有要去朋友家，打算一個人在街頭遊蕩一整夜，如果發生意外，那剛剛好可以讓家人後悔昨天那樣對待我，如果死了也很好，反正這樣子的家人關係這麼累人，死了也算了。

治療者：「我了解你的不舒服，同時我不確定這是一個好主意，你的

智慧心怎麼說呢？」（帶領個案在治療中練習智慧心）

　　個案：「我可以晚一點回家，避開家人，但還是要回家。」

　　智慧心與情緒心都會讓個案有種「確定」的感覺，有時不易區分，因此，治療者需要跟個案進行核對。前例中若個案練習後仍說：「智慧心說，在外遊蕩目前就是目前最好的做法。」治療者需要與個案進一步說明，有時候這種篤定感可能是「虛假的」智慧，就像深井上方的蓋子上會積聚雨水，當我們觸及積水會以為已經那是井水，但實際上，進一步打開蓋子才能真的汲出井水。如此用治療者的智慧心與個案的智慧心進行核對也需要小心，有時候治療者的過度自信可能帶來另一個極端的問題，治療師諮詢會議就成為平衡的機制。

(五) 從檸檬榨出檸檬汁來（Making lemonade out of lemons）

　　這是一個將困境／負面情境轉換成為機會／挑戰／資產（asset）的策略，最基本的就是，DBT 將個案所遭遇的困境視為「可以練習技巧」的機會，鼓勵個案在困境中運用各種技巧，改變不想要的結果，畢竟，如果在治療期間一帆風順，那麼所學習的技巧就好像紙上談兵，對於個案的技巧提升幫助有限，在面對未來的生活挑戰幫助也會打折。

　　其他的負面情境也可以使用這個策略，例如：個案表示他的女友把自己封鎖了，覺得很生氣、很難過。治療師可能會回應：「其實，這可能也不是件壞事，你之前就跟我提到，這個關係不合適發展下去，但又無法主動離開，現在她把你封鎖了，似乎也是幫你一個忙。」

　　又例如，一個害怕男性的個案要加入一個技巧訓練團體，而現有的團體領導者與偕同領導者都是男性，治療者也可能會使用「從檸檬榨出檸檬汁」的策略，鼓勵個案試試看，這也是一個可以練習對害怕情緒的「暴露治療」，練習不用迴避所有的男性。

　　這個技巧的使用需要很小心，在不合適的時機下使用，很容易讓個案以為治療者並沒有認真看待他的痛苦，因此，個案對治療者已經有信

任感，知道治療者對自己的痛苦有深層的理解（compassion）是必要的條件。同時，需要留意在互動中是否讓個案誤以為自己要壓抑情緒，不該有失落、悲傷或生氣等負面情緒，基本上 DBT 接納個案所有的情緒，同時也認為一件事情的影響或意義是多層次的。

五、結語：關於辯證的其他提醒

(一) 辯證策略的衷心

　　理解辯證策略，很多時候很像是讀一本多重轉折的故事書一樣，讓人感到有趣又有些不易捉摸，有時候使用得不恰當，也可能會帶來不當的影響，讓個案覺得自己被耍，或者有戲謔個案的感覺，因此，治療者本身秉持著治療者之心，以個案的長期利益為考量，策略則是為了幫助個案在情緒僵化中，可以保持彈性地在接納與改變當中轉換的工具。

(二) 使用辯證思考來開始一個 DBT 計畫

　　從改變與接納的角度思考施行一個 DBT 計畫，筆者最後也整理了一些實務工作者可能可以思考的一些問題與方向。通常想開始 DBT 的計畫，會遇到許多疑問，DBT 雖然好，但我們的單位無法進行一個持續一年的治療該怎麼辦？治療頻率一週一次是不能修改的嗎？我的服務對象比較不是高自殺風險個案可以用嗎？如果我的單位資源沒有那麼充足，無法同時提供個別治療和團體治療，這樣還可以叫做 DBT 嗎？

　　實際上，從 1993 年至今，已有許多學者針對不同的治療對象（青少年、老人、飲食疾患、藥酒癮患者等），在不同的治療場域，例如：醫療院所、大專、監獄等等，發展出不同的 DBT 治療，也累積了大量的研究結果。這些研究並不完全依循標準化 DBT 的作法，同樣也被看到有其療效，也成為要進行調整的建議參考做法（Swalse, 2018）。

　　如果在有研究支持的調整性做法中，仍然找不到適合己單位的作法，

單位則需要依照自己的情況、服務個案的情況等，發展「類 DBT 做法（partial DBT）」。類 DBT 做法是指，依循 DBT 的治療策略、教導 DBT 技巧，同時僅採用四個治療模組中的某幾個組合式作法，這樣的治療被稱為以 DBT 原則進行的治療（informed DBT），由於中文不容易找到對應的詞，本文以「類 DBT」來代稱這類的治療做法。

Koerner 等人（2007）建議，實務工作者可以透過下面幾個面向的思考，預備或開始自己單位內的 DBT 計畫。

1. 以全然接納（radical acceptance）的態度，尋找調整與採納的平衡整合處

實務工作的挑戰通常是多元的，但資源通常難以一次到位，接納現實環境中的限制與不足，同時不放棄使用 DBT 的可能性，類 DBT 有時候是這個兩難中的整合；單位可以在目前的資源情況中挑選可行的治療作法，例如：個別治療或者團體技巧訓練，並盡可能達到其最好的療效，同時對不是標準化作法產生的影響保持覺察（awareness）。

2. 類DBT作法的兩極，採用或創新（adopting or adapting）

類 DBT 的做法不能被推論有完整 DBT 的療效，但如果實務工作者透過研究並且將治療的相關步驟策略進行標準化，那麼，被研究證實的調整性治療做法也可能成為創新的治療。目前類 DBT 中單純採取技巧訓練的做法的研究最多，DBT 技巧似乎成為治療者創意發揮的舞台（林納涵，2015）。

3. 仔細思考並設計一個試驗性的計畫（pilot program）

實驗性計畫可以用下列的步驟來規劃，首先，標定出需要進行治療的對象以及其問題行為（target），並釐清針對這樣的對象及目標行為，需要

採用 DBT 嗎？如果答案是肯定的，下一步是針對單位內資源進行盤點，包括：單位內目前有熟悉 DBT 的人員嗎？如果單位內目前沒有熟悉 DBT 的人員，那麼可能要從培訓人員的計畫開始思考。

如果單位內已經有熟悉 DBT 的人員，對於 DBT 技巧與策略都有一定的熟悉度（最好也曾經有使用 DBT），則可以進一步思考單位內可以一起進行計畫的人員和資源，例如：人員配置的問題，是否有配合的個案管理人員、有多少人員可以一起投入這個治療計畫等問題；治療相關的問題則需要考慮治療時間長度，如果在大專內進行，則要注意學期與假期的影響，而醫院內健保給付次數可能會有一些相關限制。透過這些問題的釐清，確認在單位內可以開始的治療計畫的設計，那些 DBT 模組的組合可能合適設計進入我們需要面對的目標對象／問題，並且設定執行計畫的時程。

執行一個 DBT／類 DBT 計畫時，也建議同步使用一些評估工具，了解治療歷程中是否有達到預期的療效？如果能針對計畫執行歷程是否符合 DBT 進行一些紀錄與討論，核對治療所採用的模組是否有達到該模組預期的功能（function）或療效，例如：技巧訓練的目標是增加個案的因應技巧。如果有達到預期的功能，這樣的計畫可以持續的執行，如果沒有達到預期的功能，治療者與單位就需要針對治療計畫進行重新的思考與整理。

基本上，整個歷程如同問題解決的歷程，從定義問題、描述問題、思考解決方案及細節、執行解決方案，最後還要記得檢視解決方案執行的結果。

4. 建立一個可以增強（reinforce）使用DBT的環境

治療者要改變自己的治療模式和習慣需要環境的支持，只是訓練課程可能無法達到治療者行爲的改變。主管的支持、療效的回饋、個案的要

求、薪資的調整，可能都是需要考慮的方向。這也是 DBT 一直強調研究結果的原因，透過研究的呈現，可以讓主管單位理解複雜治療的需求，可以提升爭取資源的可能性，提升治療者的治療動機，也可能可以使得計畫長久發展下去。

他們最後也提醒了幾點需要注意的事項（Koerner et al., 2007）：

1. 非標準化的 DBT 治療療效可能會受到影響，特別是沒有經過研究支持的調整。

2. 非標準化的 DBT 治療治療「高風險個案」時，在危機管理與法律可能引發的問題，其保障性可能會有不同於標準 DBT。（此項與美國的保險支付、法律訴訟等等相關制度的關聯性強烈）

3. 採取非標準化 DBT 治療，相關的調整與療效的可能影響，需要在治療中向個案進行告知。

4. 進行 DBT 的治療者如果沒有透過符合度的檢核（adherence coding），確認其進行的治療確實是DBT，其療效產生的落差也會使患者或者單位主管對 DBT 的信心被打折。

後語，辯證也是近年學術研究的焦點，特別是辯證式思考（dialectical thinking），研究發現這種平衡性的思考在不同文化成長背景的人身上有所差異，治療者須要留心這個影響；其次，這樣的思考方式與整合能力（Basseches, 2005）、智慧、創造力（Benack et al., 1989）甚至領導能力有關，辯證策略的靈活使用，除了幫助活化個案在生活的適應，也有助於個案（甚至治療者）未來生涯發展。

重點提示

1. 辯證策略最核心的是改變與接納的平衡。
2. 辯證既是哲學觀、世界觀，也是治療的策略。
3. 辯證平衡的治療師與辯證平衡的治療歷程（包含治療者使用辯證平衡

的策略，教導個案使用辯證平衡的技巧），是治療可以緩慢前進的要
點。

參考文獻

李錦虹（總校閱）（2011）。《自殺防治-有效的短期治療取向》。心理出版
社。（原著出版年：2001）[Rudd, M. D., Joiner, T. E., & Rajab, M. H. (2001).
Treating suicidal behavior: An effective, time-limited approach. Guilford Press.]

陳秀卿、梁瑞珊、呂嘉寧譯（2006）。《自殺衡鑑實務》。五南圖書出版公
司。（原著出版年：2002, 1999）。[Shea S. C. (1999). *The practice art of
suicide assessment: a guide for mental health professionals and substance abuse
counselors.* John Wiley & Sons Inc.]

瑪莎・林納涵（2015）：《DBT技巧訓練手冊：辯證行為治療教學》（江孟
蓉、吳茵茵、李佳陵、胡嘉琪、趙恬儀譯）。張老師文化。（原著出版
年：2014）[Linehan, M. M. (2015). *DBT skills training manual, second edition*
(M. R. Jiang et al., Trans.). Living Psychology publishers Co. (Original work
published 2014).]

Basseches, M. (2005). The development of dialectical thinking as an approach to
integration. *Integral review*, *1*(1), 47-63.

Benack, S., Basseches, M., & Swan, T. (1989). Dialectical thinking and adult
creativity. In *Handbook of creativity* (pp. 199-208). Springer, Boston, MA.

DeCou, C. R., Comtois, K. A., & Landes, S. J. (2019). Dialectical behavior therapy
is effective for the treatment of suicidal behavior: A meta-analysis. *Behavior
therapy*, *50*(1), 60-72.

Koerner, K. (2012). *Doing dialectical behavior therapy: A practical guide.* Guilford Press.

Koerner, K., Dimef, L. A., & Swenson, C. (2007). Adopt or adapt? Fidelity matters. In L. A. Dimef & K. Koerner (Eds.), *Dialectical behavior therapy in clinical practice: Applications across disorders and settings* (pp. 19-36). Guilford Press.

Kopp, R. R., & Craw, M. J. (1998). Metaphoric language, metaphoric cognition, and cognitive therapy. *Psychotherapy: Theory, Research, Practice, Training, 35*(3), 306.

Linehan, M. M. (1993). *Cognitive-behavioral treatment of borderline personality disorder.* Guilford Press.

Linehan, M. M., Bohus, M., & Lynch, T. R. (2007). Dialectical behavior therapy for pervasive emotion dysregulation: Theoretical and practical underpinnings. In J. J. Gross (Ed.), *Handbook of emotion regulation.* Guilford Press.

Peng, K., & Nisbett, R. E. (1999). Culture, dialectics, and reasoning about contradiction. *American Psychologist, 54*(9), 741.

Swales, M. A. (Ed.), (2018). *The Oxford handbook of dialectical behaviour therapy.* Oxford University Press.

Wasserman D. (Ed.), (2017). *Suicide- an unnecessary death.* Oxford Press.

第七章

辯證行為治療個別治療架構與行動

吳書儀

【個案描述】

　　春嬌因為反覆自殘行為被媽媽帶到醫院精神科求治，精神科醫師經過評估並且請臨床心理師做詳細完整心理衡鑑之後，跟媽媽及春嬌解釋說明春嬌本身長期可能有邊緣型人格障礙，除了本身可能對於情緒較難調節之外，也難以對情緒及思考得到他人或自我的認可，在生活壓力，包括感情事件或學業人際壓力來時缺乏相關的因應技巧或紓壓管道，只能在過去錯誤的學習之下一再使用自殘行為希望能逃避現實生活中的痛苦，同時引起且加重了憂鬱症狀。醫師因此邀請春嬌參加該院的辯證行為治療（DBT），同時也對個案及媽媽說明這是一個為期一年的治療，會需要個案配合每週 2 小時的團體課程，以及每週 1 小時的個別治療療程，個案跟媽媽表示同意，精神科醫師便轉介給 DBT 個別治療師進行後續的聯絡。

一、個別治療師的角色

　　DBT 對於邊緣型人格障礙個案的治療跟其他治療方式最大不同的地方，是 DBT 著重強調同理認可個案的痛苦，理解其所採取的行為中真實有效的部分，並傳達給個案知道，而非看到個案自我傷害的行為而怪罪他（這部分在第五章同理認可的章節有較深入說明）。因此，DBT 的個別

或團體治療師需要藉由認可個案痛苦傳達對個案的理解，傳達跟個案站在同一端的溫暖，並精準增強個案出現的任何與治療目標一致的所有良好行為，以停止或消除不良行為良行為的產生。基本上，DBT 治療師其實是精準的行為學派治療師，但加上溫暖有效傳達與治療目標相關的有效理解與認可。既然 DBT 治療師是行為學派實踐者，故在治療初期就會觀察個案基線期行為模式，定義「適應良好（或有效）」及「適應不良（或無效）」行為，取得個案對參與治療的承諾、與個案一同設定要改善的行為目標，說明共同達到行為目標的技巧訓練及假設，解釋何謂 DBT 技巧，及定時出席且練習技巧對於目標達成的重要性，讓個案了解他並不孤單，因為雖然個案最終將獨立上場打球，但個別治療師將扮演教練的角色，訂立治療架構、訓練計畫、討論並修改個案行為模式，在一年的時間中，有計畫地一步一步幫助個案琢磨鍛鍊應用 DBT 技巧於解決生活中遇到的困難挫折及危機。

二、個別治療的結構策略（Structural strategies）

(一)個別治療師於正式開始治療前的準備

正式開始治療前的階段稱為 pre-treatment stage，有可能會需要三到四次的會談來完成。pre-treatment stage 階段最重要的目標為建立關係，以及了解個案身體與精神疾病現況與病史、治療史、成長史、發展史、自傷史、藥物濫用史、情緒穩定性、家族史、父母教養方式及要求、求學或職業功能及停滯原因、人際關係、感情上的重要他人或過去、通常發生在自傷前觸發事件、個案中長期社會心理脆弱因子及保護因子等。馬偕醫療團隊主要根據美國精神醫學會精神疾病診斷與統計手冊第五版（Diagnostic Statistical Manual version 5, or DSM-5）的診斷結構進行評估（詳情可見第三章個案概念化章節）。此階段也須評估個案智能或認知能力，主要是具

備能夠了解技巧內容並應用之的基本能力，同時要排除嚴重精神疾病，例如思覺失調症、雙極性情感疾患嚴重精神症狀或急性發病期，以及藥物濫用之戒斷或中毒期的個案。

在進行上述訪談了解個案的同時，當然也要避免連珠炮或條列式問句，除了以半結構式會談、取得客觀資訊之外，也要以第一層次同理認可（validation level 1, V1）的傾聽傳達對個案的興趣、第二層次同理認可（V2）的重述摘要、第三層次同理認可（V3）的讀心命名出個案未說出的情緒、想法、或行為衝動，以第四層次同理認可的（V4）先不評價個案以自傷作為長期面對壓力方式可能是不良行為，傳達可以理解個案過去經歷可能與長期以來自傷狀態有關，並適時以第五層次同理認可（V5）的傳達對現在狀況普同性的理解，例如，「如果是我的話，我可能也會覺得發生的事情令我感到非常痛苦」，來取得個案相信眼前的治療師是溫暖真誠、不會評價、好像有點可以理解我、且願意與我一同建立治療聯盟的治療師。

(二)設定治療目標、取得個案對於投入治療的承諾

在 pre-treatment stage 第一、二次療程時，除了了解上述個案相關病史、建立關係、持續應用同理認可技巧傳達治療師是跟個案站在同一端的治療同盟之外，個別治療師也需要有至少一次的療程說明 DBT 治療的概念、假設、社會心理理論及前兩次療程中蒐集到的個案資訊（及本書前幾章節所提到 DBT 生物心理社會理論），對個案說明以 DBT 觀點對於個案曾經或正在經歷的情緒脆弱性及不被認可環境造成其適應不良行為持續被錯誤增強的假設，並說明治療師打算如何以 DBT 技巧協助增加情緒調節技巧、了了分明技巧、人際效能技巧及痛苦耐受技巧等適應良好行為，以面對人生難以避免的痛苦挫折。如果個案詢問究竟什麼是 DBT？也可以解釋 DBT 是在接納與改變之間尋求平衡、DBT 是認知行為取向的心理治療模式、DBT 是個案學習擴充面對情緒、壓力及人際的技巧資料

庫，DBT 的學習是需要個案與治療師雙方的參與。經過此說明之後暫停片刻，讓自己跟個案喘一口氣，然後開始進行取得個案願意投入治療的想法及承諾。

如何取得個案願意投入治療的想法及承諾？DBT 強調治療雙方共同合作的關係。Linehan 博士說明個案本身參與意願非常重要，就算是被家屬命令強制來接受 DBT 的個案，也需要讓個案本身同意，就算沒有爸媽命令，他也會繼續留在治療裡。因此治療師在前述階段中對於個案的了解，以及傳達對個案成長過程及自傷行為的理解（請注意是理解，不是同意或支持）就成為能讓個案有意願繼續參與的策略。本團隊中的治療師為了增加個案投入治療的意願，在治療初期可能還需要花時間了解個案居住地點、交通方式、上下班或上下課時間、是否來得及趕到個別及團體治療等，並協助個案一起解決問題。如果個案進團體會對其他成員有敵意，個別治療師也須將方向導引到個人的治療目標重於一切等方向，讓個案將對外的攻擊回歸到自我治療的成長目標上。

這樣的「治療前評估」與「新生訓練（orientation process）」，其實也展現了 DBT 中在「接納（accept）」與「改變（change）」間的平衡及辯證。「接納」的部分包括持續應用同理認可技巧第一到第五層次（validation levels 1～5）、以不評斷的態度了解個案不適切行為出現的「自我歸因」。自我歸因並不一定是真正的事實原因，但若治療師展現「這是你的歸因不是真正的事實」，並無益於雙方的治療目標，因此只要認可真實有效的部分，也就是在本階段只要傳達可以理解這些是不適切行為出現的可能原因即可。個別治療師如此的辯證平衡姿態也可以促進個案理解到治療師的開放態度，以及可以放心提出自己的苦惱及需要幫忙之處，同時也能漸漸理解到自己在治療中才是真正上場比賽的球員，所以改變要從自己開始，治療師只是教練的角色，教練不會登上場個案的人生舞台、而且終究會退場。

(三)治療契約與日誌卡

Pre-treatment stage 的三到四次會談中，除了完成前述項目外，還需寫下治療契約，內容包括前面所提到的治療目標、雙方共同同意減少自傷自殺行為，個案會跟治療師一起工作，明訂須每週參加團體及個別治療的架構、及取得個案每週會來參加的承諾、提到為治療需求會錄音錄影（會讓個案回家可以再聽錄音檔複習）。接著拿出日誌卡進行說明（如圖 7.1），要請個案每天記錄個人的自傷自殺意念、情緒痛苦、是否使用藥物或酒精、是否有自傷自殺動作、有無使用技巧、技巧是否有幫助、想放棄治療的衝動分數、情緒事件紀錄、命名情緒以及第二頁的每日使用技巧紀錄。治療師要能做到上述說明、並取得個案同意治療契約以及每週撰寫日誌卡的允諾。如果是付費治療或是研究所提供的治療，個案也要承諾遵守付費或研究約定。如果個案不願意承諾參與治療，則要反覆前述步驟說明，並讓個案知道在個案無法言語及簽署承諾前，治療無法推進到任何他想處理的主題。Linehan 博士特別提到，沒有好好得到個案承諾的治療，就如同火車司機沒把客車廂與火車頭固定好、就要急忙出發那樣危險，因為會讓治療及個案都失去方向（關於如何取得參與治療承諾的策略技巧在下方 (七)「承諾策略」章節）。

(四) 治療事項優先順序

說明完日誌卡內容後，明確告知個案每次治療開始時最優先事項就是看日誌卡，由日誌卡上記錄決定該次療程需處理事項之優先順序。DBT 對於每次療程處理事項的優先順序為 (1) 降低自傷自殺行為；(2) 降低自傷自殺意念；(3) 降低治療干擾行為（therapy- interfering behaviors, TIB）；(4) 降低干擾生活品質（quality of life, QOL）行為；(5) 增加良好適應的行為技巧；(6) 降低創傷後壓力疾患症狀；(7) 增加自我尊重（self-respect）；(8) 協助達成自我實現目標。也就是說，(1)～(3) 項都完成了，才能進入第 (4)

【辯證行為治療技巧日誌卡】

姓名／代號：			在治療時才填寫？ 是 否（圈選）			你多常填寫此面？ __每天 __2-3天 __4-6天 __一次					開始：____年____月____日			

團出起始日	最高的衝動想法			每一天中的最高程度			物質／藥物使用								行動		情緒	其他
	自殺	自傷	用藥				酒精		非法物質		處方藥物		需要時使用藥物／成藥		自傷	使用技巧		
	0-5	0-5	0-5	0-5	0-5	0-5	數量	種類	數量	種類	是／否	數量	種類	是／否	0-7		
星期一																		
星期二																		
星期三																		
星期四																		
星期五																		
星期六																		
星期日																		

行為連鎖分析紀錄：	◎已使用的技巧	
	0＝沒想過或是沒有使用　　　3＝試過，但沒有辦法用　　　6＝沒有試，但有用過，沒有幫助	
	1＝想過，沒使用，不想用　　　4＝試過，可以使用，但沒有幫助　　7＝沒有試，但有用過，有幫助	
	2＝想過，沒使用，想用　　　　5＝試過，可以使用，沒有幫助	
藥物改變／其他：	治療當下有衝動想停止治療的程度（0-5）	治療當下情緒自我調節／控制的能力（0-5）
	治療當下有衝動想使用藥物的程度（0-5）	治療當下行為自我調節／控制的能力（0-5）
	治療當下有衝動想自殺程度的（0-5）	治療當下想法自我調節／控制的能力（0-5）

【辯證行為治療技巧日誌卡】

◎你多常填寫此面？ __每天 __2-3天 __4-6天 __一次 在團體中														◎核對技巧：把有運用到技巧的那一天在格子內圈選														
技巧項目／星期	01 智慧心	02 觀察（就只是察覺）	03 描述（用文字描述，僅事實）	04 參與（進入經驗裡）	05 中性地做	06 專一地做（當下）	07 有效地做（專注在行得通的方法上）	08 找出人際目標	09 DEAR：描述、表達、堅持、增強	10 MAN：ㄇㄢ分明，唱片跳針，忽視攻擊	11 MAN：表現自信，協商	12 GIVE：溫和有禮、感興趣、理解並確認、輕鬆的態度	13 FAST：公平、不過度道歉、堅持偏執、誠實	14 參與你的人際關係	15 描述情緒	16 與情緒相反的行動	17 問題解決	18 累積正向經驗（正向事件或有價值的行動）	19 建立自我掌控，預先處理	20 PLEASE：身體疾病、飲食、避免亂吃藥、睡眠、運動	21 對當下情緒ㄈㄢ分明	22 TIP：溫度、冷或熱／劇烈運動／漸進式放鬆	23 想想優缺點	24 轉移注意力／自我撫慰／改善當下	25 完全接納	26 我願意	27 對當下想法ㄈㄢ分明	28 微笑
一	—	—	—	—	—	—	—	—	—	—	—	—	—	—	—	—	—	—	—	—	—	—	—	—	—	—	—	—
二	—	—	—	—	—	—	—	—	—	—	—	—	—	—	—	—	—	—	—	—	—	—	—	—	—	—	—	—
三	—	—	—	—	—	—	—	—	—	—	—	—	—	—	—	—	—	—	—	—	—	—	—	—	—	—	—	—
四	四	四	四	四	四	四	四	四	四	四	四	四	四	四	四	四	四	四	四	四	四	四	四	四	四	四	四	四
五	五	五	五	五	五	五	五	五	五	五	五	五	五	五	五	五	五	五	五	五	五	五	五	五	五	五	五	五
六	六	六	六	六	六	六	六	六	六	六	六	六	六	六	六	六	六	六	六	六	六	六	六	六	六	六	六	六
日																												

圖 7.1　日誌卡的前後頁

項的討論。本原則在治療初期可以常常提到，如果個案沒有填寫日誌卡，則需要當場填寫完成，且讓個案知道這樣很可惜，因為跟治療師談話的時間十分寶貴，原本是可以進行對談治療的，但卻要花快十分鐘的時間填寫日誌卡，以致於縮短了會談時間，建議個案下次先寫好日誌卡再來治療可以更有效率的利用時間。經過三四次後個案就知道一定要填寫日誌卡，如果真的還是沒有填寫，則需要把個案不填寫日誌卡的事件、當作一個治療干擾行為（TIB）來處理（請看本章「四、如何處理干擾治療行為」相關內容）。

(五) 治療師也需要承諾

在辯證的另一端，治療師本身也有治療承諾，就是承諾 (1) 會盡一切努力幫助個案達成他所想要達到的改變；(2) 治療師會遵守相關治療倫理守則；(3) 在治療期間時間治療師會百分百投入對個案的治療；(4) 會尊重個案提出的訴求並進行相關的討論；(5) 會負保密責任，但當個案有高風險自殺行為時治療師則無法遵守保密責任，而會進行相關舉措；(6) 治療師於必要時也會接受治療相關督導。同時治療師也需要跟個案討論求助電話的使用時機，治療師在電話中僅會進行 DBT 技巧建議及提醒，因為電話諮商不能取代個別治療。在治療師進行了前述說明後，肯定且明確的承諾自己必會遵守上述原則，且因為個案也同樣承諾，因此願意跟個案一起進行這一年的工作。

(六) Pre-treatment session 不照預期進行怎麼辦

以上是 pre-treatment stage 最順利進行的情形，但最常發生的情形有可能是在第一次，原本治療師欲進行病史探詢時，個案帶著自傷的傷口過來，此時可能順序就需要改變，需要先對本次自傷行為進行鏈鎖分析（chain analysis）（見本章三、(二)～(三)「自傷自殺行為處理策略」）。分析之後到下次個別治療前，如果再次出現可能自傷自殺的觸發事件時，

需取得個案承諾及同意執行可以因應的步驟，並在下次療程開始檢視（review）日誌卡時詢問這段期間是否有遇到類似危機，以及個案本人處理方式，是否有應用到上次所討論的方法。

若個案沒有應用到上次療程討論的方法也沒關係，請治療師了了分明地覺察自己可能有煩躁不耐、失望、低落挫敗等情緒，了了分明不帶評斷中性覺察即可，然後稍安勿躁地開始跟個案進行疑難排解（troubleshoot）討論，了解是哪個環節需要疑難排解，是因為 (1) 沒想到要使用上次所討論出的因應策略？如果是，則要討論如何能讓個案想起來因應策略的提醒方法，例如貼便利貼、記在手機裡、回去聽錄音檔、設定鬧鐘、治療師定時定量快速溫馨電話或簡訊提醒……等；(2) 有想到要使用因應策略、但不會使用？如果是這樣，則需要加強對技巧的熟悉程度，建議治療師可在現場角色扮演技巧使用情境；(3) 有想到要使用、會使用但不使用，此時，治療師就需要討論可能原因，是個案治療動機仍需要增強、還是治療目標要重新修正設定、還是需要重新取得個案對治療投入的承諾。

(七) 反覆取得承諾及澄清治療目標

在 pre-treatment stage 會需要取得治療承諾及澄清治療目標，在後續治療過程中有可能不時都需要再三反覆地努力取得個案本人對於治療目標的設定。主要是要讓個案確定現在這個治療目標的設定是來自於自己，不是來自於治療師，治療師只是協助個案一起達成目標的，所以在設定目標部分，治療師是跟個案站在辯證的同一端，而不是個案的敵人，或是提出要求的辯證另一端權威角色。大家可能會問是哪些狀況下需要重新取得承諾呢？根據 Linehan 博士的說明，當個案 (1) 違反治療契約或威脅要違反（例如說他不要參加技巧訓練團體了）；(2) 在治療現場威脅要自傷自殺；(3) 提出不切實際的需求或對治療師有不切實際的期待；(4) 難以適切地應用治療中所學到的技巧（例如因為害怕治療師而在該打電話給治療師的時候不打）等。

在完成 pre-treatment stage 的過程中，治療師展現的是願意在治療架構下發展一起合作的治療關係，傳達了自己的專業性、可靠性及有效性。治療師在反覆應用這些原則的過程將能建立更加放鬆、對個案有興趣且專業的風範，也是能在讓個案有信賴信任的感覺下，具體建立治療同盟的方法。

三、每次個別治療進行流程

經過四次治療前評估及說明，春嬌進入了 DBT 治療。本週她一來臉色就怪怪的，治療師先詢問她目前心情狀態如何，並拿起日誌卡，看到並唸出上面寫到有自殺行為，因此開始對自殺行為先進行鏈鎖分析：

(一) 什麼是鏈鎖分析

鏈鎖分析或是行為治療中的行為分析，永遠是問題解決的第一步！不管是個案的自傷自殺行為、干擾治療行為、應用技巧失敗、失去自我控制時，第一步就是使用鏈鎖分析對個案問題發生背景、觸發事件、個案觀點信念想法、情緒及行動衝動、是什麼促使或阻止個案自傷自殺等狀況進行了解，才有機會應用 DBT 技巧協助個案解決問題，以確保下次同樣觸發事件發生時，個案可以有相關行為模式的改變出現，因此稱鏈鎖分析是 DBT 最重要和最困難的技巧也不為過，因為治療師需掌握問題行為鏈鎖分析的原則，且應用在個案千變萬化的危機中。

鏈鎖分析首先是要定義問題行為，處理的問題行為優先順位如前述，也就是：(1) 自傷自殺行為、(2) 自傷自殺意念、(3) 治療干擾行為（therapy-interfering behaviors, TIB）、(4) 干擾生活品質（quality of life, QOL）行為、(5) 缺乏良好適應的行為技巧、(6) 創傷後壓力疾患症狀、(7) 缺少自我尊重（self-respect）、(8) 無法達成自我實現目標。如果都沒有需要討論的問題行為了，則個案就可以自訂想討論的議題及內容。在定義問題行為的階

段，治療師要能協助個案具體描述其問題行為的頻率、發生時間、地點、強度及持續程度等整體行為樣貌。治療師要如何協助？就是從頭到尾都要大量應用同理認可技巧第一層次（V1）到第六層次（V6）！（本書第五章）包括能專注傾聽、言語眼神姿態傳達對個案描述的興趣（V1）；能重述摘要並澄清整理個案描述（V2）；能命名個案未能說明或傳達的情緒、想法、意念及行動衝動（V3）；能從個案過去歷史脈絡傳達對本次事件發生原因的理解（V4）；能從一般性、普同性傳達如果是治療師碰到同樣狀況的話，可能會有的類似情緒反應（V5）；在這樣的態度中傳達的是不帶評價且相互平等（我們同樣都是人，是人就會有類似的反應，我們是平等的一起來為相同的目標奮鬥的（V6））等。如果同樣順位的問題行為太多，則請個案選擇一個影響最嚴重且最需要討論的主題。

接下來的步驟，治療師要把問題行為上述發生的各種原因切成小塊小塊（或是一個個小鎖），例如，可以用發生時間先後順序來把大問題切分成不同步驟的小鎖問題；或用行為的開始、中間、結束等來切分。然後，每一個小鎖問題要就此小塊當時發生的情緒進行命名、請個案描述身體感受與反應、說明腦中信念、想法、圖像、有什麼樣過度的行動衝動、還有哪些環境觸發因子進行分析。要記得，每一小鎖都要根據這些層面分析，並在紙上或白板上寫下來。如果在治療室中也有問題行為，也是要如此分析。

最後，治療師要協助個案到下次治療前的這段時間，即便回到這些觸誘發事件的環境也需要能作出類似分析，以及能做出技巧替代行為的反應。治療師要能熟悉這樣的思考模式到直覺本能的反應程度，並遵循DBT 所建議的問題行為辨識分析順位及原則，過程中同時避免摻入評斷的態度。例如治療師要能覺察自己是否有「我聽起來別人沒問題，都是你自己的問題」等評價感受，有類似感受沒關係，覺察到，然後放下，繼續專心投入在鏈鎖分析的架構中，才是中性地從行為頻率、強度、持續影響等觀點分析問題，而不是主觀認定這些都是個案的問題。尤其個案常

常可能只會說，「我就是想自殺，沒有什麼觸發事件，我也沒什麼想法」時，更需要以中性的態度，先從個案第一次出現日誌卡上記載想自傷自殺的衝動的時間、地點等開始訪談了解，中性地邀請個案說明自殺衝動前的5W1H，who、what、when、how、why 及 where 開始，逐步建構鏈鎖。

其實當我們以這樣的中性態度邀請個案對其問題行為作具體 5W1H，及情緒、信念、行動衝動等相關描述，且治療師大量以此專業方式專注投入個案問題，本身就是對個案傳達了同理跟認可。在鏈鎖過程中，記得有機會就要正確繼續採取 V1〜V6，個案從中也能學習到較有效的因應問題模式，治療師絕對不會白做，個案真的能學習到具體描述其情緒及脆弱性因子等，而不是一味在你面前攻擊別的人或攻擊治療師。

治療師要能具體提問，例如「你當時身體感受到的反應是全身發熱、拳頭緊握、咬牙切齒嗎？」（當我們在做情緒辨識命名時可能需要這樣詢問）、「那種感覺持續了幾分鐘？」「是否能用 1〜100 的分數說明你當時的失望程度」、「能否描述一下在當下你腦中閃過什麼想法？」治療師要具體詢問同時邀請個案具體回答，切勿以自己的假設想法就快速跳過個案所提到的含糊不清的想法信念或情緒。另外，治療師也要思考並傳達認可個案的痛苦，缺乏對個案痛苦的肯定**接納**，將很難帶領個案進入辯證**改變**的那一端。

當大塊問題被切成小塊小塊（小鎖），且背後的情緒信念想法都被辨識出來後，就要去探尋，連結每一個小鎖之間的「鏈」。

(二) 自傷自殺行為處理策略

這一天春嬌跟男友 C 在一整天疲累的上班過後小小約會，晚飯後男友 C 送春嬌回家，原本男友 C 答應要陪伴春嬌到十點，卻在九點半臨時被正在加班的同事要些資料，得回家使用電腦而需要提前離開。春嬌聽到後覺得自己的重要性怎麼會比不上男友 C 的同事，原本男友約定好卻不信守承諾，男友這樣把自己放在這麼後面的順位，以後不就家裡發生什麼

事情，男友都要以工作爲優先，兩個人如何能在一起；而且春嬌小時候就常看到外遇的繼父藉口以處理公事爲由不回家，而媽媽只能默默掉淚、或把氣出在她跟弟弟身上……，看到男友 C 急忙在穿鞋，生氣之下衝到廚房拿起菜刀威脅要傷害自己……。

　　從上方的例子可以看到，本次春嬌會有自傷行爲的觸發事件是男友 C 被公司同事要資料而需要提前離開，脆弱性因子是已接近睡覺時間，雙方也都十分疲累。請看下方圖 7.2，第一個鎖是春嬌覺得自己的重要性被男友的同事比下去了；第二個鎖是男友不守承諾；第三個鎖是男友把自己放在後面順位；第四個鎖是怕未來男友不可靠；第五個鎖是想到過去成長中媽媽的傷心跟挫折；第六個鎖是對男友跟自己憤怒，也對於未來無力感到害怕。因此出現問題行爲：想死給男友看。類似的自殘行爲在過去造成的後果是，短期來講，男友可能會留下來；但長期來講，只會讓旁人更加害怕遠離，春嬌一直使用自傷傷人的方法，錯誤地不當增強原本適應不良的行爲。鏈結這些鎖的情緒鏈就是下方的憤怒、挫敗、失望及害怕等情緒，無法被適當調節，因此加重了問題行爲出現。DBT 治療師假設這些鎖之間都環環相扣，互相影響，例如春嬌除了眼前的危機之外，也會因回想到過去童年的經驗，還有對未來未知的恐懼，而更加焦慮到情緒失調。治療師若觀察到這些行爲模式，除了在白紙或白板上寫下鏈鎖之外，也要跟個案討論自己的假設，並詢問是否有其他補充想法，或利用過去的鏈鎖發現出個案可能一致的行爲模式，說明給個案聽。然後解釋接下來會利用圖上方各種學到的 DBT 技巧，希望能協助個案做行爲改變。

(三) 鏈鎖反應要搭配同理認可

　　治療師在有效做鏈鎖的過程中，記得要繼續認可眞實有效的部分，在這邊其實可以大量使用 V1～V5：V1 和 V2 是專注傾聽、重述摘要，屬於基本同理會談技巧。V3 是命名情緒跟未說出的想法：如圖 7.2 是下方

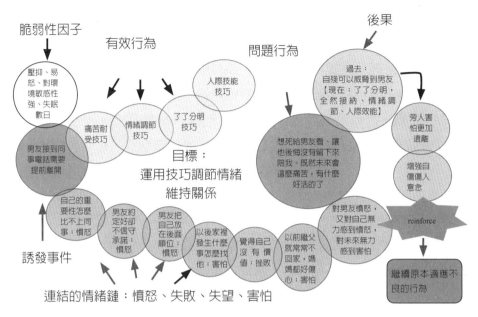

圖 7.2　春嬌與男友 C 爭吵後產生自傷意念的鏈鎖分析

的「鏈」，治療師可以只回應命名情緒。在聽到春嬌說到以前爸媽的事情就運用 V4 說：「妳從小就體認到繼父不回家、媽媽一個人很辛苦，難怪一聽到男友要離開就會有這麼挫折痛苦的反應啊！」有機會也可以再做 V5：「其實如果是我的話，我也會擔心以後如果先生都不在家，自己一個人要一打二，那種生活應該也是讓人感到心很累的吧！」搭配同理認可，DBT 中的鏈鎖分析不但可以協助完成問題行為分析，更可以展現辯證中治療師對個案的**接納（accept）**。

(四)做完搭配同理認可的鏈鎖反應之後，要做「改變」策略的 情緒調節

做完搭配同理**認可（辯證的接納端：accept）**的鏈鎖分析之後，接著就要跳到辯證的另一端：改變端（change）了。DBT 中的改變技巧包括

情緒調節及人際效能，但臨床的經驗是，就算在做改變方面的技巧，也要時不時搭配 accept 的同理認可、了了分明、跟痛苦耐受。就像前面在做鏈鎖分析時搭配同理認可一樣推進。以春嬌來說，這時候就可拿出辯證行為治療講義中的情緒調節部分，做情緒辨識。還有在做情緒辨識時，DBT治療師須著重邀請個案用語言描述其生理改變、身體感受、想表達的臉部、肢體跟語言，以及感受到的行動衝動，並且跟個案一起命名情緒、討論這樣的覺察有沒有漏掉什麼，這樣的過程同時也是在傳達對個案會情緒失調原因的理解（辯證的接納端：accept）。治療師若一開始不知道怎麼帶領個案描述對生理反應的體察，可跟個案一起翻到情緒調節講義 6 的地方，例如先詢問個案在聽到男友要離開到去廚房拿刀中間，是否有覺得肌肉緊繃、咬牙切齒、淚流不止、想打人、感覺快爆炸了等，以及是否會有想要丟東西、抱怨、悶悶不樂、想打人、想讓對方後悔；如果有，則可以詢問個案是否同意把此時的情緒命名為「憤怒」？如果個案同意是憤怒的情緒，我就會提到：「好的，現在我們針對憤怒的情緒來做情緒調節。」然後翻到情緒調節講義：相反行動與問題解決。

　　首先詢問個案跟治療師本身，這次這個憤怒的情緒是否符合事實？關於核對事實章節後面會再提到（情緒調節章節），但我最常做的是使用V5，當詢問憤怒的情緒是否符合事實時，我會說：「說實在的，今天如果是我，男朋友突然不遵守承諾然後要離開，加上小時候常常看到媽媽一個人，繼父都不在家，我也會擔心以後自己要一打二要怎麼辦哪！所以我個人認為，妳的憤怒的情緒是符合事實的。」

　　這個就是典型的只認可「真實有效」的部分，治療師沒有同意個案自殘，但是對於她的憤怒傳達了高層次（V5）的同理理解，個案可能會暫停一下，因為一直以來只要自己想自殘，旁邊的人都是說不行不行不可以，怎麼治療師會說，他自己也會覺得憤怒呢？個案會覺得被支持到，但治療師知道自己不是支持肯定自殘，而是支持個案命名出憤怒的情緒，並且傳達出這樣的情緒是可理解的訊息。

　　接下來，如果憤怒的情緒是符合事實的，就走情緒調節講義 9 的「是」這條路：符合事實。然後治療師接著問：「對妳的目標而言，採取符合情緒的行動是有效的嗎？」這邊有幾個部分要說明：(1) 先跟個案說明妳本來想採取的行動是「死給男友看」，然後去自殘；(2) 那所謂符合情緒的行動要「有效」的，就是採取了這個行動之後，是否能夠過一個「值得活的人生」？(3) 那什麼是「值得活的人生」呢？既然是要活，那妳要死給男友看，怎麼會是能過一個「值得活的人生」呢？也就是到這邊才來展現自己前面都同意，如果是治療師本人，遇到這種狀況也會非常憤怒，也會緊握拳頭、肌肉緊繃。但是如果要過一個值得活的人生，採取自殘的行動其實無法有效地「達到『過一個值得活的人生』這個目標」。治療師也會跟個案說：「其實妳都想到未來跟男友的生活，可見妳是很想活下去，好好跟男友過一個『值得活的人生』的啊，但一旦自殘不僅妳生命可能消失，如果弄個殘廢斷手筋，這樣以後要處理家務更痛苦，其實對於要過一個值得活的人生是更加背道而馳的啊！（停一下）所以我建議，這時候我們應該要考慮『否』這條路，就是選擇不採取符合行動衝動的行動，考慮相反的行動。」

　　然後我會翻到情緒調節講義 13（我暱稱為九宮格），憤怒的相反行動就是：(1) 溫和地避開；(2) 暫停、暫時離開；(3) 寬以待人；(4) 想像妳可以同理和理解對方：以對方的立場來想事情；(5) 為所發生的事想出一些好理由。以春嬌的例子來說，我會請她下次如果遇到同樣的狀況，請先離開現場，因為越看到男友可能會越生氣，所以先離開客廳，然後希望春嬌自己能做到相反行動，寬以待男友，想像如果是春嬌自己，同事在公司加班到這麼晚，可能都還沒吃飯，自己今天已經有約會了，如今同事需要一點資料，自己稍微幫點忙，其實未來在公司人際關係才不會被破壞，或許男友也是有這樣的立場跟原因，也許這樣可稍微降低想自殘的衝動。如果還是一直生氣，也可以建議個案拿出講義來做痛苦耐受跟了了分明智慧心，其實在前面想是否有效時已經有派出智慧心了，但現在仍可以做。治

療師在治療室也可以現場提出練習任何個案能想到的痛苦耐受跟了了分明，會繼續重複情緒調節，例如，一旦自殘衝動降低，春嬌可能會說，現在我比較想解決問題了，這樣就可以走到：對當下的情緒了了分明以及情緒調節講義的問題解決（一定要先定義要解決的問題是什麼：(1) 現在男友要走，所以我很不高興；還是 (2) 男友要走，我要如何能調節情緒；或 (3) 男友要走，我要如何跟他談條件叫他補償我）。

(五)那我可以應用 DBT 的另一個改變策略：人際效能嗎？

進入到這邊，其實也可以考慮使用 DBT 的另一個很重要的改變策略，也就是「人際效能」（詳細情形可以看第十一章人際效能章節）。通常我會先肯定個案，能夠做到情緒調節就已經超棒的，回去可以先照這樣方式練習，有練習要寫作業，如果本週有試著做做看但不成功都沒關係，我們下週治療時間都可以再討論。

如果此時個案已經在團體上過人際效能了（通常是個別治療大概開始兩個月後），則可以鼓勵除了情緒調節、了了分明及痛苦耐受外，可以試試人際效能策略。要怎麼開始呢？記得要先澄清個案自己在人際情境中的目標，也就是本次互動結束之後，是希望能從別人那邊得到自己想要的？（目標效能：DEAR MAN），還是希望能維持及改善關係（關係效能，GIVE），還是想要維持或增進自我尊重（自我尊重效能，FAST），邀請個案排出優先順序，排出後，依所選擇的順位開始在看過人際效能講義 5～7 之後，填寫人際效能作業單 4、5 的腳本，直接寫下要跟男友說的話，還有要怎麼說才能符合人際效能。填寫完成之後，繼續邀請個案應用人際效能作業單 6 的存錢遊戲單，視結果決定想採取要求或拒絕的強度。在選擇過程之後，歡迎並鼓勵治療師，與個案就前述所寫下的腳本及要求或拒絕的強度，直接角色扮演。要記得，治療室幾乎是個案唯一可以練習技巧的正向環境了。治療師對與目標一致的真實有效行為給與正向增強，以校正性學習的方式非常重要，也就是一定要先肯定個案做得對、

做得好、做得呱呱叫的行為，讓個案有信心知道自己的正向行為有被發現、也能被肯定（又是一個 accept），然後治療師可以說：「你已經做得很好了！DBT 裡面說，好，永遠都還可以更好，所以我們來看看，還有哪些小地方我們可以修正看看能夠更好！」再建議有哪些地方小小修正（change）。記得，治療師在 accept 之後說的話，不要太快就有「但是」、「可是」等打臉用詞，也會使得接納不真誠。要持續傳達接納肯定認可（退），然後才能傳達要怎麼做改變（進）。

總之，DBT 治療師就是在進退之間，不斷自我練習能彈性轉換姿態方向、要能伺機而動、要能肯定認可、要能投其所好、卻要是真實有效與目標一致的方向，也要能因勢利導。

(六) 做完 Change 策略的情緒調節跟人際效能之後呢？

其實 DBT 治療過程除了認可與改變的轉換、進退之間的拿捏、不要固著於任何一端的辯證之外，也是一個發散跟聚斂的過程。在每次的個別治療中，我們 (1) 從日誌卡開始；(2) 針對高優先順位的問題行為進行鏈鎖分析，分析完之後進行；(3) 該採取那些問題解決技巧的建議，不管是情緒調節、人際效能或是了了分明跟痛苦耐受技巧，過程中不斷要能認可與治療目標一致的真實有效的部分，才能讓個案覺得你跟他站在同一邊。那做完這些建議跟討論後呢？前面的過程比較像是發散，做到這邊大概一個 50 分鐘的治療也只剩下大約 5～10 分鐘了，這時就需要做一個聚斂的動作了。邊緣性人格個案常在每次接近該療程結束時可能會有一些失落、憤怒、空虛或孤單的負向情緒，尤其在治療初期較明顯，因此治療師可以傳達給個案「會有這樣的情緒是可以理解的」（認可 V1～V5），而治療師也願意把這件事視為一個重要的議題提前處理。我會建議，如果觀察到個案可能對於單次療程結束有負向情緒，則治療師對於準備進入單次療程結尾的時間要提早一點，因為處理方式中需要採取的步驟滿多的，至於要提早多久，其實可以當作一個重要議題跟個案直接討論所需要做結尾的時間。

建議單次療程結尾時該採取的步驟，包括 (1) 摘要回顧本次療程重點，包括本次談到的問題行為，以及對於問題行為的分析及建議；(2) 取得個案願意練習相關問題解決技巧當作回家作業的承諾，也要取得個案願意繼續參加團體治療以及完成團體的回家作業的承諾；如果個案不願意再參加，則要視為干擾治療行為（therapy interfering behaviors, TIB）議題處理；(3) 為了提醒個案練習本次提到的問題解決技巧，建議可以請個案回去聽本次治療錄音。可以在療程一開始就約定由治療師錄音分享給個案，或個案自己錄音回去聽；(4) 治療師要理解個案可能對於上述練習的困難，以及在生活中仍然持續要面對的痛苦，扮演啦啦隊，鼓勵並傳達經過本次療程中個案專心的參與及寫作業，雖然離開治療室到下次進來之前的生活仍舊充滿壓力挫折，但相信個案漸漸開始有這個能力可以一件一件事情處理。可以試著跟個案說，「在本次的療程中你參與討論了相關『小鎖』、發現了連結的『鏈』，辨識了情緒，討論了情緒是否符合事實、想採取的行動衝動是否有效，決定了要採取相反行動或問題解決，或是推進到了人際效能目標、腳本及角色扮演，這些都是你投入的心血，真是太棒了！所以這次療程結束並不是你變孤單了，而時可以有機會帶著慢慢變強的自己，回到自己的生活中，嘗試使用新學習到的技巧來有不同的因應面對跟處理。反正如果這樣的練習有任何的問題，下週我們會在同一時間同一地點一起再來討論修正；(5) 講完這部分，建議仍要邀請個案思考，今天討論的內容在他生活中實際執行上可能會遇到的困難，也就是先對個案可能遇到的困難提前進行疑難排解；(6) 如果個案連對於目前結尾步驟也有困難的話，也要進行疑難排解；(7) Linehan 博士也有建議治療師，可以跟個案一同發展一個結尾的儀式，或至少陪伴個案走到門口，向個案傳達下週很快就會再見面了。臨床實例曾有治療師發現個案在每次治療結束後就解離了，治療師假設是因為情緒太強烈難以承受要結束該次治療的現實。經過跟個案討論後，除了上述治療收尾方式之外，也建立了一個個案喜歡的女籃擊掌（high-five）儀式，個案解離的情形漸漸下降到最終消失。

四、如何處理干擾治療行為

　　什麼是干擾治療行為（TIB）？Linehan 博士提到主要有三種情形：(1) 干擾到接受治療的行為，例如不專心、不合作或不遵守治療準則；(2) 個案與個案之間的干擾治療行為；(3) 使治療師感到耗竭的行為，例如不遵守治療師所設下的界線而威脅要傷害治療師，或其他足以降低治療師治療動機的行為。對於 TIB 的處理最主要的原則，是將此視為一個問題行為，定義出該解決的問題，並假設個案也有動機一起來解決這個屬於他的問題，並不是說這是因為個案的個性或道德上的汙點而產生的問題，只是單純把這件事視為生活中遇到的、該解決的問題，繼而採用問題解決的方法來面對並解決它。

　　首先需要做的是 (1) **定義問題行為**：舉凡遲到、不到、不做技巧或早退等都是屬於 TIB 的問題行為，要記得，DBT 是以行為學派為本的治療方式，所以要能清楚定義行為治療相關細節，包括行為出現的頻率、時間、原因、強度及誘發因子等。然後針對問題做 (2) **鏈鎖分析**：不用一開始就使用 why 這種「為什麼」問句，因為會太過侵入性，也難取得個案的合作，必須像鏈鎖分析那樣，先探詢可能的誘發事件以及脆弱性因子，此問題行為師可以根據過去對個案的了解及曾經蒐集到的資訊來建立假設，並與個案核對假設是否符合其狀況，每個人的原因可能都不同，有可能是個案不覺得治療會有用，有的可能是個案的憂鬱或焦慮使他覺得不敢面對治療師而不敢來；也有可能個案剛搬家，距離太遙遠或是不熟悉交通方式而不想出來；或是個案家人不同意其再接受治療等。治療師可以有相關的假設，但記得一定要跟個案核對是否有理解到其實際原因。

　　接著就是 (3) 針對問題行為在腦力激盪後的解決方案中，**採取一個問題解決方案**：但前提是要先邀請個案同意，與治療師一起參與設定一個可以減少干擾治療行為的方案，這個方案的重點在於增強個案改變的動機，改變行為及其產生的後果，教導個案達成行為改變所需的技巧，減少壓抑

的情緒，改變信念及期待，或改變環境相關因子。(4) 個案如果拒絕改善干擾治療行為，**治療師要**對此**有所反應**：有時候邊緣性人格的個案就是會反抗一切加諸於身上的任何要求，個案可能拒絕過來療程，來了也拒絕做角色扮演或拒絕寫作業，卻一再要求治療師須負起病情改善的責任，不是他自己要負責。在這樣狀況下，治療師需要跟個案再次討論個案對治療想達成的目標，並提醒最開始個案對參與治療的承諾，如前所述，治療目標跟承諾有可能不只討論一次，治療師有可能需要不斷再三討論，以及得要有效打贏這場 TIB 戰爭的心理準備。如果個案最後真的拒絕改變，則有可能雙方要討論一個治療的假期，或轉給別的治療師。這類的討論重點在於，要仔細對每個方案做優缺點分析，不管是暫時從治療離開（治療的假期），或換治療師，或提早結束治療，這些都是個案經過與治療師討論，並思考相關優缺點後自己的選擇，不是治療師的選擇。治療師的角色及要傳達的訊息是，「我其實很關心你、想跟你繼續一起治療，我願意且希望跟你一起看能否解決你目前碰到的問題。」類似這樣的選擇只有在個案拒絕再投入時間精力解決目前的問題，而且治療師已盡其所能地與個案及諮商團隊討論過各種其他的方案，而個案仍不願意投入改變時，才能提出。

個案如果一直打電話給治療師也有可能是一種干擾治療行為。DBT對於電話使用的策略是，(1) a. 自殺行為已發生的 24 小時內治療師不會接電話；b. 如果個案在非預期時間打來，治療師在電話中主要是扮演教練角色，應用危機生存策略或其他技巧解決問題；c.「一直打電話給治療師」的行為會在下次的個別治療中列為 TIB 討論。(2) 如果類似情形一直出現，治療師可以考慮與個案討論定期定量的技巧訓練電話，由治療師採取主動約定，且言出必行說到做到，以免個案以為要有自殺行為，治療師才會願意接電話或付出關心（其實這策略很有趣也很辯證，當治療師被個案一再自殺危機打來的電話感到無力耗竭時，反被動為主動，跳到辯證的另一邊，積極扮演治療師角色，主動出擊）。(3) 要注意電話危機處理的架構，如時間、內容、關心、溫暖程度，可能會需要與個別治療區別，也就是在

個別治療中要加強溫暖、加長時間、增加關心，讓個案學到個別治療才是主線，定時定量電話危機處理雖然好像很方便，但不能取代每週面對面的個別治療。

五、如何結束治療

Linehan 博士提到，從治療一開始就要為治療結束做準備，治療師自己要準備，也要為個案做好準備，因為如果這段治療關係是一個強烈而正向又密切接觸的治療關係，可想而知對個案而言，要結束關係是非常困難的，尤其 DBT 並不建議關係的破裂，比較建議的是對個案而言，這位治療師的身分轉為前任治療師，也就是個案回想起來，仍然能正面推崇這段強烈的正向依附過程，就好像學生畢業後仍能珍惜過去身為學生的時光；或小孩長大成人，也能正面回顧這段成長歷程一樣，成功的治療結束需要個案發揮所學到的人際效能技巧，同時要能把其他所學到的技巧應用在與治療師的非治療性情境中，必須做到的項目：

1. 要在第一次治療時就說明這是為期一年的治療，而治療師會在治療的最後三分之一慢慢開始邁向治療結束的程序。

2. 治療師在邁向結束治療的程序時，能以治療中個案的改變及進步，不斷增強個案實際上具備自我獨立的能力，且個案也較能與旁人建立具有建設性的關係，例如能以言語說明情緒、使用技巧、能信任他人也能認可自己。就辯證觀點而言，治療師除了肯定個案具備自我獨立的能力，也可說明另一端，就是個案其實也能以建設性技巧來健康依賴其他人。

3. 在治療師說明已經接近治療的最後三分之一時，要能使用問題解決技巧來疑難排解（troubleshoot）個案對於治療結束的情緒、擔憂、恐懼、憤怒及其他未明說的信念、想法、行為等。

4. 如有必要，治療師可與個案設定在治療結束後，雙方要以什麼原因、內容、頻率及間隔等方式進行後續接觸，建議是以非治療性前治療師

角色出現在彼此生活中。

　　5. 治療師可以和個案討論未來需要再度開始治療的可能條件，例如是只要短暫提醒複習技巧即可，還是偶而需要一個加強版的協助個案看看其自己獨立使用問題解決、情緒調節、或是人際效能技巧的能力，是否需要再被提醒加強等。

　　6. 如果個案在 DBT 治療結束後，仍需要轉到另一位治療師那邊繼續治療，則 DBT 治療師需協助轉介過程，並陪伴個案到新治療開始。

重點提示

1. 治療前準備及設定治療目標、治療契約、取得承諾。
2. 日誌卡：優先處理順序：自傷自殺行為、自傷自殺意念、干擾治療行為、干擾生活品質行為。
3. 鏈鎖分析。
4. 同理認可與改變策略並重。
5. 一定要在治療室裡做到讓個案現場練習應用改變策略的相關技巧。

參考文獻

Linehan, M. M. (1993). *Cognitive-behavioral treatment of borderline personality disorder*. Guilford Press.

第八章
辯證行為治療諮詢團隊

林穎

　　本章討論的是 DBT 的諮詢團隊（consultation team），包括團隊如何運作，與一些臨床上常見的狀況。在我們面對高危險的個案時，需要有督導及支持的機制，在 DBT 中，是以團隊的模式來進行。每一位 DBT 治療師與團體帶領者，共同組成這個團隊，每週進行一次會議，固定參與討論。在這個討論中，檢視行為是不是符合 DBT 架構。

　　這樣做的理由之一是由於在處理情緒強烈的自殺個案時，治療者可能會容易感到挫折及耗竭（burnout）。治療師的個人議題或情緒困擾，也容易對治療造成影響。另一方面，邊緣性人格的個案，常會增強治療師從事無效或干擾治療的行為，往往，隨著治療的進行，偏離了 DBT 的治療方式，而治療師卻沒有察覺。所以，團隊成員需要彼此支持，確保在這樣的狀況下，治療師仍符合 DBT 的精神與架構，同時，治療師做出符合 DBT 的行為亦需要彼此增強，讓大家更有動機與個案維持有效的治療關係。

　　DBT 是一個包套的治療（packaged treatment），治療師團隊的諮詢與督導，是整合在 DBT 中的，並不是額外幫助的角色。亦即是說，如果要實行 DBT，每位治療師都要固定面對自己的諮詢團隊，連 Linehan 博士也不例外，身為創始者的她，療程都在諮詢團隊裡接受所有成員的督導，資淺人員對她提供意見，看看是否符合 DBT。當她碰到病患的困難，也會求助團隊，改善自己處理病患的狀況並減少耗竭。在這樣的情形之下，並不會因為某一個成員是較資深者或是專家，就假設其在團隊裡是全知或較

有能力的角色。由於處遇邊緣性人格與自殺自傷是相當困難的過程，單純以專家權威爲基礎的傳統臨床督導方式，在討論困難個案時，常常流於各自分析個案，而非提供治療師所需之幫助，所以 DBT 並不採用傳統個案討論的模式。

在 DBT 的架構中，團隊督導的重心是在治療師而非個案，討論的重點是幫助治療師，提升個別治療師的動機，增進每一位個別治療師的能力，來進行高品質的 DBT，大家幫助彼此更有效率地進行治療。當治療師把問題帶進團隊討論時，其他團隊成員提供認可（validation），且以 DBT 的方式進行問題解決（problem-solving）。

一、諮詢團隊的目標功能

如前所述，DBT 諮詢團隊有兩個最重要的目標，分別是 (1) 維持每個治療師的動機，及 (2) 確保每個人能具有與個案進行有效、高品質之 DBT 所需要的能力。這兩個目標，在諮詢團隊中要同時顧及，以下分別就這兩者解釋：

(一) 維持治療師的動機

首先，治療師諮詢團隊應該是個別治療師的一個安全基地，一個溫馨而舒適的地方，需要每個人同心協力創造一個非批判性的環境，可以進行問題解決。也鼓勵每個治療師自我揭露，釐清問題。團隊成員都同意 DBT 的治療假設，理念相同，關心彼此。也彼此觀察是否有耗竭的情形。若有成員接近耗竭，則團隊應幫助治療師在個人的界線與個案的需求間取得平衡。討論的氣氛可以輕鬆，不妨在團隊會議中加入一些幽默與有趣的元素，可以彼此增強獎勵。這樣的氣氛，在個別治療師遇到困境時也可以協助幫助個別治療師的情緒穩定下來。

在治療師治療困難個案時，常會見樹不見林，看不到個案的改善部

分。這時，技巧團體的帶領者及其他成員，亦可以給予打氣（cheerleading），幫忙回饋個案在團體中做得好的技巧，找出個案的進步及微小改善的部分，增強治療師有效的行為，並鼓勵治療師「從檸檬搾出檸檬水」，從問題中發現機會。成員努力看見其他治療師的狀況，並給予認可，是讓治療能夠持續的一個重要部分。

(二) 具有與個案進行有效 DBT 所需要的能力

當治療師提出需諮詢的個案問題時，可以用 DBT 的理論去理解個案，然後可以看看治療師是否有技巧的缺乏，或是需要幫忙治療架構或策略。治療師在治療中所需的技巧，還有治療架構與策略，都可以在諮詢團隊會議中提出以供學習。當治療師行為不符合 DBT，則需要在團隊中辨認出來。在團隊中可以進行增進技巧的學習，角色扮演練習，團隊成員也可以推薦需要的資源，比如書籍、影片或以證據為基礎的研究期刊文獻等，給遇到問題的治療師。若治療遇到較大阻礙，大家也可以一起聽個別治療的錄音檔，看是否遵從 DBT 原則，回饋所需要的策略和技巧。所有成員也可以安排對某些主題的 DBT 閱讀或學習，以深化大家對 DBT 的了解。

以上兩個目標，有助於個別治療師能夠進行符合 DBT 的治療方式。在諮詢會議的過程中，團隊為個案與其個別治療者之間的辯證張力提供平衡，減少權力不均。諮詢團隊是 3 人以上的團隊，通常有 2 個成員有相反意見時，其他成員有助於發現辯證張力，鼓勵雙方意見的綜合。在一次又一次的會議中，大家也同時彼此學習如何應用 DBT，慢慢的，團隊成員學會如何以 DBT 的語言來說話，沒有絕對的對錯，順著辯證的哲學，使治療不斷向前發展。因此，在這樣的團隊合作之下，所有的病人，不只是一個治療師的病人，更是整個團隊的病人。在治療慢性自殺且情緒波動劇烈的個案，治療師的步調也會被帶走並失去平衡，在這裡，一定要藉著團隊的力量，才能提供足夠的辯證平衡。換句話說，治療師與個案進行 DBT，團隊同時也對治療師進行 DBT（圖 8.1）。

個案　　　　　　　　個別治療師　　　　　　　諮詢團隊

在治療中辯證平衡　　　　　以諮詢團隊維持
　　　　　　　　　　　　　治療辯證平衡

圖 8.1　諮詢團隊與治療師和個案的關係；在個案與治療師間的互動中，提供辯證平衡

二、諮詢團隊的形式

開會的頻率通常是每週，也可能是每兩週一次，時間也可視需要，可以是一個小時或更多。在馬偕的團隊中，治療師諮詢團隊會議是每週一次，時間控制在一小時，所有團隊中的個別及團體治療師皆需要參加。大家輪流擔任諮詢會議領導者、觀察員及紀錄者。每個人都有機會輪到不同的任務。

會議有固定的流程（表 8.1）。會議領導者一開始會帶一個約莫五分鐘的了了分明練習。在 DBT 治療中，了了分明是很重要的部分，這技巧不只是個案要練習，治療者也需要有練習的經驗。可以從辯證行為治療的技巧手冊中挑選活動來進行（比如說觀察呼吸，或了了分明「參與」的活動練習），也可以自己創作新的了了分明活動，亦可以與臨床相關（一個例子是，可以請成員問問智慧心「今天在團隊我要提出什麼問題？」，或是「我在治療個案上遇到了什麼困難？」）

通常在了了分明練習活動前，會議領導者會說一個與本次練習相關的生活小故事（以凝聚注意力以及讓大家對接下來的練習有期待及關注），並說明若過程中有評價，則需放下評價，再回到了了分明的活動上。了了分明活動結束後，可以請成員們提供回饋。主要是擺在如何修正可以更好，但也可以進行簡短歷程經驗分享，在諮詢會議帶過的活動，實際上也可以在個案團體中使用。了了分明的活動讓大家的注意力回到團隊，集中

在當下，讓過程更有效率，準備提出各自的討論。

表 8.1　會議的結構

團隊指派了：
一名團隊會議領導者
一名觀察員
一名紀錄者
領導者帶領了了分明練習
領導者閱讀一條諮詢會議的協議
紀錄者閱讀上週之紀錄
領導者辨認出一組治療師與個案做討論
領導者確認有沒有人不在縣市內
有治療師提出要離開縣市的計畫
團隊對任何要離開縣市的成員團隊辨認出一個後備／援護計畫
沒有人提出要離開縣市的計畫
領導者要求更新緊急聯絡資料

領導者確認是否任何人的個案有：
威脅生命的行為（包括立即的自殺危險）
干擾治療的行為（包括接近四次沒到）
嚴重干擾生活品質的行為

領導者確認是否任何治療者正從事：
非倫理的、嚴重不負責任或干擾學習的行為
干擾團隊的行為
干擾治療的行為

領導者確認是否任何治療師接近耗竭（burnout）

會議結束時，領導者鳴鈴結束

　　接下來，領導者會選擇一個 DBT 諮詢團隊的協議，在會議中朗讀，並尋求成員對此點協議的同意。DBT 諮詢團隊的協議如下：

DBT 諮詢團隊的協議

① 辯證協議：我們同意接受辯證哲學：沒有絕對的眞理。當陷在兩個衝突意見之間時，我們同意尋找兩邊立場的眞實，尋找一個綜合，問問題如「還有什麼沒考慮到？」

② 求諸病人的協議：我們同意這個團體的主要目標是增進我們的 DBT 治療技術，不是作爲病人與彼此成員間的橋梁。我們同意不要對待病人或彼此像不堪一擊。我們同意，以別人可以代表自己發言的信念，來對待其他成員。

③ 一致性協議：因爲改變是自然的生活事件，我們同意當逆境與變化自然出現時，接受它們。這意謂著，我們不需要同意彼此對如何反應特定病人的立場，也不需要修改我們的行爲以與別人一致。

④ 觀察界線的協議：我們同意觀察自己的界線。身爲治療師與團體的成員，我們同意不因爲其他人界線與我們不同，而判斷或批評其他成員（如太寬，太嚴或剛好）。

⑤ 現象學同理心協議：當所有事情相等，我們同意在解釋病人、我們或其他成員的行爲上，尋找非偏頗或是現象學同理的解釋。我們同意假設，我們與我們的病人正在盡全力，且想要改善，我們同意去努力透過病人的眼睛去看世界，也透過彼此的眼睛看世界。我們同意對於我們的病人與彼此，採行非判斷性的立場。

⑥ 可以失敗的協議：我們事先同意每個人都可能失敗且會犯錯。我們同意我們可能做了、或做了部分別人所責難的行爲，所以我們可以放下想證實自己品德、能力的防衛立場。因爲我們可能失敗，我們同意我們不能避免地會違反上述這些協議，當這發生時，我們透過彼此指出這些極端，並往綜合的方向前進。

若有新成員（受訓的成員或新治療師）加入，則新成員必須了解這些協議的意思與承諾遵守這些協議，也要檢視看看新成員的信念、治療哲學

與價值觀跟這些協議是否相符。在大家每一次重新提醒這些協議時，也重新建立起基本的共同約定，幫助大家留在 DBT 的架構中。

這六項協議中：

1. 辯證協議幫助 DBT 的督導諮詢順利進行。如同本章開頭所述，DBT 並不假設最資深的治療師說的是對的，連創始者 Linehan 博士本人，都要接受較資淺團隊的諮詢。辯證哲學讓治療師們不會在治療中硬要分出對錯，而是想出更多符合 DBT 的方法。

2. 求諸病人的協議，讓治療師能夠好好對待個案（病人）及彼此，讓個案（病人）學習適當的技能與其他治療師溝通，並可以代表自己說話。在 DBT 中，雖然團隊會一起討論治療計畫，但我們不會在會議中傳達個案要我們傳達的話，治療師會反而鼓勵個案自己跟其他治療師溝通。

3. 一致性協議中，我們同意接受逆境與變化的自然出現，所以我們了解到在辯證中沒什麼是永遠不變的，唯一不變的就是一直在改變，所以改變是自然的，有正就有反、有進就有退，這讓我們更為靈活。

4. 觀察界線的協議提醒我們每個人可以有不同的界線，也提醒我們覺察自己的界線。

5. 現象同理心協議，這協議幫助大家以中性不評價的立場對其他治療師及病人進行了解與探索，而不是採取價值判斷的立場。培養開放不責怪的態度是很重要的，確保我們對待病人，跟對待其他治療師，能以平等的立場互相溝通。

6. 可以失敗的協議中，我們事先同意每個人都可能犯錯，大家需要彼此來點出極端的狀況，而往一個中庸綜合的方向前進。這些協議目的是讓大家更有動機來不斷改善，讓治療不斷進展，不要陷入對錯判斷與評價之中。

領導者唸完協議並請大家同意後，我們會閱讀上週的記錄，找尋有沒有需追蹤討論的事項。可以邀請成員提出需討論的個案，決定討論的順序。有些議題比如個案威脅生命的行為、治療師的高度情緒困擾、時

間上較緊急的事項等，會排在較前面的優先順序。所以領導者可以在一開始確認是否任何人的個案有威脅生命的行為（包括立即的自殺危險）、干擾治療的行為（包括接近四次沒到，在 DBT 中，連續四次個別治療或連續四次團體治療沒到，即退出治療），或是干擾生活品質的行為。也觀察確認是否有任何治療師遇到困難或接近耗竭。大家決定每個成員的討論順序時，個別治療師依序可以提出自己的個案狀況，為了進行高品質的 DBT，有限時間內，治療師盡量清楚表達問題跟需求。舉幾個例子，比如治療師可以說：「我對我的病人很生氣，請團隊幫助我處理這樣的狀況」、「我需要更清楚的個案概念化」、「目前治療沒有進展，我在我的治療計畫上需要一些想法」，甚至可以說「我想要大家聽聽看這禮拜的成功經驗，如果之後我在治療中又感覺無助的時候，你們可以提醒我曾有這樣的成功經驗。」把所有要討論的議題列出來後，團隊再決定討論的先後順序，並注意時間。

另一方面，在諮詢會議中，技巧訓練團體（skill training group）的帶領者也要有機會可以告知個別治療師目前教到哪些技巧，或提出個案技巧訓練的困難。個別治療師也可以告知技巧訓練團體的領導者，個案在技巧上的難處或強項、弱項。技巧訓練團體帶領者與個別治療師可以交換資訊，討論各自的處遇計畫。當然，依辯證哲學，每個人的處遇計畫不一定要完全一致，可以有不同的作法，但如果有相反的意見，則團隊可以幫忙尋求一個整合。此外，由於增進彼此 DBT 的能力也是重要的目標，可以視情況在會議中安排學習或複習 DBT 的機會，以發展維持符合 DBT 的治療哲學。

若團隊中，有人要離開目前所在縣市，則要跟其他成員交班個案狀況。並且討論個案的緊急聯絡計畫。若個別治療師有干擾治療的行為（treatment-interfering behaviors），也可提出進行討論。

會議結束後，紀錄者會將會議紀錄發給團隊成員確認，通常擔任完記錄的工作後，接下來就會輪到會議領導者的工作。紀錄的內容包括在治療

師與個案間之討論，與被提出的問題、給予的建議、哪些議題因時間未討論，還有下次開會追蹤的內容。在下次開會之前寄給大家。變換之原則為當次記錄變為下一次團體領導者，觀察員變為紀錄者，再遞補一位觀察員。也可以用其他的方式變換，比如說連續做兩次記錄後再換其他成員。

三、針對個案的討論

　　團隊諮詢會議中，團隊協助釐清問題，並評估治療師的動機與需要的技巧。討論焦點主要會放在治療師的行為，多過於個案的臨床議題。在團隊中彼此溝通問題時，也要記得使用 DBT 的技巧，比如不評斷、描述及DEARMAN 或其他人際效能的技巧。一般來說，會議中聆聽其他治療師問題時，我們可以思考「這個人的目標是什麼？有什麼阻礙？有什麼做得好的地方？動機足夠嗎？我們可以做什麼來幫忙這個治療師？」可以進行行為鏈鎖分析，把治療師的行為標示出來、當作目標處理及解決問題。也要不停運用認可及辯證策略。

　　團隊首先要協助治療師確認問題：有時治療師一開始提出問題，使用的詞語可能比較不清楚，比如「我的個案很焦慮」，在討論中可以釐清，要把它改變成在何時何地，有怎樣焦慮的症狀。再來定義問題行為。治療師在提出問題時跟團隊的回應，盡量明確且避免冗長的描述。會議可以用一種輕鬆的方式進行。當兩位成員意見不同時，並不以「對」、「錯」或以臨床經驗的豐富與否來比較兩者，而是以認可雙方意見的方式，尋找所有的看法。簡言之，對臨床或有關議題，若有一個強力的立場被表達，而團隊的某人，提出相反的立場時，團隊標示出來這樣的辯證張力，一起努力達成綜合，互動方式包含著接受（認可）與改變（解決問題）的方式。所以，過程當中，提出問題的治療師定義清楚治療中所需的任務。團隊增強他的動機，找到所需的技巧，也提供治療師暴露接觸自己的情緒。以下有一個干擾治療的行為的例子：

　　志明已經連續兩次約好會談，之後又爽約。連續兩次都改約了其他時段，由於會談時間都比原本預計來得長，治療師覺得自己有些累。志明告訴治療師說自己太忙、態度又顯得輕挑不在乎，治療師本身也產生情緒，對志明有點生氣。

　　不同的團隊成員給了幾個建議：可作行為分析，分析爽約、改時間的部分，分析缺席的後果。並做後效管理，不能改時間仍然盡量給其很多時間又談個案想談的。提醒可寫下治療目標與優先順序，干擾治療的行為應先消除。不急著在一次治療解決所有目標，慢慢往好的方向前進即可。其他成員並提供一些可使用的方式，去感受並處理對個案的生氣，志明表現得輕浮可能只是缺乏好好表達情緒的技巧，治療師可以技巧性處理自己的憤怒，不要因憤怒產生評斷，才可以不評斷地進行行為分析。並且治療師發現憤怒只是次級情緒（secondary emotion），在憤怒情緒的背後其實是對個案的擔心。

　　在下一次的治療時段中，治療師表達了對志明的擔心，集中在志明干擾治療的行為（會談爽約）。結果發現志明是因為朋友找他聊天，不知道如何拒絕朋友的邀請，所以沒有辦法結束與朋友間談話，造成個別治療的爽約。於是，在下一次的諮詢團隊會議，成員們建議治療師可以邀請個案做角色預演，練習如何拒絕朋友要繼續聊天的請求。甚至還簡短的請治療師扮演個案，由其他成員扮演治療師，對治療時的行為預演情境做練習。最後，領導者問治療師是否還需要幫助，治療師說這樣可以，覺得更有信心了，成員們於是肯定治療師的表現，大大讚美了治療師。

　　由上面的例子我們可以發現，個案行為是問題；治療師行為也是問題，這些行為都可以進行問題解決。評估時，可以看問題行為是否得到了增強（不論是正增強還是負增強，在這個例子中，個案改時間反而得到更多治療師的關注），也可以找到我們想要達到的行為是否有嫌惡後果（比如治療師把自己行程排得太滿，在原本的治療時間會太累）。也邀請治療

師思考技巧是否有缺失，是否治療師不熟悉如何帶個案做角色扮演或練習技巧等。有些時候，治療師本身會需要一點角色扮演的練習，團隊成員可以扮演個案，給治療師練習，並且請大家提供回饋。治療師可以得到認可及讚美做增強，其他成員也可以用「認可」策略中的啦啦隊策略（cheer-leading strategies）來為治療師打氣。

治療師有時是缺乏某種技巧：比如說不知道如何對個案的情緒進行暴露（exposure），不知如何進行認可，在諮詢團隊中可以給予立即的教學。或有時是對某個主題不熟悉。缺乏知識，例如不知如何處理個案的失眠。在 DBT 的精神裡，除了手冊及教科書的作法，建議提供以證據為基礎（evidence-based）的治療給治療師。另外，有的時候治療師面臨生活上的困境，影響對個案的照護（比如治療師自己要處理離婚，無法對個案的離婚過程進行討論），也可以跟治療師核對，並且尋求解決方式。治療師的情緒，比如恐懼／罪惡感及羞愧都可能會影響治療。團隊成員可以幫助評估這些情緒引發情境跟前後環節，協助治療師本身進行有效的情緒調節技巧（比如：當情緒不是合理的或沒有幫助，進行跟情緒相反的行為）。若治療師身心耗竭，要評估其動機問題，或是是否因身心狀況，在治療中可能做出不符合治療目的的行為。

再隔一次的會談中，志明的治療師沒有按照上週團隊建議的做法進行治療，治療師請大家幫忙評估。團隊做了行為的鏈鎖分析之後，找出了這個治療師在與志明進行治療當中有害怕的情緒，所以沒有進行計畫中的介入策略。然後團隊一起評估這個害怕是不是符合事實。結果害怕是符合事實的（因為個案痛苦耐受技巧較差，若忍受不住治療師的練習，可能當場就離開），大家對治療師的害怕給予了很多的認可，在這段過程中，治療師有很多的評斷，比如說自己是沒能力的，或是評斷個案沒有能力練習、其他成員不了解等等，觀察員及其他成員一個一個把評價改成較中性的敘述，同時開始進行問題解決，聚焦於如何讓個案能夠順利的進行痛苦耐

受，以進行所需之治療介入。

要關注對團隊功能有影響的干擾行為，比如說在團隊中的評斷，也需要點出來，以有效的進行討論。練習「不評斷」（non-judgemental）的討論是非常重要的。這樣不僅能讓問題解決的討論更為聚焦，也可以讓治療師更順利地自我揭露。

四、對技巧訓練團體的討論

另外，雖然比較不常被提出來，技巧訓練團體帶領者或共同帶領者若在團體的教學上遇到問題，也是可以在團隊會議中進行討論。比如以下例子：

技巧訓練團體共同領導者：「上課有很多團體學員感覺沉悶，之前很有趣，但這幾次感覺越來越沒有哏，學員都昏昏欲睡。」技巧訓練團體領導者：「可是我不快點講，課會上不完。」後來大家提出了一些解決方式，例如建議共同領導者在課程中間穿插一些技巧體驗的活動，學員才不會想睡。

技巧訓練團體領導者此時嘆息道：「我果然不適合帶 DBT 技巧訓練團體，在上次團體教學的過程中，學員對於「我願意跟我執意」（willing-ness vs willfulness）的例子都感到困惑。我想我真的不是一個很好的老師，我畢竟沒有很好的團體心理治療訓練，自己對 DBT 的了解真的不夠。」

觀察員馬上跳出來說：「等等，你在評斷自己，而且沒有認可自己。」團隊回饋了學員之前對課程的正面反應。大家把問題重新建構成「技巧訓練團體中，『我願意跟我執意』該如何教導。」其他 DBT 治療師建議可舉較典型的例子，也有治療師提出可找技巧練習較好的學員，在理解後用自己的例子與大家分享。

當治療師進行自我不認可（self-invalidation）（如輕視、對自己充滿批判、表現不適任）的陳述時，觀察員記得鳴鈴，行為需要被標示出來且被團隊阻止。我們可以請治療師以比較不帶評斷的話，重述一次，也可以給予認可後，重新定義問題，並討論解決方式。這樣的討論，目標也是在於維持技巧團體帶領者及共同帶領者的動機，還有提升他們帶領 DBT 團體的能力。

五、觀察員的角色

觀察員的角色，目的在於讓會議順利進行。所以在會議中會準備一個鈴，當發現到會議中有一些狀況時，輕輕鳴鈴（表 8.2）。

表 8.2

觀察員要按鈴的時機，當：
1. 有沒被解決的辯證。
2. 對待任何一個人（個案或治療師）像不堪一擊一般（有「房間裡的大象」，不直接說出來）。
3. 有人做出判斷的／非同情的評論。
4. 有防衛的情形出現，忘記我們每個人都可能失敗。
5. 沒有了了分明，有人同時作兩件事。
6. 問題還沒有評估就給解決方案。
7. 治療建議與評論違反 DBT 原則。
8. 提供意見者或 DBT 團隊領導者介入處遇，而不是用教導的方式。

最常見的狀況是發現有人做出評斷的批評時，觀察員必須指出來，讓大家維持非評斷的立場。DBT 致力於維持非評斷的方式，創造有助自我揭露的開放性態度，有助於行為分析跟問題解決。評斷有很多種形式，常見的有「應該」，你「應該」怎麼做隱含著有一個對的解答。可以把敘述改成：「我很擔心這樣的作法會不認可這個病人，想說要一起腦力激盪

一些比較可以傳達認可的解答。」另外，治療師有一些批評自己的狀況時（「我好笨」、「我不應該這麼做」），觀察員可以輕輕響鈴，說「我認為這是一個評斷」，建議大家能夠用更描述性的語言說話。

另外，在諮詢團隊中，接受回饋並從中學習相當重要。當觀察員發現團隊成員對回饋有防衛的情形出現，或是團隊成員做出指責性的評論，這是違反了前述「可以失敗」的協議，忘記我們每個人都可能失敗，觀察員要負責指認出來這樣的情形，其他團隊成員亦可以提醒大家遵守協議。治療師可以公開自己的問題，其他成員跟治療師可以有不同的意見，團隊可以檢驗兩邊的意見，不需要去辯駁防衛或隱藏各自的立場。所以若治療師站在防衛的立場，觀察員可以認可他，並輕輕提醒他接受回饋。

為了確認團隊是有效率的，看到有成員在會議中一心二用，或滑手機做其他事時，也要鳴鈴。若團體中出現辯證張力，有兩方僵持不下，也可能會議領導者單方面教導，或是忽略某一個成員的問題，觀察員也要使用鈴聲讓大家注意，促使辯證張力或兩邊權力不均的狀況可以解決。最後，如果治療建議與評論違反 DBT 原則，觀察員或會議成員也可以指出來。

六、團隊紀錄

記錄的內容，包括在治療師與個案間之討論，與被提出的問題、給予的建議、那些議題因時間未討論／下次開會追蹤的議題。把建議的解決方式及討論結果都記錄下來，可能有不只一種解決方式，讓個別治療師與個案可以用智慧心來選擇適合的方法。由於 DBT 是一群治療師在共同治療一群病人，這些紀錄也讓所有的治療師知道各自個案的進展。在記錄上，應該盡量以 DBT 的語言，非評價性地描述與記錄。

有鑑於同時記錄跟全心參與團隊討論有困難，這角色是以輪替的方式進行。在輪流的順序上，通常我們成員是以觀察員、記錄者、領導者的順序輪替。也就是說，記錄者常是下一個會議領導者，這也確保下次會議可

以與這次的討論有延續性。團隊成員出缺席狀況，也會包含在紀錄裡。

七、常見的問題與處理

(一) 遲到

　　針對團隊成員的遲到或缺席的處理，期待是每個成員均能盡量出席，若不能出席，需事先告知請假一事，並請其他成員代為報告個案狀況或擔任其職務。也希望若當次會議有遲到之可能，均能事先告知。若有無故遲到或缺席的狀況發生，團隊可以對此進行行為鏈鎖分析（behavior chain analysis）。若有人遲到時，理想狀況是成員可以自己分析遲到的理由，並進行問題解決。這行為如同我們希望個案能夠做到的一樣。在諮詢團隊，若成員沒有這樣做，就會由其他成員或團隊會議領導者幫助進行，可以協助辨認出問題，進行行為鏈鎖分析，同時進行問題解決，並事先預防解決問題所會遭遇的困難與障礙。

(二) 當治療卡住而治療師逃避討論時

　　逃避困難的情境是人性，然而在 DBT 團隊中，討論難以啟口的情境是需要的。在治療臨床上敏感的個案所需要的技巧與辯證方式，也要在治療師的團隊中同樣進行。給予或接受艱難的回饋時，認可的策略，與平衡溝通方式的策略可以讓事情變得不一樣。輕鬆且不帶評斷的討論，可以讓治療師比較願意自我揭露。有的時候治療師必須要練習「了了分明」、「不評斷」、「相反的行動」（opposite actions）與「完全接納」（radical Acceptance）等技巧，在團隊中進行討論。當然，團隊也需要給治療師足夠的認可。

(三) 在團體裡發現不認可（Invalidating）的對話

　　比如說「你應該……」、「我應該……」這樣的詞語在團體中出現

時，要特別注意。由於 DBT 相信辯證的哲學，對於治療，沒有一個絕對正確的答案。我們可以說一個行為是不是符合 DBT，但是若有人在諮詢團隊中主張要如何做才對，或是兩位成員有不同的立場，觀察員可能可以指出來。當有不認可別人，或過於簡化的評斷時，觀察員或成員可以提醒大家。當治療師在不認可自己、批評自己的時候，也要點出來，然後大家可以補充不同的意見，給予需要的認可，往綜合的方向前進，並且找到討論中遺漏的部分。

(四) 房間裡的大象（Elephant in the room）

為了避免尷尬，人會避免談一些問題。比如以下這個例子：

春嬌的治療師由於婚姻最近出現危機，開始常常改治療時間。春嬌屢屢在治療中談到以前父母離異時的經驗，與吃到的一些苦頭。聽到這些事情，治療師非常擔心自己之後若離婚，孩子可能面臨的狀況，於是跟春嬌會談時總是心不在焉。有一次，治療師弄錯了會談時間，讓個案撲了空。但是大家沒有討論這件事情。

在某一次討論中，有一個成員用不帶評斷的方式提了出來：「我有點擔心你最近的狀況，你從來沒有忘記會談時間過，個案最近也因此缺席，真是讓人感覺有點挫折。」另一個成員開玩笑的說「我們的中流砥柱怎麼了？」其他的成員也接著給予治療師認可：「我知道你很不好受，讓我們想想看怎麼處理。」最後，治療師可以用一些技巧來耐受治療中的痛苦，與進行完全接納目前的狀況，核對事實，減少災難化的思考，春嬌在治療中也有逐漸的進步。

在這個例子裡，治療師干擾治療的行為，就是這房間裡的大象。團隊不需要把治療師看作脆弱的，可以就事論事提出問題，幽默的輕鬆溝通，加上非評斷性的、溫暖的語氣把事情說出來，讓治療師可以跟大家一起討

論解決問題的辦法，如果治療師情緒因此低落需要支持，其他的成員也不能閒著，要盡量給予認可。團隊要創造安全的氛圍，每個人都是可能失敗的，但在 DBT 中，我們彼此支持，繼續往前進。

八、結語

照顧困難個案的治療師，是需要支持的。辯證行為治療的假設中，要對治療師給予如同個案一般，足夠的關注。因此，諮詢團隊是個很重要的部分，要整合進整體的治療模式之中。每個 DBT 治療師必須成為諮詢團隊的一員，參與每週的會議。團隊的任務，就是讓治療師保有足夠的動機，並且待在 DBT 的架構裡，讓治療師可以應用 DBT 的策略及技術，去維持一個有效的治療關係。諮詢團隊鼓勵辯證哲學，幫助治療師更加熟悉 DBT 的理論與技巧，提供彼此支持，並且讓治療師更能觀察自己的界線且避免耗竭。這樣「一群治療師，治療一群個案」的模式，是 DBT 的特色，也體現人與人間彼此支持的精神。

重點提示

1. DBT 治療師與技巧團體帶領者通常每週進行一次會議，檢視治療架構是否符合 DBT。
2. 治療高風險個案的團隊成員需要彼此支持。所有的病人，不只是一個治療師的病人，更是整個團隊的病人。
3. 團隊督導的重心是在治療師，最重要的目標是維持每個治療師的動機，及確保每個人能具有與個案進行有效、高品質之 DBT 所需的能力。
4. 成員需了解且遵守 DBT 諮詢團隊的協議。這些協議分別是：辯證協議、求諸病人的協議、一致性協議、觀察界線的協議、現象學同理心

協議及可以失敗的協議。

5. 團隊會指派一位領導者，一位觀察員及一位紀錄者。領導者帶領了了分明並確認議題。觀察員發現有人做出評斷的批評或是注意到有兩方出現辯證張力時指出來。紀錄者則是描述與記錄討論的議題。角色以輪替方式進行。

參考文獻

瑪莎・林納涵（2015）：《DBT技巧訓練講義及作業單》（馬偕醫院辯證行為治療團隊譯）。張老師文化。（原著出版年：2014）[Linehan, M. M. (2015b). *DBT skills training handouts and worksheets, second edition* (MacKay Memorial Hospital DBT team, Trans.). Living Psychology publishers Co. (Original work published 2014).]

Koerner, K. (2011). *Doing dialectical behavior therapy: A practical guide*. Guilford Press.

Linehan, M. M. (1993). *Cognitive-behavioral treatment of borderline personality disorder*. Guilford Press.

第九章
了了分明

周昕韻（一至三2）

陳淑欽（三3至四）

本章節旨在說明了了分明的定義、邊緣性人格的了了分明障礙、DBT的了了分明概念、了了分明技巧及了了分明的其他觀點及應用。

一、什麼是了了分明？它與自殺防治有關嗎？

了了分明是許多靈性練習共通的「方法」，DBT 的了了分明更根植於東方禪修的修行原理及方法，經過西方學者將這個修行方法稱之英文「mindfulness」，透過西方心理學家的練習（如 Kabat-Zinn, 2003），並進行過去將近 30 年的大量實證研究證實有效的一種技巧：把注意力拉到當下，不帶評價的存在著。了了分明的英文 mindfulness，許多華人翻譯為「正念」，取其字面上的意思即為「正在當下的心智」，把念拆成「今」及「心」兩字，表示「正在」「當下」的「心智」狀態。帶著覺醒，帶著覺察，活在當下，be mindful 意指帶著心智的、覺醒的，處在當下。此處翻譯為了了分明的原因是，在對「正念」了解不充足的情況下，有人會誤以為「正」暗示著「邪」與「歪」的存在，其實不然。此外，有人也誤將「正念」理解為鼓勵民眾往「正面」去「想」，此種解讀也並非原有精神。為了避免上述的誤解，馬偕團隊將其翻譯為「了了分明」，重點以「留心」為其目標，所有發生在周遭的事物，都以不評價、不拒絕及不佇留的態度

注意到，逐項清晰，了了分明。

　　「處在當下」這個概念，我們可以這樣看：「事物之所以存在，是因為多重原因和多重條件而相互依存，當我們處在當下，即是覺察萬物相互依存的現象」（Le et al., 2018）。自殺同樣也是因為許多危險因子共同出現，個人內的，個人外的，環境的，社會上的。有自殺痛苦的人，往往認為痛苦是屬於個人內的，若個人內部尚未找到解決痛苦的辦法，解脫便是最後手段；這樣思考表面上看起來沒有什麼不對，但可惜了一條生命，許多解決之道無法從已經貧瘠的個人內部狀態（如憂鬱症的負面情緒及想法）發展出來，需要更多外部資源，或者新的技巧的注入才有可能改變。了了分明就是這樣一個技巧，它讓人能夠有一個覺察，覺察到個人與環境的共生與交互作用，且在意識到這個關聯性後，選擇有智慧的作為，讓自己不評價、專一、有效的生存在每一個當下。已經有越來越多的研究顯示，了了分明練習可以減輕主觀的痛苦，能夠調節注意力、焦點、認知與神經可塑性。許多了了分明採用靜態冥想形式，如集中祈禱或誦經，也有動態身體運動的形式，例如太極拳、瑜伽（Linehan, 2015）。

　　從 MacLean（1990）提出的三腦理論（triune brain），也可以幫助我們理解了了分明的功能。三腦概念主張大腦結構可以粗略分為三部分，包含爬蟲腦複合區（腦幹）、古哺乳動物腦（邊緣系統）、新哺乳動物腦（新皮質）。MacLean 認為：(1) 爬蟲腦複合區由腦幹組成，負責物種的典型本能行為，諸如侵略、支配、領域行為與儀式化行為。有時爬蟲腦複合區會主導腦部的活動，從而導致較原始的行為（如生命中樞；掌管呼吸、心臟活動、體溫調節等維持生命功能），並且透過五感感官感受傳達訊息。發育良好、正常的新皮質會監視爬蟲腦複合區的活動；就演化的角度而言，爬蟲腦複合區是大腦最原始的結構。(2) 古哺乳動物腦由中膈、杏仁核、下視丘與海馬迴組成。此一結構是在早期哺乳動物的前腦演化出來的（因此稱之為古哺乳動物腦），且此結構負責覓食、生殖與育幼行為的動機與情緒，也扮演連結爬蟲腦複合區及新哺乳動物腦區塊的訊息的角色。

(3) 新哺乳動物腦由大腦新皮質組成，這種結構只在高等哺乳類動物，特別是人類身上出現。MacLean 認為，哺乳動物大腦最近一次演化出的結構即為新哺乳動物腦，造就了語言、抽象思考、計畫、認知能力及執行能力（以上資訊參考自維基百科）。了了分明技巧可以幫助一個人從覺察腦幹感官感受及邊緣系統的情緒開始，描述出自身狀態，往上到新皮質層、前額葉運作再做出新選擇後，再產生新的邊緣系統情緒反應與腦幹的感官感受；從這個過程，重新整合三腦反應，可以幫助人帶著覺知，朝向目標有效地活在當下。

了了分明跟自殺防治的關係又是什麼？其練習可帶來「苦集滅道」的效果：人生許多的苦（苦）都有來由，主要是許多因果關係綜合而成了目前面對到的苦（集），這些苦及因果關係都可以被消除或減緩（滅），我們需要有效的方法（道）。

自殺有關的高風險因素為「無望感」、「歸屬的挫敗」、「逃避」、「高度主觀情緒及想法痛苦」等等（Le et al., 2018），了了分明技巧可協助改善認知和情緒調節，特別在注意力、衝動控制和自我調節。許多自殺防治的工作都有注入了了分明的元素，例如「正念認知療法」（mindfulness-based cognitive therapy, MBCT; Teasdale et al., 2000）大量使用在預防憂鬱症復發、壓力和慢性疼痛上；正念認知療法 -S（mindfulness-based cognitive therapy for preventing suicide behavior, MBCT-S）亦廣泛使用在美國退伍軍人的情緒調節與自殺風險調節的方案（Kline et al., 2016）。Williams 等人（2015）的自殺有關之了了分明研究，他們發現憂鬱症發作來襲時，個案的自殺意念與感受強烈，也伴隨了無望感及絕望感。越是想要壓抑自殺意念，越不成功，這些自殺意念越強烈的反彈並充斥在腦袋裡揮之不去。因此 MBCT 治療方式，希望將個案的情緒、想法、及行動衝動都一一拆解，不讓它們成群結黨的一同發生。如果可以練習到觀察想法只是想法、情緒感受只是情緒感受，而我們不需要在行動上也展現出來，就已經有很大的助益。總而言之，了了分明可以幫助自殺風險個案把自己跟

想法拉開，重新察覺「想法不是事實」，自殺念頭只是一個念頭，不一定要成真。當我們出現「我很失敗」的想法時，了了分明可以幫助我們觀察這個「我很失敗」的想法，但它只是一個想法，不代表我就真的是個失敗者，若能夠這樣區分，個案比較不會被痛苦的想法籠罩而喘不過氣來，並且可以拉出一段距離，讓自己跟想法的關係調整。

此外，自殺風險的個案經歷較低的痛苦承受能力，了了分明的練習也可以幫助他們重新刺激和控制一個人的注意力，讓他們增加控制自己的行為與認知的能力，跳出慣性，從過往已經固著的想法、情緒、認知的習慣離開，轉向新的希望。如果使用了了分明技巧得當，會有機會產生新的保護因子的機會，個案學會活在當下，確定思緒及情緒不被痛苦淹沒，如此一來才有更多認知、情緒、行為的選擇空間，可以學習新技巧，未來進而減少自殺風險、增加自我調節與情緒調節、認知靈活性和抑制衝動的能力。許多自殺傾向的個案也受到情緒「羞愧」的困擾，羞愧感這樣的情緒會帶出個案對自己非常不友善的評價，讓自己感覺沒有價值。所以，進階版的了了分明，也可以幫助我們對自己自我悅納（Self-compassion，自我慈心關愛），支持自己，能夠更有資源的面對生活（Le et al., 2018）。

DBT 的了了分明的練習，要伴隨辯證觀一同進行了了分明的練習。辯證觀是 DBT 中很重要的思考系統（請參考「辯證」的章節）；如果我們在練習了了分明時，可以帶著辯證觀的洞察，個體將可以更有效、不評價的與自己及環境共存，由此得知，不選擇自殺也是可以期待未來的變化。佛教的心經，內有許多辯證觀的影子：色即是空，空即是色、色不異空，空不異色、受想行識亦復如是……不詬不淨、不生不滅、不增不減；世上萬物不停變化，不要太早下結論，不要太早決定自己的解脫，更何況我們沒有人知道那是真實的解脫。因此，我們希望個案練習了了分明的歷程，帶著辯證觀，就可以知道人生追求的目標，許多時候是過渡的、暫時的、什麼是純然接納？不偏不倚的直白接納？帶有智慧心、不評價、專一、有效的跟自己還有環境共存，就是非常大的一個挑戰與必須的修煉了。

二、邊緣性人格的了了分明困境，及爲何了了分明可以幫助他們？

　　邊緣性人格，從 DBT 的角度來看，就是個體情緒脆弱性，長期與不認可的環境交互作用而成的特定情緒、認知、行爲模式，進而形成性格。除了符合 DSM-5 的診斷標準以外，腦神經科學也發現邊緣性人格的大腦中，杏仁核過度反應與自殺意念的激發同時存在（Soloff et al., 2012），前額葉太少反應與自殺意念的激發同時存在（Goyer et al., 1994）。杏仁核過度反應的結果，造成個體將許多中性的外在刺激視爲威脅，導致升高戰或逃的反應，也造成行爲上比較多的衝動及破壞。杏仁核也影響我們如何儲存記憶，因它的過多反應，大部分的記憶將伴隨強烈的情緒，因著如此，個體在提取回憶時感受痛苦強烈，比較難提取中性情緒的記憶。所以有時跟邊緣性人格的人交談，會發現他傾向說出的回憶都偏向負面，充滿對自己或他人的負面評價，也許部分是事實，部分則是因爲負面情緒過多而與事實有些許差異。前額葉的部分，也就是大腦負責執行功能、決策及邏輯推演的重要部位，它也是調節杏仁核發出的情緒訊號的主要部位。因爲前額葉的發展不足，在強烈的情緒之下，BPD 難以做出有效的調節。此外，邊緣性人格也發現比起一般人，有更少的自然緩解痛苦的內源性類鴉片（endogenous opioid; Stanley et al., 2010），他們沒有辦法像一般人使用自然大腦分泌的類鴉片來減緩痛苦感受，所以採取自傷行爲來激發大腦產生止痛的功能（Simeon et al., 1992），長期下來造成對疼痛的閾值越來越高，越來越需要嚴重的傷勢來獲得同樣止痛的效果，形成一種負面滾雪球效應。

　　這樣的個體長期下來感受痛苦無法緩解、無法逃脫也無法承受。經常使用的因應方式是壓抑，彷彿沒有困境的存在；可是這樣的因應方式只能帶來短暫的緩解，很快的，個案會發現壓抑感受也無法解決問題，遲早還是要面對自己的情緒反應。許多邊緣性人格採用特定的行爲做法來麻木掉

自己的痛苦感受，例如使用毒品、酒精或重複自我傷害。這樣的做法同樣
會有短暫效果，但長期造成更多個案生活的不穩定，且痛苦彷彿會無限擴
大。因此，Aguirre 與 Galen（2013）建議邊緣性人格要練習的了了分明是
觀察自己的情緒感受、認知想法，但行動前要緩一下，不要直接且衝動地
行動，所以適時的暫停衝動行為，也是一個非常重要可能幫助人不再受到
情緒脆弱的困擾的方式。

三、DBT 的了了分明概念及技巧

　　了了分明的練習，實際上是訓練一種心智狀態，此心智狀態不是單純
存在即可，還必須去除黑白是非好壞概念，盡可能中性的、不偏頗的；專
注的，聚焦的，集中的；以及依著目標只做有效的行為。時時刻刻問自
己，所作所為是否符合智慧心（林納涵，2015a）？下方將開始詳述各個
了了分明技巧：

(一)智慧心

　　智慧心是理智心與情緒心的交集，情緒心：無論是欣快或比較不愉快
的情緒，完全沉浸在其中的狀態，比較像是很熱情，很強烈的感受，會帶
出很多行動的衝動，有一些被情緒淹沒的感覺。在這種狀況時，理智分析
被放在一旁，情緒會成為作決策的來源，例如，看到很可愛的小動物臨時
決定要領養，尚未思考後續的照顧問題。許多展現情緒的工作會顯現這樣
的情緒心，例如藝術家或舞台劇演出的樣貌；情緒心如果太多的時候，人
會是衝動的，將做出不少事後後悔的舉動。理智心：目前高科技社會比較
喜歡、重視這樣的概念，幾乎所有學術上的貢獻都取自理智心的集合，用
邏輯、分析、文字化的集結。科學上的貢獻也需要理智心的展現。但如果
太多的話，可能會展現出太多評價，事情只剩下對錯。

　　每個人在不同的狀態下，展現出不同程度的情緒及理智狀態，也許在

工作或上學時，我們會展現出比較多理智的樣貌；在玩樂的時候，可以展現出比較多的情緒狀態，跟著感覺走。每個人適應環境的方式都不同，每個人都有自己的方法，但很重要的是，要時時問自己，什麼是有效的？如何決定有效？則是問問我們的智慧心。

智慧心：情緒心與理智心的綜合，在這個交集綜合之處，人們感到的是一種平衡與平靜，內在有足夠的時間與空間，可以思考如何做才是最有效的？並且能夠有效的執行。在智慧心的狀態下，我們全然接納分析的結果，也接納情緒的反應，但不會只停留在評價裡，或停留在情緒反應中，仍有餘力執行有效的舉動。這是一個我們每個人在生活中可以練習找到的狀態，通常需要一點點時間，讓自己暫停一下，重新找到那個平衡的感覺。在平衡的智慧心中，我們甚至可以問自己內心，怎麼樣做是符合智慧心的？答案會慢慢浮現。甚至有時候，智慧心會帶給我們最有彈性的做法與決定。最有智慧的做法，可能不是定義出誰對誰錯，而是在這樣的狀態下，接納所有已存在的條件，而做出最有效的決定。有時候智慧心可能出現在身體的覺知，例如丹田處，或者心窩，在我們把心靜下來時，核心處的身體，可能會微微溫暖或平穩的身體感受，絕對不是緊繃的喉嚨、腸胃緊縮的感覺，我們看看能不能找到平穩感官感受的核心之處，在身體的中心部位，感覺到穩定的腸胃感受，穩定的呼吸，能夠活動的脖子，還有放鬆而不是睡著的感覺。等我們進入那樣的感覺，再問自己，什麼是有效的舉動？浮現出來的可能就是智慧心的答案。

(二)什麼是了了分明？What 的技巧

觀察、描述、參與就是 DBT 了了分明的技巧。

1. 觀察

觀察的練習分為觀察外在，與觀察內在兩大類型。觀察外在的練習：一次練習一個感官的覺察，例如視覺的觀察，觀察周遭看到的物品。再逐

步練習聽覺的觀察、嗅覺、味覺、觸覺等等。一次一個感官感受，每一各項目都慢慢做，不疾不徐。

用眼睛去觀察四周，看到了什麼？有沒有注意到之前沒有看到的細節？

接下來把注意力換到耳朵，仔細去聽環境裡所有的聲音，是否有什麼微小的聲響，我們可以用點時間去用耳朵捕捉。

下一步，我們可以把注意力轉移到嗅覺，環境中有什麼氣味？如果面前有一杯飲料，把它拿到鼻子面前，仔細去聞，有什麼特殊的香味？

接下來，換到味覺，我們用舌頭去品嚐食物或飲料，這次把速度整個慢下來，慢慢的品嚐口中的食物，慢慢的喝飲料，去感覺它們帶來的香味。

再把品嚐食物的速度慢下來，注意當飲食在口中，嘴巴會分泌出多少的口水，咀嚼到什麼程度，會想要吞嚥？這也是一種行動衝動的觀察。

最後，把所有的注意力轉移到自己的觸覺，用手去碰觸桌上的文具，去感覺每一樣物品的品質、溫度。不管你注意力放在哪個感官感受，記得單純的觀察，把所有的注意力練習短時間內的專注。當我們要轉移感官感受時，也要有一種可以放下前一段注意力，脫鉤後重新轉移到另外一樣的過程。這個過程就是非常短的時間，練習不同感官的觀察。

接下來轉向內在的觀察，試著練習去觀察自己內在想法與情緒，單純的觀察到自己「正在想些什麼」、「正在經驗什麼情緒」，觀察到想法就是想法，不是事實；而觀察情緒時，一邊觀察到情緒帶來的行動衝動，但不見得要去執行那個行動。這是觀察中更加重要更加不容易的。情緒脆弱的個案非常需要這樣的練習：單純觀察想法及情緒。

觀察是幫助我們回到當下最快的方法，如果我們的個案容易進入凍結、解離的狀態，帶著他們開始觀察五感的感官感受可以幫助他們回到當下。

2. 描述

　　描述就是把觀察到的感官感受、想法、情緒用文字或語言描述出來。觀察到什麼就描述什麼，不誇大也不縮小我們的觀察，按事實的描述出來，盡可能接近事實的描述。很多時候，描述單一觀察也不是容易的事情，因為我們的大腦很容易一口氣觀察太多感官感受、想法或情緒，所以藉由一次描述一個觀察，也是幫助我們把注意力拉回到當下的方法。

　　值得注意的是，描述歷程我們需要留意可能會出現的評價想法，並且嘗試再次轉換成描述。此外，我們無法描述觀察不到的事物，別人腦中的想法，或別人的感受，我們無法直接描述出來，因為那不是我們的經驗，我們若要描述他人的意圖，最多是猜測，或藉由我們的同理，去感受之後，仍須轉換為文字去與對方核對，但不可能總是精確的猜測出來對方的想法及情緒，這也是為何我們需要練習溝通，在互動之中使用描述的技巧來溝通兩人的意見及感受。舉個例子，春嬌經常在感情中受挫，其中一種挫折來自於當交往的對象不接電話、不讀不回手機訊息這樣的現象發生時，春嬌就會很快連結到「自己要被拋棄了」的想法，接下來害怕的情緒會衝上來，不得不趕緊吞下鎮定劑來調節情緒。但實際上對方是不是真的要拋棄春嬌呢？不見得是。春嬌的困境在於「腦補」了當對方沒有聯繫自己時，一口咬定對方已經要拋棄自己的歸因；如果回到「單純描述」的精神，春嬌只需描述出「當我沒有接到對方的聯繫時，腦海中會浮現出即將被拋棄的想法，但目前為止沒有證據直接證實這樣的想法，它還不是事實。」故「腦補」不是「描述」，描述是觀察到什麼用語言或文字化出來，所以不能包含「捕風捉影」的內容。

　　如果我們硬要強加自己的猜測到對方的行為意圖上，就會造成人際之間的投射，有時候有些投射帶來的傷害是很大的（例如：過度相信他人而被詐騙／或上司就是不喜歡我要找我麻煩），因此我們要請個案盡可能練習從觀察到的事實來進行描述，而非投射。這樣不評價、接近事實的描述

技巧，若練習得當，不只是了了分明用得到，要做出有效的情緒調節及人際效能技巧，也需要我們能夠不評價的描述自己的想法及感受。

3. 參與

參與就是移動身體，或執行某些動作，帶著覺察且有效的執行，投入在其中而非旁觀者。許多時候，在忙碌中，我們會不帶覺察的執行許多動作，例如食不知味、走路時心思不在當下，想著其他的人事物，直到咬到舌頭或走錯路才回到當下。所以參與是希望所有人能夠全心投入並執行有效的舉動，必要時要按照規則（例如：不能為了要趕緊停好車就停在紅線上，結果可能造成車子被拖吊或罰款；畢業就是有畢業門檻需要達成，不是一味的希望教授高抬貴手或降低對學生的要求），如果可以清楚知道規則與工作／學業架構，我們要做的就是要執行有效的舉動去達成目標。

如何練習參與？鼓勵讀者可以從洗澡的過程來練習，練習帶著覺察的好好洗一次澡，把五感覺察打開，仔細的參與在洗澡的過程裡，當然，最後目標還是要把洗澡完成，第二天也可以繼續練習洗澡，但第二天的洗澡我們可以用不同的順序洗，例如總是習慣從頭開始洗到腳，第二天我們刻意從腳洗起，最後洗頭，在這個過程會讓自己刻意把「覺察」帶回來，並持續執行有效的洗澡。這是一個很有趣的練習，請大家試試看。

Linehan 博士鼓勵所有人在練習了了分明的 what 技巧時，一次做一項，例如一次只練習「觀察」，一次只練習「描述」，一次只練習「參與」。至於如何做呢？請接續下方文章「How」的部分。

(三)如何做了了分明？How 的技巧

如何做（How）了了分明的技巧主要是幫助使用者調整到合適的心態（mindset），用合適的態度（attitude）練習觀察、參與、描述與智慧心，這些技巧實際上是相當不容易一一區分開來，Linehan（1993）也特別說明這是很人為的區分，是為了幫助學習者需要掌握的方向，也有其他學者

用其他的分類或定義，例如，麥凱等人（2012）就將這個部分的技巧與智慧心、痛苦耐受的全然接納技巧合併為了了分明的進階技巧，本書為了方便讀者與英文原創者的相關著作做串聯，有助於讀者的理解，仍然依循Linehan（2015a & b）的技巧分類，分為中性地做、有效地做、專一地做。

這三個詞都是副詞，使用者就可以想像，這個部分的技巧通常不會單獨使用，當然我們在教技巧的時候可能會分開來教授，但如同副詞是用來輔佐動詞或形容詞，這三個技巧常常是與 What 技巧併用的。

1. 中性地做（Non-judgmentally）

我們的生活中常常存在許多評分、等級、類別、標籤等等，這些有助於我們透過分類來做決策，然而，過度簡化的分類或標籤，特別是帶著情緒標籤的分類，卻會干擾我們了解事實的全貌。

一個老師可以透過評分讓學生理解自己對於學習的掌握程度，然而，志明因為自己過往某一科成績 50 分，認定自己是壞學生或笨學生，就是一種評價；一個學生某一科的成績表現不及格，並不表示他是一個品行不佳的學生，也不等於他在其他領域都不會有好的表現；相反地，成績優異的學生，也可能很有心機，或者是運動很不在行。

評價會帶出「情緒惡化（emotion deterioration）[1]」的相關行為，對接下來的人際關係影響更為負面。因為成績不佳被認為是壞學生，不僅貶低了志明的自尊、削弱他的學習動機，也促進他在人際關係中的迴避，以及不投入的師生關係，同學或老師也確實比較會對他有負面的反應，例如：忽略他的存在等。而家人容易帶著評價的習慣，包含成績、陰柔的特徵的批評，也使得志明與同儕互動時也會常常透露出「好壞、對錯、公不公平」

---

1 情緒惡化（emotional deterioration）：一種情緒狀態，伴隨著一些無助於與環境互動的行為特徵，像是粗心大意、對周圍環境（包括其他人）漠不關心和不恰當的情緒反應。（American Association of Psychology (APA), 2022）

的主題，認為很多事情「應該」是某個樣子，而不是現在這樣，這種憤世忌俗的反應讓同儕覺得他好像是個正義魔人、過度計較，相處起來很有壓力，也會避開與志明的互動。

因此，中性地做就是幫助個案注意到自己「無效的／沒有幫助的」評價（evaluation），特別是帶有負面情緒的評價，進而嘗試用「描述」事實的方式，來呈現事實的情況。面對沒有達到自己「期待」的情況，則需要轉換為「我以為、我期待」等自我描述的語言，取代我／你「應該」要如何的語言。例如：志明可以提醒自己，「我以為同學認為成績不好的學生就是壞學生，但這可能只是我自己的想法」。

華人社會中「我以為／我期待」等類的「我訊息」有時候仍然會帶給他人壓力，特別在長輩與晚輩的關係中，華人有時候會誤以為他人的期待是自己「必須」達成的，此時則需要合併「人際效能」的技巧，包括使用「對人際關係的了了分明」，分辨對方是否確實有這樣強制性的期待，以及釐清自己在人際效能目標中的排序，才能有效地找出合適的下一步行動。

另一個例子中，與男朋友交往不順利的春嬌，雖然身邊的朋友並沒有對她有微詞，她卻在會談中告訴治療師，其實她心底一直認為自己和網友上床是「沒有廉恥心、很髒、很噁心」。雖然她一直想改變自己，但當負面情緒，特別是自責與羞愧感淹沒自己的時候，春嬌渴望從負面情緒中釋放，被接納和被愛的需求也隨之變得更高，想要與異性快速建立關係的衝動就變得更難控制。

我們如果放慢上面這段敘述，有些是描述事實，例如：個案的確有與非男友的網友發生性關係，而朋友只是提醒她說，自己要小心，而「認為自己是破麻、沒有廉恥、很髒」則是評價。行為的全貌包含很多的面向（參考情緒描述），貿然地扣上一堆評價帽子，會使得個案羞愧和自責的感受淹沒理智，強烈的情緒也會啟動自動化的情緒迴避，阻斷個案理解自己的行為及情緒，也減低改變自己的可能性。在與治療者的會談中，春嬌

慢慢釐清，自己渴望的是穩定的關係，是一起過生活而非快速享樂的需求，然而渴望變成衝動的時候，春嬌就會做出快速讓關係升溫的行為，期待趕快確認關係，卻讓對方以為自己是隨便玩玩的，也就不會對關係認真，當對方消失後，春嬌又陷入對自己的評價及羞愧感，春嬌便認為自己沒有資格得到一段好的關係，孤獨感、失落感、空虛感可能都會如排山倒海地出現，接著春嬌可能就會被情緒淹沒，可能就會發生迴避情緒或者傷害自己的行為。干擾了自己期待的長期目標。

透過這樣的釐清，春嬌學習認可自己的情緒，以及藉由情緒線索進行問題解決的歷程，也提高對於衝動的控制意願；過快地掉入評價的陷阱，春嬌實在很渴望關係，但可以提醒自己，有些事情無法加速，慢慢認識彼此也是關係的一部分，可以先從練習對人際關係的了了分明來培養關係。

有些人在練習「不評價」技巧時，會以為不評價就不會進步、不評價就是贊同，或等同不能有自己的偏好或價值觀；Linehan（林納涵，2015a）建議要保留分辨（discriminate），但觀察評價（evaluate），特別要留意觀察者內心的評價並不等同於觀察對象的事實。比如：成績 50 分表示有進步的空間，而非愚笨。

又如：一顆出現發酵現象的蘋果，可能被形容這是一顆壞掉的蘋果，然而，就製造蘋果醋的人而言，發酵是一個開始製作醋的必須過程，也是大自然循環中的歷程，本身並無好壞；保留觀察事實，考量當下的場域（context），並且將自己的評價與事實分開，那麼，我們就仍然可以保有自己的「想法」、「偏好」或「目標」，但不會因為評價而惡化情緒，或者破壞人際關係。

春嬌在整理自己的情感中發現，自己認為很 man 的男性才有吸引力，忽略身邊個性溫和的男性，他們比較會照顧人，也比較了解她的情緒，當這些暖男溫和的呵護春嬌時，春嬌如果抱持著「他們好娘」的偏見，而沒有注意到他們溫和的正面意涵，便沒有機會與暖男有發展的機會。因此，協助春嬌在期待找到穩定的關係中，也需要協助她核對自己是否存在一些

無效的評價，以及這些評價可能對自己達到目標的干擾。

2. 有效地做（Effectively）

這個技巧需要先與個案討論過他們的「長期目標」爲何，並且預先讓個案理解「情緒脆弱」的影響下（參生物社會理論），情緒的驅力很容易轉換爲目標，使得個案在情緒被激發的情況下，忘了目標，做出衝動的行爲，例如：衝動地離職、自我傷害、衝動的購物等等。

有效地做實際上也是「中性地做」的延伸，卡住有效念頭的常是個案過度在意的評價，比如：誰對誰錯、公不公平、應不應該等。可以提醒個案，中性地做並不是贊同，只是兩人的觀點不同，而進一步提醒自己原本的目標爲何，以及要有效地做，個案便可能減少生活中的不必要的干擾。

比如：志明在一次面試中認爲面試人員對自己很刁難，他意識到自己的衝動已經達到 6-7 分，想與面試人員理論或解釋，志明提醒自己，過往經驗中，理論或解釋常常帶來負面的結果，而自己來這裡的原因是希望獲得工作的機會，有禮貌、有效地回應面試人員的問題，可能是更有幫助的，因此，志明決定採用合理的方式回應面試人員。

又如，志明獲得工作後，當資深同仁對他提出指導時會過度敏感，認爲自己一定是表現很差才會被指導，而忽略自己是新進人員。以至於被指導後的隔天早晨被負面評價的腦補（自我猜想）壓垮，認爲「同事不喜歡自己、自己又會被評價、過去也是這樣最後以失敗收場」等等，這些想法塞滿了大腦，志明遂開始認爲自己並不適任、他們可以找到更適合的員工、害怕自己今天去辦公室又會得到「指點」受到更多打擊；除了減少負向評價的影響之外，「有效地做」提醒志明，自己需要工作、有工作的情況下也比較不會一直受到家人關愛的眼神、也可以比較有自信，同時，自己也需要在一個有壓力的情境練習不被情緒干擾，因此，志明最後決定打起精神來，梳洗後讓自己跨出家門去上班。

春嬌也會遇到情緒卡住的困擾，評價的聲音常在貶低她，特別在有合適的對象出現，焦慮的感受更增強了評價的語言，春嬌很擔心自己的過往被對方知道就會被拋棄，便刻意地迴避友善的新朋友互動；有效地做的技巧會幫助春嬌提醒自己，評價自己會惡化情緒，阻礙了人際互動中的了了分明，接著，刻意的提醒自己要保持眼神接觸，以及肢體放鬆，練習用一般性的對話與對方互動，並提醒自己在人際關係中的近程、中程和遠程目標，並且使用觀察、描述、參與來投入互動中。

有效地做也包含留意一些重要的原則，每個環境架構中通常都有一些相關的規則，如果能夠知道那些規則，可以減少很多困擾。比如：門診掛號後需要排隊等候叫號，或者，在新冠肺炎（Covid-19）疫情期間門診及心理治療都受到干擾，規則常常變動，個案來看診或治療前，可以先確認方法，並了解自己需要的協助的時限，例如：身心障礙手冊還有多久需要延期、藥物還有多少，以最少回醫院的方式獲得需要的協助，這樣也可以減少染疫的可能性，並確保自己的醫療需求的滿足。相反地，因為焦慮而一直打電話到醫院反覆詢問相同的問題，期待得到不同的答案，或者對掛號人員抱怨疫情的不方便，甚至對一線人員咆哮，卻不是有效的做法。

有效地做也提醒個案需要保持彈性，同樣的方法在不同的情境中可能會有不同的效果，個案也需要練習觀察環境的回饋，以修改自己的做法。比如：有的個案可能發現自己的害怕情緒有時會引發他人的照顧行為，害怕的表現有時候成為引發他人反應的工具，DBT並不評價這樣的行為，將此視為個案的人際能力之一，同時，如果對方並沒有依照個案的預期出現照顧行為時，個案也需要保持彈性，重新提醒自己的目標為何，確認在這個情境下，什麼樣的做法是比較有幫助達到目標的，而不用陷入失望、恐慌或者生氣當中。

3. 專一地做（One-mindfully）

讀者可以注意到，中性地做、有效地做都是有效防止評價性、情緒性的想法干擾當事人回應當下的能力，而專一地做，則是聚焦於另一個干擾因素「分心」；情緒原本是人們重要的動機來源，然而，在情緒脆弱的干擾下，個案的大腦常常會有許多自動發生的快速聯想，包括過去的記憶或未來的想像，這些聯想都容易激發更高的情緒反應，或者使得個案分神無法專注於當下的事物。

前段提到春嬌容易想到自己過去混亂的生活，在進入到回憶的同時，春嬌也就很難「專一地做」、活在當下；當她陷入自己的擔心，認為未來對方不會接受自己，搜尋對方沒有很關注自己的時刻，並且無法隨著互動的脈絡和新朋友互動，反而讓新朋友覺得她怪怪的，好像很焦慮，一直答非所問。

至於在意成就表現的志明，由於憂鬱的影響，很容易反芻自己過往的不完美經驗，甚至擔心自己未來仍然會持續地發生挫敗，當志明想到過去、想到未來，都會讓自己的焦慮感、無望感上升，無法專心在當下的挑戰，比如：回答面試人員相關的問題、學習公司中前輩的指導內容，也就干擾了他們因應環境中互動的情況。

需要注意的是，個案並不是自己「刻意地」去想這些過去和未來的事情（少數情況中，個案也有刻意的行為），多數的時候，這些想法會非常容易自動化地被引發，個案常常沒有覺察自己的注意力已經被帶開，所以，專一地做絕對不是要個案「不去」想這些過去未來的情況，而是「注意到」自己的注意力沒有留在當下，「溫和地」將自己的注意力帶回到自己現在正在從事的事情／互動的人際關係中，才能夠幫助個案以「不惡化情緒註一」的方式，重新獲得注意力的主控權，而反覆練習將注意力帶回來的歷程，則可以幫助個案訓練自己的大腦越來越精熟這樣的思考流程，漸漸地成為自己的習慣。

第三種干擾專一地做的情況是現代人普遍面臨的挑戰，在資訊爆炸的情況下，一心多用變成所有人的必備能力，手機或電腦常常同時開啟好幾個視窗，常常一邊上課一邊在回 line 簡訊，一邊用餐一邊完成網路購物。這樣便利又迅速的生活步調，對我們活在當下的能力是一種干擾，你可能會發現，雖然和家人住在同一個屋簷下，但因為各自專注在自己的手機，反而完全不知道家人最近發生的事情，或者，一邊回覆資訊一邊做其他的事情，結果把訊息回覆到錯誤的群組的尷尬經驗；上述這些狀況，在我們專一地做、全然地投入在一個事情中，可以避免發生的。

所以，專一地做是有意識地提醒自己，刻意地練習一次只做一件事情，一個碗洗乾淨了再洗下一個碗，而不用急著一次洗完；一個節目看完，再看下一個節目，而不用急著滑動下面的時間線，快轉到結局。

當然，在現代的生活中，我們也有一次只做一件事情的困難，然而，刻意地練習，可以幫助自己專注、練習一次一件事情，在事情變得比較多的時候，我們也不會陷入慌亂當中。

四、了了分明的其他觀點及應用

了了分明起源於靈修，上述技巧在默觀祈禱、禪修或各種冥想的練習中也會用到，本段將簡述了了分明／靈修中屬於靈性層次的意涵，治療者不一定需要引導／教導個案這個部分的技巧，但治療者本身對這個部分能有多些了解和練習是更好的。

有研究顯示，長期靈修的人的大腦皮質比較厚，情緒的穩定性、整合性都更好，並且對情緒的同理性也更高（Brefczynski-Lewis et al., 2007; Hölzel et al., 2011; Kral et al., 2018; Lazar, 2005），顯示這樣的練習對於治療者本身是很有幫助的。以 DBT 的語言來說，了了分明的長期練習可以幫助我們的智慧心被啟動，達到提升智慧的效用，在理智與情緒當中的平衡成為一種大腦的習慣，自身常常處在和諧、平衡的心境中，在遇到環境

挑戰時，不用刻意地提醒，也就很自然地從智慧心發出了回應。

靈性層次的了了分明練習有幾個很重要的目標。這不是刻意達成的，而是在長時間練習了了分明的時候會體悟到的，包含：經驗到最終的事實（experience ultimate reality）、獲得自由以及增加愛與憐憫心（mercy）（林納涵，2015a）。

最終的事實是一個哲學性的探討，在這裡提及的最終的事實與意義治療所說「人生必然經驗的真相」相似，也與辯證的三個概念相通，變動是常態、世上充滿了兩極與矛盾、世上的事物都是相關聯的（參考辯證一章）。最終的事實包含下列三點。

1. 我們的心是最寬廣自由的地方，即便在集中營內，一個人幾乎無法有任何的主控權，但自己的心要想些什麼，則可以留在自己的決定中。這樣的體會在面對痛苦的時候是很重要的，強烈的痛苦雖然激化了情緒，自殺自傷的想法、衝動與習慣會進入志明的腦海中，彷彿快要將他淹沒，同時，他仍然可以提醒自己，自己仍然對自己的心有掌控感，觀察這些想法來來去去，但不用被想法驅動而發生自殺自傷行為。

志明視自殺為「解除痛苦」的唯一方法，然而，志明在治療的中後期會練習提醒自己，想法和衝動不等於自己，當保持自己沒有被痛苦淹沒，就還是能在痛苦的洪水中幫自己練習水母漂、隨痛苦載浮載沉，等待洪水退去，再重新找到立足點站穩。

2. 寬廣的心是「空」的心，是沒有事物「佇留」的心；這並不是說心中沒有意念，而是心中沒有執念（willfulness）。長久的練習可以幫助練習者體悟到，看到、經驗到的所有事實都處在變化的歷程中，這與辯證的概念是相通的。我們所見、所認知、社會所讚許等，都與時空變化交互影響，早先認為良好的親子關係是父慈子孝，但現在台灣可能比較認為良好的親子關係，則期待有多一些對話與分享，用 50 年代的期待看待 80/90 年代不見得適合，老一輩很容易認為年輕人沒規矩；相反地，80/90 年代的人不理解 50 年代的背景，也會錯以為自己的觀點是唯一的真理，留意

到時代的變遷，放下自己所認定的「好的親子關係」定義，去理解彼此的經驗，對於好的親子關係才有幫助。

　　沒有「佇」的心境也是自由的心，既明白自己所認爲的是什麼，也保留空間給新的經驗以及可能被影響的空間，保持了了分明的覺察有助於減少佇的影響；當生活中覺察不足，我們很容易把現有的知識、傳聞或習慣當成是「唯一的」事實，固執的思考或生活態度、假新聞的傳播常常就這樣發生；比較有助於理解事實的態度是，既不是抱持著疑心，對所有的事情都保持防備，也不會把所聽所聞當成全部的事實，而是保留一定的空間「我所知道的可能是有限的」，樂意將自己的習慣、聽聞接受挑戰和考驗。比如：春嬌知道自己欣賞的對象的特質，同時也保留空間，看到這些man 的男性，可能同時也有一些在關係相處上的特徵，而這些並不一定是自己喜歡的。

　　3. 愛和憐憫（compassion）：這是一個對事物完全接納了解下油然而生的態度，知道老鷹抓食雖然殘忍，同時也是爲了維持自身的生命存續，而如果少了老鷹，森林的成長又會受到過度增加的松鼠的威脅。每個生命都有其需求，都有殘忍之處、又同時環環相扣。

　　治療者看到個案想改變，同時又身陷脆弱情緒和無效環境的困境，屢屢遭受挫折；看到個案混亂的生活與因應行爲，也看到在他的處境中的智慧和努力；看到個案雖保有選擇的自由，同時又有採取自由的限制和困難；理解每個選擇要付出的代價和努力對他們來說，是多麼困難和不容易。

　　因爲看到兩個極端中的張力，治療者能傳達出一種全然的理解／接納，支撐著個案緩慢地改變，包容他在痛苦中的抗議，甚至挑釁，同時堅定地鼓勵個案緩慢地前進、繼續嘗試新的可能性和技巧。也在需要的時候採取後效管理、行爲塑造等策略，推動個案的改變，而不包庇個案想過度休息（不恰當的駐留或停頓），或看輕自己可以進步的空間（詳參辯證平衡的治療者特徵）；每個「剛剛好」的改變和平衡的失衡於是推動個案慢

慢前進。諾拉克斯‧魯道夫（2013）在《默觀輔導員》一書中描述了了分明的治療歷程：

「治療中，輔導員和受輔者建立一種特殊的關係，目的在減低受輔者的困擾或受苦的程度……。然而，過程不像他們所期待地那樣直接……他們也會發現對受苦的獨特態度，非同文化中對受苦的否定，痛苦不是要打敗的敵人或者急於拔除的刺，相反地，是含蓄、非敵對也非負面的……而這需要時間、專注、勇氣和忍耐……。」

佛教教師傑克、康菲爾德（Jack Kornfield）也特別強調：

「真正的憐憫……永不建基於恐懼或可憐，反而是一種從心中深切支持的回應，建基於尊嚴、正直，和每個各別受造物的好處。」

在這樣的治療者身上，個案不會覺得「被憐憫」是被同情，他們的自尊沒有被矮化的威脅，並且學習理解辯證的世界觀，身邊的好好壞壞如同四季的變化，自己所不喜歡的事情並不等於是不好的事情，自己都有善良的意願，同時，情緒的堅韌度修改了可以表現出來的範圍，每個人既是主動地選擇了自己的行為，也是受限於自身的經驗與習慣、環境。

最後，我們也需要小小地提醒，治療者或被治療者自身有靈修的經驗，對學習了了分明的技巧，有時候有幫助，有時候也會有干擾；正面的幫助如規律地操練前面七個技巧，練習者靈性層面的體悟通常會自然而然地被觸及，反之亦然。負面的影響比如：有禪修經驗的個案，在治療者帶領不同類別的了了分明練習時，個案可能仍然停留在自身原本的練習中，比如：治療者帶領視覺或聽覺的觀察，個案仍持續分享對呼吸的觀察，此時，治療者需要協助個案理解，不同的練習都有其重要性，幫助個案以開放的心接納／觀察／練習不同的練習，才能夠擴充個案對了了分明的學習。

重點提示

1. 如果個體可以將注意力拉回到當下，執行了了分明，可以減少痛苦感受，提升當下的心靈自由，一步步協助自己前往「值得活的人生目標」。

2. 一開始練習了了分明時，一次只練習一種技巧，例如只練習「智慧心」，只練習「觀察」，只練習「描述」，或只練習「參與」。

3. 無論練習了了分明當中的任何技巧，都要搭配 How 的「不評價地、專一地、有效地做」

4. 了了分明「中性地做」的技巧是幫助練習者注意到習以爲常的「好壞、對錯」等等評價性的想法，可能無法有效地幫助自己因應環境，反而會惡化情緒；將評價轉換成描述性的想法則是解決的方式。

5. 「有效地做」的技巧需要先辨識自己的目標是什麼（特別是長期目標），在想採取順著情緒的行動時，問問自己，這樣做和自己的目標方向一致嗎？

6. 了了分明的靈性觀點中，最終的事實是：我們的心是最寬廣自由的地方、沒有佇的心是自由寬廣的心的特質、愛與憐憫在這樣的心中會自然而然地存在。

參考文獻

三重腦（2020年3月4日）。自由的百科全書。https://zh.wikipedia.org/w/index.php?title=%E4%B8%89%E9%87%8D%E8%84%91&oldid=58126472

林納涵（2015a）：《DBT技巧訓練手冊：辯證行爲治療教學》（江孟蓉、吳茵茵、李佳陵、胡嘉琪、趙恬儀譯）。張老師文化。（原著出版年：2014）

[Linehan, M. M. (2015a). *DBT skills training manual, second edition* (M. R.

Jiang et al., Trans.). Living Psychology publishers Co. (Original work published 2014).]

林納涵（2015b）：《DBT技巧訓練講義及作業單》（馬偕醫院辯證行為治療團隊譯）。張老師文化。（原著出版年：2014）[Linehan, M. M. (2015b). *DBT skills training handouts and worksheets, second edition* (MacKay Memorial Hospital DBT team, Trans.). Living Psychology publishers Co. (Original work published 2014).]

麥修、傑弗瑞、傑弗瑞（2013）：《辯證行為治療技巧手冊：學習了了分明、人際效能、情緒調節和痛苦耐受的辯證行為治療實用練習》（楊涉智譯）。張老師文化。（原著出版年：2007）[Mattew, M., Jeffery, C. W. & Jeffery, B. (2013). *The dialectical behavior therapy skills workbook: Practical DBT exercises for learnig mindfulness, interpersonal effectiveness, emotion regulation & distress tolerance* (Young, S. Z., Trans.) Living Psychology Publishers Co. (Original work published 2008).]

魯道夫（2013）。《默觀輔導員：流露生命本質的輔導》（黎智生譯）。基督教文藝出版社有限公司。（原著出版年：2010）[Nolasco Jr, R. R. (2013). *The contemplative counselor: A way of being*. (Sang L. C. Trans.) Chinese Christian Literature Council Ltd. (Original work published 2010).]

Aguirre, B. A. & Galen, G. (2013). *Mindfulness for borderline personality disorder: Relieve your suffering using the core skill of dialectical behavior therapy*. New Harbinger Publications

American Psychological Association (APA, 2022, February, 24). APA dictionary of psychology. https://dictionary.apa.org/emotional-deterioration

Brefczynski-Lewis, J. A., Lutz, A., Schaefer, H. S., Levinson, D. B., & Davidson,

R. J. (2007). Neural correlates of attentional expertise in long-term meditation practitioners. *Proceedings of the national Academy of Sciences*, *104*(27), 11483-11488.

Goyer, P. F., Andreason, P. J., Semple, W. E., Clayton, A. H., King, A. C., Compton-Toth, B. A., Schulz, S. C., & Cohen, R. M., (1994). Positron-emission tomography and personality disorders. *Neuropsychopharmacology, 10*(1): 21-28.

Hölzel, B. K., Lazar, S. W., Gard, T., Schuman-Olivier, Z., Vago, D. R., & Ott, U. (2011). How does mindfulness meditation work? Proposing mechanisms of action from a conceptual and neural perspective. *Perspectives on Psychological Science, 6*(6), 537-559.

Kabat-Zinn, J. (2003). Mindfulness-based interventions in context: Past, present and future. *Clinical Psychology: Science and Practice, 10,* 144-156.

Kline, A., Chesin, M., Latorre, M., Miller, R., St. Hill, L., Shcherbakov, A., & Interian, A. (2016). Rationale and study design of a trial of mindfulness-based cognitive therapy for preventing suicidal behavior (MBCT-S) in military veterans. *Contemporary Clinical Trials, 50*, 245-252.

Kral, T. R., Schuyler, B. S., Mumford, J. A., Rosenkranz, M. A., Lutz, A., & Davidson, R. J. (2018). Impact of short-and long-term mindfulness meditation training on amygdala reactivity to emotional stimuli. *Neuroimage, 181*, 301-313.

Lazar, S. W. (2005). Mindfulness research. In C. K. Germer, R. D. Siegel. & P. R. Fulton. (Eds.), *Mindfulness and Psychotherapy* (Vol. 22, pp. 220-238). Guilford Press.

Linehan, M. M. (1993). *Cognitiuo-behavioral treatment of borderline personality disorder*. Guilford press.

Le, T. N., Kielburger, L. C., & Buddharakkhita, B. (2018). The six R's framework as mindfulness for suicide prevention. In J. K. Hirsch, E. C. Chang, & J. K. Rabon (Eds.), *A positive psychological approach to suicide: Theory, research, and prevention* (pp. 247-284). Switzerland: Springer International Publishing.

MacLean, P. D. (1990). *The triune brain in evolution: role in paleocerebral functions.* Plenum Press

Simeon, D., Stanley, B., Frances, A., Mann, J. J., Winchel, R., & Stanley, M. (1992). Self-mutilation in personality disorders: psychological and biological correlates. *American Journal of Psychiatry, 149*(2), 221-26.

Soloff, P. H., Pruitt, P., Sharma, M., Radwan, J., White, R., & Diwadkar, V. A. (2012). Structural brain abnormalities and suicidal behavior in Borderline personality disorder. *Journal of Psychiatric Research, 46*(4), 516-525.

Stanley, B., Sher, L., Wilson, S., Ekman, R., Huang, Y. Y., & Mann, J. J. (2010). Non- suicidal self-injurious behavior, endogenous opioids, and monoamine neurotransmitters. *Journal of Affective Disorders, 124*(1-2), 134-40.

Teasdale, J. D., Segal, Z. V., Williams, J. M. G., Ridgeway, V., Soulsby, J., & Lau, M. (2000). Prevention of relapse/recurrence in major depression by mindfulness-based cognitive therapy. *Journal of Consulting and Clinical Psychology, 68*, 615-623.

第十章 痛苦耐受

周昕韻

　　本章節旨在說明痛苦耐受的定義，心理學及認知行為治療中對痛苦耐受相關的學術及實務上的整理，邊緣型人格對痛苦耐受的困境，再提出 DBT 對痛苦耐受的看法，及簡介 DBT 的痛苦耐受技巧。

一、什麼是痛苦耐受

　　什麼是「痛苦耐受」（distress tolerance）？心理學研究裡，有一些概念及元素與痛苦耐受有關。Zvolensky 等人（2010）統整出過往跟痛苦耐受有關的幾個研究方向，包含了 (1) 耐受模擬兩可（tolerance of ambiguity, TOA），他們發現當個體的 TOA 越低，對當下模擬兩可的情境會越容易展現出強烈的情緒及衝動的行為。(2) 對不確定性的無法耐受（intolerance of uncertainty），此項元素跟廣泛性焦慮症有許多關聯，主要是對未來不確定的人事物發展產生過度擔憂的認知特質，該擔憂特質是長期存在，已經成為人格的一部分，對「尚未發生的事情」呈現低耐受的情緒、認知及行為反應，所以在生活中會有較多的主觀挫折感及不適。(3) 生理不適的無法耐受（discomfort intolerance），對疼痛的無法耐受，也是長期的特質，會做很多逃避的動作來應對生理不適（例如服藥過量來壓低不適感，或進行過多物理上的治療來處理不適感）。(4) 對負面情緒的痛苦耐受（distress tolerance for negative emotional states）將之定義為耐受、面

對、接納並且容忍注意力停留在負面情緒裡；此能力亦是長期的特質，是生活中不可或缺的一塊。(5) 理情行為治療（rational emotive behaviour therapy, REBT）提到之挫折忍受力（frustration tolerance），指出低挫折忍受力有以下四類：不適感的無法耐受、覺得自己居高臨下（俗稱公主或王子病（entitlement））、情緒無法耐受及成就上的挫折，這些特質影響了個體在面對生活困擾的應對方式。(6) 生理耐力任務（physical tolerance task）是測量個體對冷熱溫度、疼痛、二氧化碳的生理耐受度。(7) 認知忍耐（cognitive tolerance），此元素包含給予個案許多認知上的測驗含視覺語言等等的刺激，需要個體使用認知資源來解題，刺激物有不同程度的困難，個案必須在短時間裡處理，一邊處理一邊偵測個案的心跳、血壓、血糖及皮膚溫度等等壓力身心反應。上述這些元素都是文獻中研究有關「痛苦耐受」的研究方向。

此章節的「痛苦耐受」則是第三波行為治療所提出的概念（Lynch & Mizon, 2010），第一波行為治療，依古典制約及操作制約的原則進行個體行為的塑形。第二波行為治療，把「認知」加入，並探討想法在行為形成過程扮演的角色。第三波行為治療，則是把了了分明也當成行為的一種，並且開始探討每一個行為環節所帶來對個體的「功能」；辯證行為治療（dialectical behavior therapy, DBT; Linehan, 1993）、接受與承諾治療（acceptance and commitment therapy, ACT; Hayes et al., 1999）及正念認知療法（mindfulness-based cognitive therapy, MBCT; Segal et al., 2002）等治療學派在這樣的脈絡下開始發展出來。這些學派均將「接納」（acceptance）原則當作治療重點，個體如果無法練習「接納」自己的想法、情緒、行為及生理痛苦，會使得痛苦加劇；而真正的「改變」出自於對問題的「接納」──接納之後，人們將會有更多內在資源來承受改變時必要的執行、努力與耐心。也是在這第三波行為治療過程，學者及實務工作者理解並推動「痛苦耐受」的概念及做法，並將之應用到心理治療裡。

Lynch 與 Mizon（2011）對痛苦耐受的定義為「經驗與忍耐負向情緒

感受及生理痛苦之知覺能力」，再加上「不因著上述負向感受做出無效行為」。當一個人痛苦耐受能力過低／過高，後續會形成什麼問題呢？可以想見，他們生活會充斥許多不適應行為，且對生活品質一定會有損害。痛苦耐受能力低的，情緒調節能力受困，會有較多誇大與衝動行為表現，我們可從邊緣性人格、暴食症、物質濫用者、戲劇性及反社會人格身上看到這樣的行為特徵；許多的研究顯示，從兒童青少年期開始，對焦慮過度敏感（anxiety sensitivity），對後續的生活都會帶來很多症狀及辛苦的預後（Weems, 2011），例如會造成後續的恐慌發作、恐慌症及其他焦慮症，或者提升發展出創傷後壓力疾患及身心症狀與物質濫用等問題的可能性。Nock 與 Mendes（2008）亦發現對年輕族群來說，無法忍受的情緒痛苦如悲傷，會採用讓自己疼痛的自我傷害來逃離情緒反應。反之，若是痛苦耐受能力過高，情緒調節能力亦受困，他們會有較多壓抑與內在控制，極力避免危險，成為思考行為僵化的完美主義傾向，我們可從強迫性人格、逃避型人格、妄想型人格、厭食症患者、慢性憂鬱症或老年族群身上觀察到這樣的行為特徵（Lynch & Cheavens, 2008）。

二、邊緣性人格的痛苦耐受困境

邊緣性人格障礙（borderline personality disorder, BPD）有人際困難、情緒調節困難、認知困擾還有行為困擾。雖然在全體人口只有 1-6% 是邊緣性人格，但他們卻占了精神醫療／心理衛生服務對象的 15%（Gratz & Tull, 2011），沒有接受適切治療的 BPD 在生活中會遇到很多困境與失功能的展現，自我挫敗、自我傷害、藥物或成癮物質過量、危險的性行為、暴食與催吐等等。過往二十多年的治療文獻把力氣放在如何治療他們，尤其很大一塊在探討如何增進他們的「痛苦耐受能力」。

Linehan（1993）的生物社會理論也有提及，BPD 有個困境在於「不願耐受痛苦的情緒」（unwillingness to tolerate emotional distress），這是一

個情緒脆弱性加上不認可環境的長期交互作用結果，個案情緒易感、反應大又需要時間才能讓情緒下降；於此同時不認可的環境忽略個案真正需求、責備其情緒反應，這樣造成個案長期下來學會逃避情緒反應才是舒服的作法。「痛苦耐受的缺乏」不只是 BPD 形成的原因，也是讓其特性繼續存在的主因。

換句話說，BPD 個案對經驗痛苦有一種反感，造成感知到痛苦就會採取逃避的作法，這個「不願意耐受」（unwillingness to tolerate），是形成逃避的主因。如 Gratz 與 Tull（2011）整理：在女性因犯中，經驗逃避與 BPD 症狀嚴重程度有高相關，而 BPD 族群，比起一般族群在逃避經驗層面也有較高的得分；而 BPD 如果又加上物質使用障礙，比起單純的物質使用障礙者是有極高逃避傾向的。Gratz 與 Tull（2011）回顧過往文獻，指出無法耐受痛苦會形成一個負面循環，當情緒強烈時，個案傾向逃開這些反應，而逃開之後，又要承受更高的痛苦感受，只好繼續逃走而沒完沒了，所以一旦開始逃避負面情緒，後面就勢必得面對情緒更為高漲的狀態，之後可能造成更多的情緒失調。

這些對我們臨床工作的貢獻是什麼？Linehan 等人（2006）認為針對BPD 的治療裡，一定要加入痛苦耐受的元素，才能降低 BPD 症狀的不適，減少因為想逃避痛苦而產生的衝動行為；長期而言提升他們的適應、穩定性，進而提升生活滿意度。故在 DBT 治療裡，也有痛苦耐受的元素及技巧（Linehan, 1993）。

三、DBT 的痛苦耐受概念

針對提升個案的痛苦耐受，DBT 提出很重要的關鍵：「不評價」地「觀察痛苦」並將自己拉回「智慧心的目標」。Linehan（2015）指出「評價」及「參與在痛苦之中」是兩個造成個案痛苦難以耐受很大的因素，當我們對生活中發生的人事物進行評價（無論是過於正向或負向的評價），

情緒會隨之浮現，若評價無法被轉換成中性時，情緒會累積而成極端的情緒；極端情緒接下來帶來痛苦感受，若個體無法停下來不評價地觀察自己的痛苦而是參與其中，將會帶來循環不斷的折磨。在這種極端折磨狀態之下，一個人的大腦反應只剩下爬蟲類身體感官感受腦及哺乳類情緒腦的反應（從 MacLean（1990）提出的三腦理論（triune brain）簡化模型來說，大腦分成古老的爬蟲類腦、哺乳類腦與人類的新皮質），人類思考判斷語言與執行能力腦會呈現出「當機」狀態，無法抗拒情緒化的衝動行為，呈現「腦鎖」狀態，會做出衝動行為（Siegel & Bryson, 2018）。可能是非常強烈的爭執或破壞舉動，或做出強烈的逃避舉動（如：衝動辭職、衝動離家出走等等），任誰也無法阻擋。在這樣情境之下，個案可能會忘記原本的目標，衝動地做出反目標行為。如果個體選擇「逃避」負向經驗，將逃開了「經驗與忍耐」的過程。諷刺的是，易選擇「逃避」因應的人，不只逃開人生的負面經驗，許多正向經驗也有如過往雲煙，無法體驗及享受。

所以 DBT 痛苦耐受裡很強調「目標」，無論是個體「短期或長期目標」，治療師都要時時拿出來提醒個案，讓個案再次定向並承諾要追求原本承諾的目標，所以當痛苦來臨，願意嘗試「耐受」，而非做出衝動破壞行為，也不做出「反目標行為」。這個過程，需要治療師及個案兩人合作，彼此信任，治療師像啦啦隊員不斷鼓舞個案，陪同在痛苦裡使用技巧轉化情境。Linehan（2015）說：「DBT 強調有技巧的學習痛苦的益處，忍受痛苦和苦惱是人生的一部分，忍受和接納痛苦的能力之所以成為心理衛生的目標，至少有兩個原因。第一，痛苦和苦惱是人生的一部分，無法完全逃避或移除，若不能接受此一不可改變的事實，會造成更多的痛苦與苦惱。第二，至少暫時忍受痛苦才能嘗試改變；否則不斷努力逃避痛苦和苦惱（例如透過衝動行為）將妨礙我們確立想要的改變。」痛苦耐受是從了了分明技巧演變而來，能夠以不評價與不評斷的態度，同時接納自己與當下的情境。本質上，痛苦耐受是「有能力感知周遭環境卻不強求立即改變；有能力去經驗自身當下的情緒狀態卻不試圖改變；能夠觀察自己的想

法與行為模式，而不嘗試阻止或加以控制。」下面我們會開始介紹 DBT 的痛苦耐受技巧。

四、DBT 的痛苦耐受技巧

DBT 的痛苦耐受技巧強調耐受負向的情緒，且不要進行衝動行為，這也鼓勵個案全然接納已經發生的事情，加上了了分明的概念與技巧，對已經發生的人事物不評價，也可以增加活在當下的意願。

分為短期及長期痛苦耐受，把技巧羅列在下，更多的技巧細部說明可參考《DBT 技巧訓練手冊》（Linehan, 2015）。本章節先以簡介各個技巧為主，整個技巧使用過程，本文會穿插春嬌及志明的故事來讓讀者理解可以如何運用。

表 10-1　痛苦耐受技巧

	短期危機生存	長期接納現實
痛苦耐受技巧	STOP 立即停止	全然接納
	優缺點分析	轉念
	TIP 改變身體化學狀況	我願意
	ACCEPTS 用智慧心接納，轉移注意力	微笑和願意的手
	Self-sooth 五感自我撫慰	允許你的心：對當下想法了了分明
	IMPROVE 改善當下	

(一) 短期危機生存技巧

1. STOP（立即停止）

這個技巧由四個步驟組合而成，它們分別是 Stop（停）、Take a step

back（往後退一步）、Observe（觀察）、Proceed mindfully（帶著覺察行事）。如何在痛苦過高的時候，讓自己趕緊喊停，不再做任何動作，以避免傷害自己或他人？STOP 技巧將循序漸進的協助我們一步一步完成。舉例說明，春嬌復學後，決定今晚要好好複習英文課本第十章，因為後天有期末考，但唸著唸著，心靜不下來，最主要是想到「期中考英文已經不及格，期末考如果又不理想，我可能整門課會被當掉」，這樣的想法在腦海中揮之不去，「算了算了先不要這樣想，我先好好唸第十章再說！」春嬌這樣告訴自己，所以再次深吸一口氣，打算專注唸第十章，但沒想到因為前面的章節沒有打好基礎，第十章根本看不懂！春嬌暈頭轉向，想著自己完蛋了，現在就算努力也來不及了，前面的基礎根本沒有時間補齊，想到這裡便十分懊悔，「在學期初沒有努力唸書，導致期中考不及格，又沒有在考後就趕緊補齊讀書進度，現在只剩兩天了根本來不及準備，就算今天讀懂第十章，也不可能保證我考得過，現在已經來不及了」，想著想著春嬌越來越焦躁，書根本看不進去，「我這樣的狀態哪有可能準備期末考，我註定要失敗了！」想到這裡，春嬌開始抓自己的頭髮，咬自己的手，想要再次叫自己冷靜；維持這樣的姿勢及動作五分鐘後，春嬌發現自己根本在浪費時間，「我真的很失敗！為什麼總是搞不定自己的焦慮！我要趕緊冷靜下來才行。」於是突然想到自己過去最快速冷靜下來的方法，就是朝手臂內側割下一刀，血流出來時就會突然冷靜下來，於是將抽屜打開，拿出好久沒有使用的美工刀。

像這樣的時候，就是使用 STOP 的最好時機！首先，(1)Stop 停下來一動也不要動，一寸肌膚都不要再動！(2)Take a step back 往後退一步，物理上、心理上我們都將自己跟痛苦隔出一段距離，甚至幫助自己真的將自己的腳往後挪動，往後跨一大步，讓自己先跟痛苦想像隔開一段安全距離。(3)Observe 觀察，觀察周遭，轉動脖子去用眼睛觀察，自己處在什麼樣的定向（人事時地物），例如我在哪？我是誰？我怎麼會在這裡？這裡是哪裡？我在幹什麼？原本我要做什麼？現在是幾點？(4)Proceed mindfully 帶著智慧心覺察一步一步執行，如果我今天本來的目標是要唸第十章，我怎麼會手上拿著刀子？如果這一割下去，我要花更多時間止血，我還有時間唸書嗎？會不會導致離「唸第十章」這個目標更遠？會更遠的！所以我千萬別這麼傷害自己！

2. 優缺點分析

只見春嬌想起治療師曾經跟自己說過，任何時候要做衝動的行為時，都要想想優缺點，所以還好春嬌停了下來，把美工刀放回抽屜，拿出一張紙跟筆，畫出大大的方框，長得像下方的表格：

表 10.2　優缺點分析

	優點	缺點
刀割手臂	短期：迅速緩解焦慮感	短期：止血止不住很麻煩，可能要跑醫院，造成我更無法唸書
	長期：（想不出來）	長期：會覺得對自己更加失望，書念不好以外，也搞不定情緒。又要多一刀疤痕，雖然別人不輕易看見，但我會對自己更加沒有自信。
不刀割手臂	短期：不用受傷，不用失血，不會有疤痕。	短期：不知道如何讓自己的焦慮緩解下來，待在焦慮裡
	長期：我會對自己的情緒掌控有更多自信，也不需要用受傷來換取冷靜，會對自己更加有信心。	長期：（想不出來）

春嬌端詳著自己的優缺點分析，知道是現在的焦慮過高而讓自己想要使用刀子來自傷，目的是想要緩解焦慮，而不是單純只是想造成傷害，而且自傷以後，帶來的長期缺點總是讓自己受困，越來越沒自信。所以，最好不要傷害自己，而是做有效緩解焦慮的技巧。看到這裡，春嬌想到治療

師曾經教過自己一個方式可以有效的緩解焦慮，也就是下一個技巧：TIP。

3. TIP改變身體化學狀況

TIP 技巧由三個步驟組成：**T**emperature（改變溫度）、**I**ntense exercises（激烈運動），及 **P**aced breathing（吸四吐八）+ **P**aired muscle relaxation（配對式肌肉放鬆）。

Porges（2011）提出多重迷走神經理論（polyvagal theory），哺乳類動物之自律神經系統有三支神經系統：副交感腹側迷走神經、交感神經及副交感背側迷走神經。當身體啟動副交感腹側迷走神經時，人們感到安頓、安全與平靜，感到活在當下且可以保持良好社交互動。壓力來臨時，個體會啟動交感神經系統，這時個體開始準備迎戰壓力或逃走，所以全身生理反應包含呼吸系統、循環系統、消化系統、神經系統及內分泌系統等等都開始運作，一點點這樣的反應人們都可以因應，試圖戰勝、解決壓力源或有效避開。但有些壓力源及痛苦無法有效立刻被解決，或無法逃離，人體的交感神經反應會作用越來越多，開始出現焦慮、恐慌、暴怒或破壞衝動，且生理激躁包含心跳加速、肌肉緊繃、血壓上升、消化系統不適等等，在這個時候主觀會感受到「痛苦」，若未及時介入，個體在此時會很難受，直到傷害自己，如：割傷自己，副交感神經的背側迷走神經將啟動，背側迷走神經有很強的關閉功能，造成個體的活動抑制，並分泌大量腦內啡（如同嗎啡止痛功能），此時，個案才會有主觀生理痛苦的減輕。但在背側迷走神經的啟動狀態，個體的心理感受是絕望、孤單無助的，感到靈肉分離的解離感受，且想法上負面評價存在腦海中揮之不去，就會進入到一種負向循環裡，讓痛苦感受持續上升，到後來想法及情緒交織成痛苦的組合，連帶出不適的身體感受。當一個個體無法順利調節或耐受壓力反應時，心理及生理的痛苦會交織在一起，負面循環。由於自律神經系統的啟動並非由個體控制，而是由身體自主的反應，若長期處於壓力狀態

下，交感神經非常容易被啟動，或者副交感的背側迷走神經也會容易被啟動，自律神經的不平衡，進而會產生許多身心症狀，從童年逆境經驗的研究可以發現這樣的連結，如長期的心律不整（Marllet, 2018）。換句話說，長期處在壓力情境之下的個體身心症狀會比起沒有長期處在壓力情境下的人神經系統更加脆弱，亦展現出情緒的脆弱性。不認可的環境也可能會造成人們處在交感神經備戰或者進入解離。

在 TIP 這個技巧，幾個步驟都是為了要改變很激動的交感神經反應，交感神經激發過高，個體呈現極高的戰或逃反應，情緒也在一個極端的狀態，若是極高的戰，個體展現非常高的憤怒情緒，極高的逃則是搭配著非常高的焦慮，無論是哪種，後面可能都會帶來衝動的行為，許多自殺風險都是在這樣的狀態下促發的。所以為了幫助個案避開傷害自己的風險，緩解這樣的交感神經反應是非常重要的。若參考下方的多重迷走神經圖，便可以理解 TIP 技巧如何產生幫助：

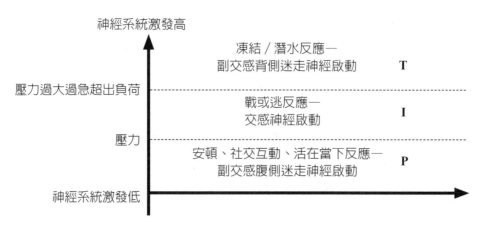

圖 10.1　多重迷走神經圖（Polyvagal Chart）

（周昕韻繪圖，參考 Ruby Jo Walker（2020）繪製而成）

危機就是當交感神經過度激發時，個體無法降下來到副交感腹側迷走神經的狀態，能做的是先想辦法啟動副交感背側迷走神經，啟動一種凍結的反應，最迅速及安全的方式，就是拿出一盆冷水 T：改變溫度（Temperature），將臉埋進去，埋進去時要閉氣。閉氣 30 秒左右，因爲冷度及身體暫停氧氣的吸入，此「潛水反應」＝ 啟動背側迷走神經（Foundation for Human Enrichment, 2007），身體的緊繃會鬆開，且情緒也會暫停，重複三次以後，個體會瞬間感到理智恢復，不再被情緒及交感神經反應衝破頭。接下來，I 激烈運動（Intense exercise）就要跟著做，激烈運動如 TABATA 四分鐘（TABATA 運動爲一種短時間內大量運作心肺功能的運動，是由日本競速滑冰頂尖教練入澤孝一用來訓練國家代表隊的鍛鍊法，運動 20 秒，休息 10 秒，連續 4 分鐘共 8 個循環，這樣的訓練方式有效地提高運動員的肌肉無氧爆發能力）。讓全身再一次經驗交感神經的反應，做完以後，由於是一種健康的釋放歷程，運動後身體會再度恢復恆定，而進入到腹側迷走神經反應狀態，此時可以使用 P：吸四吐八（Paced breathing）及配對式肌肉放鬆技巧（Paired muscle relaxation），讓身體回復到平穩狀態。

春嬌複習了一下 TIP 的原理，決定去洗手間用冷水洗臉，一邊洗臉一邊閉氣 30 秒，總共重複了三次，把臉擦乾後，回到房間開始迅速的開合跳，用盡所有的力氣跳了 4 分鐘，接下來坐著，搓熱雙手彷彿要鑽木取火，將兩個手掌弄熱，弄熱後把一隻手放在胸口，另外一隻手放在腹部，開始用鼻子吸氣 4 秒，嘴巴緩緩吐氣 8 秒，一邊吐氣一邊發出 VOO（近似中文「嗚」的聲音），一共呼吸了 2 分鐘，之後再進行配對式肌肉放鬆，從臉部開始，吸氣後閉氣也把肌肉收緊，暫停 5 秒後，再把肌肉鬆開，一邊鬆開時一邊呼出氣，發出「啊」的聲音，再依序脖子、肩膀、手臂、手掌、腹部、大腿、小腿及腳掌等等肌肉依序完成。如此一來，便完成了 TIP，春嬌也覺得冷靜多了。

4. ACCEPTS轉移注意力

ACCEPTS 技巧內含：Activities（進行活動）、Contributing（貢獻他人）、Comparisons（向下比較）、Emotions（替換情緒）、Pushing away（推開一旁）、Thoughts（替換想法）、Sensations（替換感官感受）；這些技巧沒有順序，只要選擇適合自己且可以有效轉移注意力即可。延續上面的例子，春嬌發現腦袋仍然掛記著「書唸不完」這件事情，而且發現一旦開始這樣想，身體就會快緊繃起來。春嬌也可以用轉移注意力的方法，讓自己的大腦不被「書唸不完」這個想法綁架，春嬌可以用進行活動、貢獻他人、向下比較、替換情緒、推開煩惱、替換想法或其他感覺等等的作法，來轉移一下注意力。春嬌打了一通電話給好朋友，隨便聊聊今天發生的事情，發現朋友正在煩惱感情的事情，春嬌花了 15 分鐘安慰對方，這個過程春嬌想到自己還好不需要為了感情煩惱，心中好過一點。掛掉電話後，把自己最愛的 YOUTUBER 頻道打開，看了 20 分鐘，替換了煩惱的情緒，轉換成很幽默歡樂的感受，也跟自己說，「輕鬆一點事情才做得好」，就開始在腦海中不停播送「輕鬆一點事情才做得好」這個想法來替換掉「書唸不完」這個想法。

5. Self-soothe五感自我撫慰

五感撫慰，是眼耳鼻舌身採取療癒的舉動，來安撫不安的自己。春嬌做了許多的練習，視覺：拿出跟好友一同的照片，兩人在照片裡笑得燦爛；聽覺：耳朵播著輕音樂；嗅覺：聞了薰衣草精油；味覺：喝一杯熱可可；觸覺：把注意力轉移到觸摸自己的衣服材質，專心地描述衣服的觸感；兩隻手在胸口交叉，左手握了握右手臂，右手握了握左手臂，感覺自己對自己的碰觸及撫慰，跟自己說，「輕鬆一點事情才做得好，一定要記得這個」。

6. IMPROVE改善當下

IMPROVE 由 **I**magery（想像）、**M**eaning（找尋意義）、**P**rayer（祈禱）、**R**elaxing action（放鬆的行動）、**O**ne thing in the moment（一次一件事）、**V**acation（短暫假期）、self-**E**ncouragement（自我鼓勵並重新思考整個狀態）等技巧組合而成，個體可以嘗試對自己有幫助的其中幾種來改善當下的痛苦感受。延續上述例子，春嬌使用了混合的方法來改善自己的情況：

想像：春嬌開始想像期末考結束後與朋友再次出遊，沒有考試的壓力該有多好？意義：春嬌重新思考考試這件事情，這不是人生第一次的考試，也不會是最後一次考試，千萬不要想得太嚴重，考試就是要提醒學生要唸書，不是爲了製造恐慌用的，自己盡力唸完就是了。祈禱：春嬌跟上帝說，「我會盡力唸書考試的，請保護我容易焦慮的心，請給我勇氣。」放鬆的行動：從一開始到現在已經做了不少放鬆的舉動，如慢慢呼吸、用精油聞嗅，現在焦慮的感受已經緩解許多。一次一件事：春嬌重新告訴自己，不是要唸完第十章，我先 5 頁 5 頁讀，先讀完 5 頁再說，先做好讀完 5 頁這件事情，之後再安排下一個 5 頁，這樣壓力小多了。短暫的假期：從剛剛開始痛苦耐受技巧執行起來，已經給自己約莫半小時的假期，春嬌很高興這樣照顧自己，因爲現在好像充電了許多，整個人再次有精力。自我鼓勵：春嬌對自己說「這不是世界末日，輕鬆一點事情才做得好，一次 5 頁，妳一定做得到！」一邊說著，一邊雙手握拳，一瞬間春嬌覺得放鬆多了，決定再次把書拿起來唸。

經過了這麼多努力，春嬌終於耐受住今天晚上的危機痛苦感受，有了這次成功經驗，未來相似的危機襲來時也不怕了！

值得注意的是，痛苦耐受的這六種危機時使用的技巧，並非每次都需要完成所有的技巧，有些夥伴做了 TIP 就已經感到舒適，有些人則是要做過許多項目才耐受得了痛苦感受。所以重點並不是一口氣做完多少項目，

而是有沒有了了分明（中性地、有效地、專一地）執行這些技巧，每個技巧至少要使用 3-5 分鐘，感受到痛苦降低，不會做出衝動行為就可以停下來了，有時候只做了 ACCEPTS 的一個技巧就已經有幫助了。每個人的狀態不同，重要的是平時就可以練習，才知道自己在危機時什麼樣的技巧會比較快產生效應。

(二) 長期接納現實技巧

1. 全然接納（Radical acceptance）

「全然接納」看似是一句話，內含非常不容易的歷程。它是當痛苦狀態已經是長期無法扭轉且無法避免時，需要使用的技巧，好讓我們每一天仍然值得一活。什麼樣的狀況適合使用呢？舉例來說，對原生家庭有著長期的失望（如極端重男輕女讓身為女性的個案非常痛苦），或無法緩解或扭轉的身體健康上的受損（如癌症復發或因車禍造成肢體傷殘等等），以上這些人生中巨大的遺憾，每每想起就感到痛苦，就是我們可以嘗試使用「全然接納」的時機。

志明這幾年工作都很不順，雖然有新的工作，但都做幾天後就被辭退，志明在治療師面前提到這一點，難過的哭了。治療師傳達出對志明的理解，也認可了志明的痛苦；治療師說，不能只有我認可你的痛苦，更重要的是你自己，你自己接納這樣工作不順的現狀嗎？志明搖搖頭，不接受自己這麼糟，表示自己真的在這個世界上「很多餘」，沒有哥哥姊姊來得優秀，課業不佳，好不容易畢業了，工作卻不順，自己的寫作興趣也沒有顯著進展，自己就是不應該存在世上。

治療師跟志明接著介紹「全然接納」的概念，提到「目前這樣工作不順的狀態，很需要被我們自己接納，徹底的接受，用我們的身心靈都接受這個現狀，先接納了以後，後面才有辦法改變」，志明說「這麼失敗的狀況，我真的對自己很失望！」治療師接著：「我們目前要練習接納的，是

現實本身，就是『到目前爲止，我在職場上並不順利』這樣的現實，並不是贊同或樂見這樣的現象，也不是在預言未來，認爲未來也會在職場上不順利。」志明歪著頭，顯示出懷疑的表情，表達不知道做這個「全然接納」步驟對自己找工作有什麼幫助？

治療師接著說：「就算我們拒絕這個現實，也不會改變這個現實；而你希望未來工作比較順利，我們需要先接納這個現實；而這個現實的確帶給我們痛苦，但如果我們想要避開去感受它，後來會成爲受苦，就像前幾天的你差點要把刀子拿出來傷害自己。接納自己到目前的就業不順利，帶來悲傷的感受，我都會陪著你，你剛剛流出的淚水，在說些什麼？如果眼淚會說話？」志明想了想，說：「我覺得很不甘心，很不服氣。」治療師看著志明，緩緩點著頭。停頓一分鐘後，志明嘆了口氣，說：「好特別的感覺，當我剛剛流完淚，並且說出我不甘心後，我現在胸口這邊的緊繃感受有一些鬆開。」治療師說「沒錯，這就是當我們全然接納後，會感受到的深沉平靜感，何不多停留一下？跟這個平靜感多待一會。」志明點點頭，讓自己往椅子深處坐，接受椅子的支持，深深嘆了口氣。

治療師接著說：「這就是全然接納，我們如果未來希望有所改變，一定要先徹底接納此時的困境。」

值得注意的是，全然接納這個技巧，每次練習都是爲了往「接納多前進一步即可」，個案可能不會一下子就百分之百接納發生在生命中的遺憾，但每次只要往前多走一步即可（例如 10% 的接納進步到 15% 的接納也是值得認可的進展）。

2. 轉念（Turning the mind）

轉念有四個步驟：(1) 注意到自己不接納現實、(2) 內在承諾自己要試著接納現實、(3) 一次又一次的轉向接納的方向、(4) 發展出一個下次如果又不再接納現實時，可以做的計畫。

運用到上述例子，當治療師陪著志明做過一次全然接納練習後，志明緩緩的開口：「老實說，我可以理解老師你的意思，只是我覺得好困難，現在是你在我旁邊可以這樣提醒我，如果我自己回家了，我不知道我能不能做得到全然接納。」治療師跟志明說：「沒問題，每當你自己一人在家，突然又有一種無法接納的感受，都沒有關係，我們只要提醒自己，多多轉向接納即可，每當你觀察到自己不接納，就跟自己說我要試試看去接納現實，再做一次跟自己說，我要努力接納，只要朝接納的方向前進即可。如果很困難，我可以先做一下危機時使用的『五感撫慰』，或者『改善當下』的技巧，再回到轉念。」這就是轉念，每當我們走在要做出選擇的分岔路上，我們就要一直提醒自己選擇接納的路，同時遠離拒絕現況的路。

3. 我願意（Willingness）

我願意有幾個步驟，在此說明：(1) 觀察到「我執意」（Willfulness）將之標示出來；(2) 全然接納目前有執意的狀態；(3) 將自己「轉念」往現實接納的方向；(4) 搭配「微笑和願意的手」之技巧。

應用上，延續上述的例子，當治療師提醒志明轉念後，志明說：「好的，我可以努力提醒自己轉念，轉向接納的道路；也許在我有理智的時候，我可以努力試試看，但有時候夜深人靜時，我發現我會不斷的想到『我好失敗，我真的很丟臉』，那個晚上就會很痛苦，徹夜難眠，有時候我會想把酒拿出來喝，乾脆買醉。」

治療師點點頭，表達理解。治療師接著說：「這個時候我們需要『我願意』的技巧一起幫忙。我願意就是我執意的相反，你可以覺察到你的執意是什麼感覺嗎？」

志明笑了出來，接著回應：「我的執意嗎？很多啊！我會拒絕忍受這種失敗的感覺，我好想趕緊用酒精麻痺自己，讓我不要有感覺，有一種自

我放棄的挫折感，並且不斷思考這一切都是我自己的錯，我不要生病就好了，我為何要被生下來，我怎麼那麼失敗，圍繞在我的失敗，不斷的想，想 15 分鐘、半小時、45 分鐘都可以，想到後來根本睡不著！」治療師說，這是因為你允許你的執意帶著你，帶入一種黑暗的深淵裡。能不能在這個時候跟自己喊停一下，就像之前我們學過的 STOP 技巧，每當你發現「我執意」出現的時候，跟它喊個停，並且全然接納「我執意」的出現，然後練習做出「轉念」，並且加上一個動作，叫做「微笑與願意的手」，下面我們會開始介紹「微笑與願意的手」技巧。

4. 微笑和願意的手

　　身心是循環的，身體感知及心相互影響，當心境（想法及情緒）不易接納現實時，先讓身體呈現接納的姿勢，也可以有助於全然接納的執行。

　　只見治療師把自己坐正，跟志明示意請一起做，「現在我們要嘗試看看，接納現實的身體姿勢，請你去感覺自己的肌肉放鬆，穩定的坐在椅子上，接受椅子的支持，去感覺你的背靠在椅背上，臀部被穩定的椅墊托著，雙腳同時穩定踩在地上……接著……。」

　　治療師帶著志明，從頭頂開始把肌肉放鬆、額頭、臉頰、下巴、脖子及肩膀等等，深吸一口氣後慢慢吐氣，每一次吐氣都把臉部的肌肉再次更加放鬆，接下來把嘴角微微上揚，自己可以注意到的程度即可。接下來，讓自己的雙手放在腿上，手掌鬆開不握拳，手掌朝向上手指放鬆，想像每一次的吐氣，都讓自己的「我願意」擴展到全身。這個微笑與願意的手練習，不只在想到執意的狀態時可以使用，在清晨起床、閒暇、聽音樂、發怒、躺著或坐著時都可以做練習。每次的練習都可以讓自己更加練習全然接納這個當下，體驗這個當下，不急著逃開。

5. 允許你的心：對當下想法了了分明

隨著深深的吸氣吐氣，志明漸漸穩定了下來，他睜開眼睛，跟治療師說：眞是神奇的感覺，我現在穩定多了。治療師對志明笑笑，說，如果你回家一個人，突然浮現「我是個失敗者」的想法，怎麼辦呢？

志明歪著頭想了一下，說，「我想我得先對這個想法了了分明的觀察一下！我可以觀察我的想法，不急著參與到這個想法裡面。」治療師點點頭，「很棒哦！這樣的做法很好，不急著參與在想法裡，而是帶著好奇去做想法的觀察，你說得很好！」志明說，「我現在比較可以分辨想法不等於事實，因爲我曾經想過這樣的事情，有時候我會相信『我是失敗者』這樣的想法，但我卻絕對不會相信『我是億萬富翁』這個想法，現在的我比較能夠分辨出來『想法只是一個想法』，所以我不用一定要完全相信。」

治療師鼓掌給予鼓勵：「你說得很對！我們不需要對所有的想法全部買單！有時候想法會誤導我們，如果可以了了分明的觀察它的出現，並且帶有一點點質疑，就可以避免讓想法成爲事實，我完全同意你的看法！」志明有點害羞的笑了，「老師你教了我這麼久，我覺得我越來越可以觀察想法了，而且是了了分明的觀察哦！不用壓抑他們的出現，當他們出現時我也可以練習不用被黏住，這一點我現在比較有信心。」

以上，是本章節對於痛苦耐受技巧的介紹及應用方式。短期危機及長期痛苦都考驗每個人當下的耐受能力，按著 DBT 的痛苦耐受技巧，幫助我們從絕望中看到一絲曙光，就算無法解決困境，至少不讓狀況更糟。治療師在教導這些技巧給有需要的個案時，切記自己務必先行練習，才能抓到個案使用技巧時可能面臨的困境與解方。內心平和的創造，是面對苦難的不二法門，與所有讀者共勉。

重點提示

1. 痛苦耐受的缺乏是邊緣性人格個案的極大困擾，所以必須有步驟及耐心的陪伴與教導痛苦耐受技巧之使用。

2. 痛苦分為短期危機及長期痛苦兩種，分別適用不同的耐受技巧。

3. 短期危機使用的耐受技巧為：(1)STOP 停下來；(2) 優缺點分析；(3) TIP 改變身體化學變化；(4)ACCEPTS 轉移注意力；(5) 五感撫慰 (6) IMPROVE 改善當下。這些技巧不一定需要每個都使用，隨著練習，個體可以發展出最適合自己的危機處理技巧，減少傷害自己或其他無效行為。

4. 長期痛苦的耐受技巧為接納現實：(1) 全然接納；(2) 轉念；(3) 我願意代替我執意；(4) 微笑和願意的手；(5) 對當下想法了了分明。這些步驟都可以協助我們放下內心的掙扎，非常不容易，但每次都可以幫助我們一點一滴的接納現實；當我們更能夠與現實共存，也越能夠有智慧的處在每一天值得活的人生之中。

5. 痛苦耐受的練習可以延伸至對自己、對他人、對環境及對世界的仁慈關愛，創建出更為平和的人際關係及世界，讓生命萬物保有接納彼此，達到和平共存的宏觀理想。

參考文獻

三重腦（2020年2月12日）。自由的百科全書。https://zh.wikipedia.org/w/index. php?title=%E4%B8%89%E9%87%8D%E8%84%91&oldid=58126472

Foundation for Human Enrichment (2007). *Somatic experiencing healing trauma.* Unpublished training manual. Boulder.

Gratz, K.L. & Tull, M.T. (2010). Borderline personality disorder. In M. J. Zvolensky,

A. Bernstein & A. A. Vujanoic (Eds.), *Distress tolerance: Theory, research, and clinical applications* (pp. 198-220). Guilford Press.

Hayes, S. C., Strosahl, K. D., & Wilson, K. G. (1999). *Acceptance and commitment therapy: An experiential approach to behavior change.* Guilford Press.

Linehan, M. M. (2015)：《DBT技巧訓練手冊（上下冊）：辯證行為治療教學》（江孟蓉、吳茵茵、李佳陵、胡嘉琪、趙恬儀譯）。張老師文化。（原著出版年：2015）[Linehan, M. M. (2015). DBT skills training manual, second edition (M. R. Jiang et. al., Trans.). Living psychology publichers Co. (Original work published 2015).]

Linehan, M. M., Comtois, K. A., Murray, A. M., Brown, M. E., Gallop, R. J., Heard, H. L., et al. (2006). Two-year randomized controlled trial and follow-up of dialectical behavior therapy vs. therapy by experts for sucidal behaviors and borderline personality disorder. *Archives of General Psychiatry, 63*, 757-766.

Linehan, M. M. (1993). *Cognitive-behavioral treatment of borderline personality disorder (Diagnosis and treatment of mental disorders).* Guilford Press.

Lynch, T. R., & Cheavens, J. S. (2008). Dialectical behavior therapy for co-morbid personality disorders. *Journal of Clinical Psychology, 64,* 1-14.

Lynch, T. R. & Mizon, G. A. (2010). Distress overtolerance and distress intolerance: A behavioral perspective. In M. J. Zvolensky, A. Bernstein & A. A. Vujanoic (Eds.), *Distress tolerance: Theory, research, and clinical applications* (pp. 52-79). Guilford Press.

MacLean, P. D. (1990). *The triune brain in evolution: role in paleocerebral functions.* Plenum Press

Mallett, C. A. (2018). *Adverse childhood experiences, racial identity, and cardiac autonomic dysregulation* (Publication No. 10933038) [Master dissertation, Howard University]. ProQuest Dissertations & Theses Global.

Nock, M. K., & Mendes, W. B. (2008). Physiological arousal, distress tolerance, and social problem-solving devicits among adolescent self-injurers. *Journal of Consulting and Clinical Psychology, 76,* 28-38.

Porges, S. W. (2011). *The polyvagal theory: Neurophysiological foundations of emotions, attachment, communication, and self-regulation.* WW Norton & Company.

Segal, Z. V., Williams, J. M. G., & Teasdale, J. D. (2002). *Mindfulness-based cognitive therapy for depression: A new approach to preventing relapse.* Guilford Press.

Siegel, D. J. & Bryson, T. J. (2018). *The yes brian.* Random House.

Walker, R. Jo. (2020). Polyvagal chart. Retrieved from https://www.rubyjowalker. com/PVchart_200706.jpg

Weems, C. F. (2010). Anxiety sensitivity as a specific form of distress tolerance in youth: Developmental assessment, origins, and applications. In M. J. Zvolensky, A. Bernstein & A. A. Vujanoic (Eds.), *Distress tolerance: Theory, research, and clinical applications* (pp. 28-51). Guilford Press.

Zvolensky, M. J., Leyro, T. M., Bernsein, A. & Vujanovic, A. A. (2010). Historical perspectives, theory, and measurement of distress tolerance. In M. J. Zvolensky, A. Bernstein & A. A. Vujanoic (Eds.), *Distress tolerance: Theory, research, and clinical applications* (pp. 3-27). Guilford Press.

第十一章
人際效能

林誼杰

一、前言

　　情緒失調、長期自殺自傷的個案，在建立穩固的人際關係及處理人際衝突上，常會有不小的困難，許多時候當發生了人際衝突事件，會引發個案後續一連串自殺自傷的危機。在累積了不少失敗且痛苦的人際經驗後，很多個案在處理人際議題時，變得會在「避免衝突、退讓」與「強烈提出自己的要求」這兩個極端間擺盪，即：雖然已超出自己容許的範圍，為了怕破壞關係而極力忍耐、很不開心，覺得沒有了自己，最後個案不是終止了這樣的關係，就是在情緒累積到一個程度後爆發，強烈地向對方提出要求，言詞可能偏於極端不客氣，而最終破壞了關係。

　　從上面的描述，我們可以清楚看到人際效能技巧對這類個案來說有多重要。不過，在面對真實的人際問題事件時，個案需要的不只是知道如何清楚且有效的表達和溝通，還要同時能夠調節當下高張的情緒（如：對對方過度索求的憤怒、怕講了之後對方會生他／她的氣而焦慮等）、不帶評斷且清楚地持續觀察對方和自己的內外狀態，及忍住一開始想要大聲飆罵的衝動……等等。所以，可以說人際效能是個「組合技」！它需要靈活搭配 DBT 的四大技巧，有智慧地同時應用出來。

　　再者，從治療師與個案互動的層面來說，人際效能技巧也很重要。第三章中曾提到，個案有一組辯證兩難行為模式：「主動的被動性」（Active

Passivity）與「表面的勝任」（Apparent Competence），常會讓治療師困惑，不易拿捏是否該主動協助個案或讓他／她練習自己幫助自己，而影響到治療的進展或持續（如：如同第三章中的案例春嬌，她「表面的勝任」這樣的行為模式就干擾到輔導老師對她當下狀況的判斷）。之所以會有這樣的困難，有一部分是因個案對自己的狀態與需求沒有清楚的覺察，也缺乏適當的表達方式，而人際效能技巧正可以協助他／她適當且適時地表達自己受幫助的需要，或者當與治療師有不同意見時可以有效地溝通。若個案可以從原本傾向於消極被動、無助、過於依賴等的模式，轉而學習可以自信有效地替自己發聲，那將可以大大提高他／她的「自我掌控感」（mastery），讓他／她在遭遇挑戰時更不容易陷入憂鬱退縮的向下螺旋之中。

日常生活中，其實不只是來接受治療的個案，我們每一個人都常要在「自己的優先順序」與「他人的要求」間取得平衡，譬如說一對情侶到了電影院，可能需要在男性喜好的漫威動作片與女性喜好的浪漫文藝片間做選擇，如果每次都只看固定一類，那就會有一方的需求總是得不到滿足，長久下去必定影響到關係。另外，我們也常需要在「想要」與「應該」間取得平衡，譬如說身為成年的子女被賦予責任要花時間照顧年邁的父母，但另一方面也需要留足夠的時間做對我們來說有興趣、重要的事（如：休閒活動），過度失衡偏向其中一邊，都會讓我們有所遺憾。要達到以上的平衡，很需要我們能夠有效地應用人際效能技巧，以適時地向他人提出或拒絕某些特定的要求。

在介紹人際效能技巧的細節內容之前，需要先界定一下，什麼是「效能」？同第九章了了分明技巧中提到「有效地做」的概念類似，「效能」（effectiveness）指的是「有效地達到你真正想要結果的能力」；而要怎麼知道該如何做、如何表達是有效的？那就要先看看你「真正想要」的是什麼。可以說，在每一次的人際互動中，我們都要釐清「我真的想要的是什麼」？而這是屬於短期或長期的目標？「人際效能技巧」提供了

我們一個反思自己人際目標的架構，和如何有效表達的指引（林納涵，2014/2015a）。以下的內容都依據《DBT 技巧訓練講義及作業單》（林納涵，2014/2015b）的架構來做介紹，詳細內容可以參考原書。

二、澄清人際情境中的目標

在考慮每一次人際溝通的目標時，需要同時從表 11.1 裡列出的三個層面來做思考：

表 11.1　人際情境的三個潛在目標

1. **目標效能**：達成自己在某情境中的目標 • 獲得你的正當權利、使別人去做某事；拒絕不想要或不合理的要求。 • 問自己：我從這個互動想要得到什麼特定的結果或改變？
2. **關係效能**：維持或增進關係 • 表現得能讓別人持續喜歡你，且尊敬你。 • 問自己：互動結束後，我想要對方對我有什麼樣的觀感？（無論是否能得到自己想要的結果或改變）
3. **自我尊重效能**：維持或增進自我尊重感及對自己的欣賞 • 尊重自己的價值及信念，表現符合自己道德觀的行為、表現讓你感到有能力且有效率的行為。 • 問自己：互動結束後，我想要怎麼看待我自己？（無論是否能得到自己想要的結果或改變）

面對不同的人或事情，設定這三個目標時很可能會有所不同，譬如說當我們在美食街排隊購餐遭人插隊時，想要向對方提出「請排隊！」的要求（**目標效能**），而那人若是不認識的陌生人，或許在決定「**關係效能**」時我們不會太在意需要跟他／她要維持多好的關係（反正之後也不會遇到），因此要求時可以比較直接且強力；但若那人是同公司的同事（這也要區分是很常相處的同部門同事，或幾乎很少遇到的分部門同事），可能

我們會希望這次講過後還可以有和諧的關係，因此提出要求時語氣和措詞就會比較緩和。再者，就「**自我尊重效能**」的層面來說，因為重點是「自己」怎麼看「自己的這次溝通行動」，有的人希望自己可以「仗義執言不和稀泥」，有的人則希望可以「風度翩翩如暖風」或「自信表達不退縮」……等，因為每個人看重的不同，即便遇到前述相同的情境，也會有相對應不同的最佳表達方式。

　　情緒失調、長期自殺自傷的個案，很多時候在與人溝通前沒有仔細思考過上述三個層面的目標，又或當三個目標層面彼此衝突時（譬如在前面的例子中，要態度惡劣的分部門同事好好排隊，但溝通時又希望能維持自己的翩翩風度及保持和對方的良好關係，很不容易，且可能無法兼得），無法決定優先順序，而是依照當時的心情來行動，結果第一眼看來好像達成了短期的目標，但卻偏離了他／她所看重的長期目標。因此，花時間學習如何依照這個架構來思考在不同情況下的目標（當然，會特別拿出來討論的一定是常促發個案自傷自殺或其他標的問題行為的人際情境），是很重要的第一步，甚至可能是最核心的困難點；當面臨三個目標層面優先順序的困難抉擇時，可以提醒個案練習了了分明技巧中的「智慧心」（此時「問智慧心一個問題」的了了分明練習特別適合拿來應用），以做出決定。

三、有效人際表達的準則

　　當我們仔細釐清了三個不同層面的目標並決定優先順序後，接下來是練習如何有效地表達出來，好讓當次的溝通能夠達到我們心目中理想的目標。有效人際表達的準則整理如下面的表 11.2，每一個項目分別提示了一個表達元素或需要留意之處，可以對應到三個不同的目標層面（也就是可以做到這些項目的話將有助於這一層面目標的達成）。若將各個項目英文原文的第一個字母，連接起來可串成一個記憶口訣：「DEAR MAN GIVE FAST（親愛的人給得快）」。

表 11.2　有效人際表達的準則

目標效能的準則：如你所願（DEAR MAN）

- **D**（Describe）**描述情境**：忠於對事件本身的描述，告訴對方究竟是什麼引起你的反應；注意要保持中性客觀、不評斷。
- **E**（Express）**清楚表達**：表達你對這個狀況的感覺和意見，不要假設你沒講其他人都知道你的感受。
- **A**（Assert）**勇敢要求**：明白的要求你想要的目標或明白的拒絕。以清楚、簡潔、肯定的方式表達，不要一直繞圈圈。特別留意要以「我想要」而非「你應該」的句子來表達，因為後者很容易讓對方覺得是一種命令而非請求，感到被威脅。
- **R**（Reinforce）**增強對方**：先解釋如果對方依照自己的要求去做所帶來的正面結果，以增強或獎勵對方。
- **M**（〔stay〕Mindful）**（保持）留心覺察**：集中注意力在你的目標上，不因對方的話語分心而脫離主題。需要時可以「忽視對方的攻擊」，用「唱片跳針」的方式一次又一次的重複你原先的陳述。
- **A**（Appear Confident）**表現自信**：使用自信的聲調、肢體語言和姿態，保持適當的視線接觸。
- **N**（Negotiate）**協商妥協**：必要時詢問替代的解決方案；有捨才有得，把注意力放在「可行的方案」上。

關係效能的準則：維持關係（GIVE）

- **G**（be Gentle）**溫和有禮**：不攻擊（如：語氣挖苦）、不威脅（如果你……我就……）、不評斷（如果你是好人的話，就應該……）。
- **I**（act Interested）**用心傾聽**：專心傾聽、不打斷搶話，表現出對他人感興趣。
- **V**（Validate）**認可他人**：仔細去了解對方的感覺、需要與難處，並不帶評價的表達出來（如：我知道這對你來說很困難，不過……）。可以參考第五章中對認可六個層次的進一步說明。
- **E**（use an Easy Manner）**態度輕鬆**：保持愉快的心情，身段柔軟，嘴巴甜一點。

自我尊重效能準則：尊重自己（FAST）

- **F**（〔be〕Fair）**公平**：像認可他人一樣，也要認可自己的感受和期待。記得如果你總是占人便宜，那很難覺得自己是好的。
- **A**（〔no〕Apologies）**不過度道歉**：道歉似乎表示我是錯的，但無需對「有所要求」、「有意見」、「不同意他人」道歉。

- **S**（Stick to values）**堅守價值觀**：不為小事而出賣你的價值觀、尊嚴或信守的道德。需要在「為了別人完全放棄自我」及「所有的讓步都是放棄了我的價值」這兩個極端中取得平衡。
- **T**（〔be〕Truthful）**誠實至上**：不說謊、裝無助（當你並不是真的無助時）或刻意誇大。換句話說，有些人慣性說「這我不會」，但在面對自己可以做得到的事情時，要練習自己來；有些人慣性硬撐、獨力去做甚至是超過自己能力所及的事情，則要懂得適時地開口請他人協助。

在這些準則中，「DEAR」這四項是溝通時組成表達內容的核心元素。雖然說未必每一次溝通時這四個項目一定都不可以缺少（譬如說辦公室內的冷氣調得太冷時，用「OO可以請你把溫度調高一點嗎？」或許就已經足夠），但在不少重要的人際溝通場合理，做好「DEAR」的充足陳述才能將要求和拒絕有效的傳達清楚，提高對方接受的機會。以第三章中的春嬌為例，當她因為近期手頭緊付不出房租，急需和曾一起打工的朋友雅雯提出借款的請求時，她可以和對方說：

- **D（描述情境）**：「雅雯，我原本的工讀因為學校預算縮減而突然被取消，使得我下禮拜付不出答應房東要交、已經欠了他兩個月的房租。」
- **E（清楚表達）**：「這讓我很擔憂，我怕房東會斷我水電或按照租約趕我離開，但我真的很需要繼續住在這裡；只要再給我一點時間，我可以找到其他打工的機會補足這些錢。」
- **A（勇敢要求）**：「能不能請妳這次借我5000元？」
- **R（增強對方）**：「如果妳這次可以借我的話，真的會幫我很大的忙！我找到工作拿到薪水後，一定會還妳而且會開心地請妳吃飯。」

情緒失調、長期自殺自傷的個案，通常都不習慣或不擅長這樣的完整表達，因此治療師需要和他／她一步一步地擬好字句，然後透過角色扮演的方式來演練；每次演練之後，治療師可以用上述準則作為檢核表與個案一一核對，回饋他／她有做到或缺少的地方，不斷補強再嘗試，並適時予以鼓勵，最終可以在治療室外的真實情境中應用出來。

　　除了「DEAR」這四項外，其餘的各項準則著重的可能是立場、態度或非語言的行為，這也可以在演練中微調和修正。此外，實地應用時，整個溝通的過程很需要結合了了分明技巧中的原則，諸如：持續向內「觀察」自己和向外「觀察」對方的狀態，「不帶評斷」地「描述」可觀察到的部分（而非描述無法觀察到的對方動機），「描述」時把自己的詮釋及觀點與事實分開，「專一」地「參與」不因負向情緒或擔憂的想法而分神／逃避，視需要「有效」地靈活轉換策略，諸如使用唱片跳針或協商妥協等方式。

四、決定要求或拒絕的強度

　　釐清了三個層面的目標、優先順序，並掌握了需要注意的表達準則後，另一個對不少個案來說不大擅長的，可能是該如何決定要求或拒絕時的強度，又或特別不熟悉某類強度的表達方式（譬如說總是用太強烈的方式表達，不知道以委婉或溫和的方式該怎麼說比較好）。以下的兩個表格，分別呈現不同表達強度（表 11.3），以及在做決定時可考慮的因素（表 11.4），可提供個案這方面所需要的參考架構（林納涵，2014/2015b）：

表 11.3　要求或拒絕時不同的表達強度選項

要求	強度	拒絕
不要求，不暗示	10	別人還沒要求，就先照他們想要的做
間接地暗示，接受拒絕	20	不抱怨，樂意地做
大方地暗示，接受拒絕	30	去做，即使你不怎麼樂意
試探地要求，接受拒絕	40	去做，但表現出能不做更好的態度
優雅地要求，但接受拒絕	50	跟對方說能不做更好，然而還是得體地去做
自信地要求，接受拒絕	60	堅定地拒絕，但願意重新考慮
自信地要求，不接受拒絕	70	自信地拒絕，堅持不同意
堅定地要求，不接受拒絕	80	堅定地拒絕，堅持不同意
堅定地要求；堅持；協商妥協；不斷嘗試	90	堅定地拒絕；堅持；協商妥協；不斷嘗試
提出要求，絕不接受拒絕的回答	100	絕對不做

表 11.4　做決定時需考慮的因素及範例

做決定時需考慮的因素	春嬌借錢的例子	得分
1. 對方或你自己的**能力**：若對方可提供我想要的，提高要求的強度；若我沒有對方想要的，提高拒絕的強度。	雅雯工作穩定，應該有辦法借出5000元。故可以提高要求強度。	10
2. 你三大層面的**優先順序**：目標很重要的話，提高要求強度；關係不穩固的話，考慮降低強度；此外，強度要符合你的價值觀。	對春嬌來說，目標（借到錢讓自己可以繼續有租屋可住）十分重要，可以提高強度。	10
3. **自我尊重**：若我已盡力先處理過了仍有需要時，提高要求強度；如果拒絕不會對自己有不好的感覺時，提高拒絕強度。	春嬌有先試過可能的辦法，但是因為太突然了，來不及馬上自己湊到錢，故可以提高強度。	10

做決定時需考慮的因素	春嬌借錢的例子	得分
4. 你或對方在道德或法律上的**權利**：如果就上述角度來說對方應該給我想要的，提高要求強度；如果拒絕對方不會侵犯他應有的權利，提高拒絕強度。	道德或法律上並沒有規定雅雯一定要供給春嬌經濟所需（但父母就應給未成年子女提供生活所需），故此項沒有得分。	0
5. 你的**權限**有沒有大過對方（或者對方有沒有大過你）？如果我該負責指導對方怎麼做，那提高要求強度；如果對方沒有權限要求我，那可提高拒絕強度。	春嬌沒有高於雅雯的權限（她並非對方的老闆或老師，有權要求一些事情；更何況即便職務較高，也不適用於「借錢」這件事上），故此項沒有得分。	0
6. 你和對方的**關係**：要考慮以目前我和對方的關係來說，要求／拒絕是否恰當？	春嬌過去和雅雯一起工作時相處融洽，很有話聊，之後也常連絡，關係親近，故可以提高強度。	10
7. **短期與長期目標**：要求或拒絕對你的長期目標來說是不是很重要？要以長期的目標而非短期的利益／麻煩來做考慮。	對春嬌來說，雖然和雅雯提出要求會感覺很害羞、不知道如何說出口，但這對她的長期目標（好好在北部完成學業）很重要，故需要提高強度。	10
8. **互惠原則**（施與受的比率）：考量我有沒有曾為對方做了什麼？對方以前有沒有為我付出很多？來決定要求或拒絕的強度。	兩人雖然相處愉快，但雅雯過去沒有特別需要春嬌幫她什麼忙過，故此項沒有得分。	0
9. 採取行動前，有沒有做足**事前準備工作**？如果已清楚自己提出要求的理由和需要的是什麼，可提高要求強度；若還不清楚對方要求的是什麼，則提高目前拒絕的強度。	在向雅雯提出要求前，春嬌已經仔細考慮過各種可能方案和所需要的確切金額數目，故可以提高強度。	10
10. 現在提出要求或拒絕的**時機**恰當嗎？若時機恰當則可提高要求或拒絕的強度，反之則需降低強度。	春嬌決定趁雅雯發薪隔天的休假日下午提出，這是不錯的時機，故可以提高強度。	10

上面這 10 大因素是提供個案做決定時的參考依據，還可以加上其他特定的因子，並再依據「智慧心」做最後的調整。一個簡便的參考方式是，請個案將每個符合的因素給上 10 分，然後加總起來，再依據總分來對應找出要求或拒絕的強度。譬如說以上表中春嬌借錢的事情為例，最後加總起來的總分為 70 分，故她可以考慮採取 70 分左右（或不超過 70 分）的要求強度（「自信地要求，不接受拒絕」）來表達。

五、干擾人際效能的因素與疑難排解

如同本章前言之處所提到的，人際效能是個「組合技」，而且影響實際成效與否有許多複雜的因素，並非只是知道如何講及講什麼就一定可以成功；當個案在進行人際溝通遇到困難時，可以思考一下表 11.5 中列出可能干擾人際效能的因素，並嘗試使用相對應的疑難排解方法。

表 11.5　干擾人際效能的因素及可考慮使用的疑難排解方法

干擾人際效能的因素	疑難排解
1. 缺乏需要的**技巧**（如：不知道如何表達、沒有確實按照技巧說明來做）	• 教導個案所需要的技巧或特別欠缺的部分 • 請個案先寫下來想要說的內容 • 請個案重新研讀技巧說明 • 請個案和治療師或信任的朋友家人做演練
2. 不知道這次互動中**真正想要**的是什麼（如：難以確定自己的優先順序、因恐懼或羞愧妨礙他／她去體認真正想要的是什麼）	• 列出優缺點來比較不同的目標 • 使用情緒調節技巧來降低恐懼或羞愧的情緒強度[1]

---

1 參見第十三章情緒調節技巧。

干擾人際效能的因素	疑難排解
3. **短期目標**妨礙到長期目標（如：「現在、馬上、一定要」的情緒心，干擾了智慧心的長期目標）	• 比較短期和長期目標的優缺點 • 利用了了分明技巧讓個案回到自己的智慧心 • 等情緒心下降時再做最後的決定
4. **情緒**干擾到人際技巧的使用（如：因太沮喪而無法應用技巧、因情緒太激動超過技巧崩解點而無法使用大部分的技巧）	• 嘗試使用 TIP 技巧[2] • 溝通前先應用五感撫慰的技巧讓自己平靜[2] • 應用對當下情緒了了分明的技巧 • 重新集中所有注意力在當前的目標上
5. 受**擔憂、假設及迷思**所干擾（如：「他們不會喜歡我的」、「我很糟，不配提出要求」、「如果我提出要求就表示我是個軟弱的人」……等等）	• （治療師）以辯證的態度挑戰迷思 • 使用核對事實的技巧[1] • 做與擔憂恐懼完全相反的行動[1]
6. **環境因素**比個案的技巧更為強勢（如：對方太過強勢或更有主導權、其他人會因為他／她得到想要的而覺得被威脅或有因此而不喜歡他／她的理由……等等）	• 嘗試使用問題解決技巧[1] • 在環境中找到有力的盟友 • 如果所有的辦法都失敗了，可以練習完全接納技巧（而不必自我責備）[2]

六、建立關係與結束傷害性關係

除了適切地向他人提出或拒絕某些特定的要求外，不少我們服務的個案在如何交朋友、增進關係及結束關係上有困難，這時若能提供他／她一些具體的指引並搭配實際的演練和應用會很有幫助。至於什麼樣的關係特別會請個案思考是否需要終止呢？包括兩類：

• **傷害性關係**：會破壞你的身體及安全、自尊或完整感、快樂或內心平靜。如：對方家暴、虐待、用毒或慣性劈腿等等。

• **干擾的關係**：會阻斷你追求重要目標、享受生活的能力及做你喜歡

---

2 參見第十章痛苦耐受技巧。

做的事情、你與其他人的人際關係或你所愛之人的福祉。如：不讓你和他人往來的伴侶。

以下將《DBT 技巧訓練講義及作業單》（瑪莎·林納涵，2014/2015b）一書中提及的原則做出整理（參見表 11.6、表 11.7 及表 11.8）：

表 11.6　尋找可能成為朋友的人的技巧

如何建立關係：尋找朋友並讓他們喜歡你
1. **接近性**（熟悉感）：常常主動接觸日常生活環境中會遇到的人，如：同學校、社團、公司、教會等，一回生二回熟。
2. **相似性**（談得來）：人們常會被有相同興趣或態度（如：政治理念、生活風格、道德觀）的人所吸引，談得來自然容易建立友誼。
3. **談話技巧**： <ul><li>向對方提問（但不要一直問不停），回應時要比別人問的多一點（不會句點對方，讓談話有機會接的下去）。</li><li>閒聊寒暄有必要。</li><li>剛好的自我揭露：一開始不要揭露太多私密訊息，要和對方透露的深度差不多。</li><li>不要打斷、插話、搶著說或者在對方說完後馬上接話，這會讓人覺得你沒有用心在聽他說話。</li><li>學習新事物好增加聊天的話題（如：多看書、增加活動與生活經驗）；可以觀察大家都在談什麼？對話題的反應如何？</li></ul>
4. **（謹慎地）表示好感**： <ul><li>讚美對方，但稱讚要切實不誇張。</li><li>如果能夠找到對方不是那麼顯而易見、或者他／她想要但不確定自己是否擁有的優點來稱讚，會更感到驚喜。</li><li>不要用一樣的方式讚美每個人（對每位同學的稱讚都是一樣的「你很聰明」）。</li></ul>
5. **加入（開放的）團體交談**： <ul><li>主動加入而非只是等他人靠近；特別是可參與定期聚會、有相似價值觀／興趣及具有合作／互助性質的團體。</li><li>分辨一下前方的是歡迎外來者加入（開放）的團體：通常成員彼此距離較分散、偶而會回顧一下四周、交談不時出現空檔、討論的比較是大家普遍關心的話題。（相反的，不歡迎外人加入的團體則會是：每個成員都靠得很近、成員特別關注彼此、交談氣氛熱絡少有空檔、成員間似乎自成一個小組）</li><li>加入他們：等待對話的空檔，然後走近或者站在看起來較友善的人旁邊，說「我可以加入你們的討論嗎？」之類的話。</li></ul>

表 11.7　對其他人了了分明的技巧

維持關係：對其他人的了了分明
1. 觀察 • 帶著興趣與好奇（初學者之心）。 • 停止一心多用。 • 留在當下而非計畫接下來要說什麼。 • 焦點從自己身上移開（不然會變成一直在講自己，或對自己的表現感到焦慮）。 • 對新資訊保持開放（而不是不願意修正自己對別人的看法）。 • 不評斷。 • 不要以為自己總是「對的」。 2. 描述 • 以描述取代評斷。 • 避免未經核對事實就做假設或解釋。 • 避免質疑別人的動機和意圖（譬如：認定若對方的言語或行為讓我們不舒服的話，那他一定就是故意的）。 • 先從好的地方想；在沒有任何證據證明對方有錯之前，先假設對方是無辜的，給對方機會來證明自己值得信任。 3. 參與 • 讓自己投入與他人的互動中。 • 順著當下脈絡而不是試圖控制方向。 • 融入團體活動與對話（合而為一）。

表 11.8　結束關係的技巧

結束傷害性／干擾的關係
1. 用**智慧心**而非情緒心做決定。需先仔細思考想結束的原因，並做**優缺點分析**：比較維持或離開關係各自的優缺點。 2. 先嘗試以「**問題解決**」[1] 修補困難的關係。有可能需要尋求伴侶諮商或親友、同事等他人的協助。 3. 使用「**預先因應**」[1] 來計畫、練習如何結束關係。如：先寫好腳本並請信賴的人看過，在鏡子前或和好友演練，並事先預測對方可能的反應做好準備。 4. 坦率直白：使用 **DEAR MAN GIVE FAST** 人際效能技巧。

結束傷害性／干擾的關係
• 如果可能，讓對方知道結束關係對彼此來說都有好處；若情況並非如此，把重點放在「平和地」結束關係對雙方都有好處上。
• 保持留心覺察，不必因對方苦苦挽留而讓步，但也不要對關係造成不必要的破壞。
• 態度溫和，不評斷、威脅、攻擊對方或咄咄逼人。如果提出中止關係的人感到內疚的話，反而容易變成去責備、評斷對方；這時可以用智慧心去檢視一下自己的內疚是否符合事實，需要時使用情緒調節技巧來降低過高的內疚情緒。
• 公平對待彼此，以誠實的態度面對問題，不要犧牲自己的價值觀或說謊。

5. 練習「**愛的相反行動**」！（參見第十三章情緒調節技巧）

6. **安全第**一（如：若對方是危險情人或家暴慣犯，請先求助婦幼保護專線、專業人員）

重點提示

1. 人際效能技巧主要在協助個案透過有技巧的「要求」或「拒絕」，來取得想要的結果，同時不破壞和對方的關係及對自我的尊重。

2. DBT 提供有效人際表達的具體準則：「**DEAR MAN GIVE FAST**（即：描述情境、清楚表達、勇敢要求、增強對方、留心覺察、表現自信、必要時協商妥協；溫和有禮、用心傾聽、認可他人、態度輕鬆；公平、不過度道歉、堅守價值觀、誠實至上）」，以及決定要求或拒絕強度的參考架構，來幫助個案檢核並演練有技巧的人際溝通行為。

3. 人際效能可說是個「組合技」，有許多複雜的因素影響到實際應用的成效，需要靈活搭配 DBT 的四大技巧，並針對可能干擾人際效能的因素進行疑難排解。

參考文獻

林納涵（2015a）：《DBT技巧訓練手冊：辯證行為治療教學》（江孟蓉、吳茵茵、李佳陵、胡嘉琪、趙恬儀譯）。張老師文化。（原著出版年：2014）[Linehan, M. M. (2015a). *DBT skills training manual, second edition* (M. R. Jiang et al., Trans.). Living Psychology publishers Co. (Original work published 2014).]

林納涵（2015b）：《DBT技巧訓練講義及作業單》（馬偕醫院辯證行為治療團隊譯）。張老師文化。（原著出版年：2014）[Linehan, M. M. (2015b). *DBT skills training handouts and worksheets, second edition* (MacKay Memorial Hospital DBT team, Trans.). Living Psychology publishers Co. (Original work published 2014).]

第十二章
人際效能：行中庸之道

張依虹

一、前言

　　行中庸之道（walking the middle path）是爲青少年與其家庭發展出的一個模組（Miller et al., 2007b; Rathus & Miller, 2000; Rathus & Miller, 2015），特別針對容易極端看待事物、缺乏辯證思考、無意間強化情緒和行爲失調的青少年和家庭所發展的。其焦點放在認可個案又同時運用學習原理和行爲治療，在接納和改變中找尋平衡。該模組強調：

- 辯證的觀點：看似相反的兩個觀點可能都是眞的。
- 看待問題或解決問題有超過一種以上的方式。
- 個案正在**改變**痛苦或困難的想法、感受或情境；同時也**接納**當下的自己、他人和情境。

　　中庸之道運用在教養上，是一種統合威權的教養，有堅定的紀律同時又有清楚的規則可依循，同時又包含彈性、民主的風格（因爲可以討論和協商）（Rathus & Miller, 2015）。

　　該模組於親職教養上也會提及辯證的兩難和辯證的教養，將教養想法和行動從僵持的、跳躍的兩極端帶到中間平衡、緩和狀態。辯證風格也與生物社會理論相關，當我們增加認可的反應時，不僅可以改善溝通（精確表達）、降低衝突，更爲未來有效解決問題鋪路。

　　簡言之：

「辯證」就是藉著「行中庸之道」，平衡**接納端**和**改變端**；

「認可」就是走在「接納端」；

「行為改變」就是走在「改變端」。（見圖 12.1）

圖 12.1　行中庸之道

二、行中庸之道

(一)辯證

1. 什麼是辯證

辯證是一種世界觀，為了遠離極端、行中庸之道。用來化解歧見、放下對錯好壞的堅持，找到真相的方法（Linehan, 1993）。Miller 等人（2007b; Rathus & Miller, 2015）針對辯證提出的思考和行動指引。

辯證的概念包括如下：

(1) 宇宙充滿相反的面向和力量，而看似相反或矛盾的兩邊是並存的、可能都是對的，且當中需要有所平衡。過程中並非要放棄或出賣我們的價值觀，只是要從中協調、找尋中庸之道。

例如：

⊙下雨／晴天。

⊙你可以很溫柔也可以很堅強。

⊙工作／休息。

⊙可以和他人分享事物，也同時保有一些隱私。

⊙你現在已經非常盡力了，**同時**也可以更努力。

⊙認可自己（或別人），且同時承認當中有錯誤之處。

⊙「接納情緒」／「調節情緒」。

⊙不是 A 就是 B →同時有 A 和 B。

⊙先寫功課再玩／先玩再寫功課。

⊙小芳想要凌晨 2 點回家，父母親想要她晚上 10 點回家，中庸之道不一定是午夜 12:00，而是彼此表達、認可對方和自己，討論出適合的結果。（也許最後是晚上 11:00 也不一定；或説不定晚上 9:00 多小芳就回家了，因爲有其他人住得遠想先走，結果聚會提早結束）。

⊙瞎子摸象：每個人摸到大象的一部分，倘若堅持自己摸到的才是唯一的大象（像牆壁、像水管、像扇子、像柱子……）。結果大家都錯，只有放下堅持統合大家的意見，才比較接近大象的樣子。但倘若只統合四位瞎子的意見就認爲大象就是長這樣，如此又錯了。因爲大象還有像繩子的尾巴、像石頭的指甲……。

從辯證**整體性**來思考：既然任何事物都不只有一個面向，嘗試找出各種可能性。且不同的觀點都有其價值。問智慧心是否還有遺漏之處。如此可鼓勵個案放下非黑即白、全有全無的極端思考方式，試著在事實的不同面向中找到整合的方式。

例如：

⊙想法從「非 A 即 B」，轉成「同時有 A 也有 B」（從 either…or…，轉成 both …and… ）。

⊙「不是你對就是我對」、「不是你死就是我活」

轉成→「你對我也對」；→「我們都卡住了，我們來想想辦法好好談

談……。」

(2) 所有的人事物都以某種方式互相聯結

例如：
⊙海浪和海洋是相連的。
⊙我們雖然在不同國家，但我們都是人，生活在同一個地球上。

　　從辯證**連結性**來看，個體應去覺察人事物與自己的連結性與相似性：當個體關注的是彼此的差異性時，容易產生評價和論斷；倘若個體可找到與他人之相似處，較易引發連結感、親近感。

(3) 改變是唯一的不變：改變是持續發生的。意義和真實性會隨著時代有所不同。

例如：
⊙教養觀念隨著時代有所不同。過去教養觀念可能會覺得「棒下出孝子」，但現在可能變成過度管教，或違反家庭暴力防治法了。
⊙無論我們喜不喜歡，我們都比前一秒更老。

　　針對辯證**變動性**來思考：既然沒有人永遠都是對的，事情在不同時間、情境下可能會有不同的解釋；接納改變是不斷發生，甚至主動創造改變、練習習慣改變。

例如：
⊙試著某一天走不同的路線或用不同的交通工具上班（課）、早十分鐘出門、自己獨立去購物、上課坐不同的位置……。

(4) 改變是雙向互動的：人和環境是互相影響的，個體會受到環境影響，但同時也有機會去改變環境、影響環境，即辯證的**交互影響性**。

例如：

⊙春嬌的情緒失調行為可能與過去受到不認可的環境對待有關，這讓他人覺得她是一個很情緒化、脆弱的人；但她學習並運用 DBT 技巧後，若能用有效的方法應對他人，也會讓他人對她的印象有所改觀。

治療師引導個體帶著覺察，透過觀察去體會萬事萬物是如何互相影響，練習以不評價的態度表達、減少究責與衝突。提醒自己：事出必有因。

例如：

⊙小芳媽媽面對晚歸的小芳說：「……**妳**很自私、**妳**很過分欸！…不回家吃晚餐也不說，妳不知道全家餓肚子在等妳嗎？」

可想而知小芳一回家面對指責，接下來大概也不會有什麼好話了。倘若治療師可引導小芳媽媽覺察到自己評價的態度，轉成用中性的描述，運用「I-message 我感覺、我希望……」，取代「you-message 你……」，以減少衝突對立，如：「……**我**不知道妳發生什麼事情了，聯絡不上妳，我很擔心」、「…**我**希望妳晚上不回家吃晚餐的時候，可以打一通電話給我，我比較放心，也知道不用等妳吃晚餐……。」

2. 辯證對個人、家庭、人際關係的重要性

治療師以辯證的態度進行家庭處遇時，一方面重視家庭的整體性，一方面也看重每個成員的獨特性，對事情有不同想法，並非絕對對錯；每個情境或問題，均有超過一個以上的方法去思考、去解決；且想法會隨著時

間而改變。

如此，辯證的態度可協助家庭行中庸之道，減少指責、降低對立、解開關係的僵局、衝突和痛苦、避免預設立場；增加開放、對話和連結，擴展想法和看待生活的方式，變得比較彈性和適切（Rathus & Miller, 2015）。

3. 親子間教養的兩難與辯證式的教養

親子*互動*間，有時可觀察到青少年或家長有些激烈的想法或行為；或遇到某些刺激時，出現極端化的反應，從一個極端馬上跳到另一極端。

例如：

⊙小志想繼續上網打電動，媽媽不准他再玩，小志大哭、踹門，媽媽很害怕小志會太生氣，就說：「好好好，你不要生氣，都給你玩。」

而青少年有時候為了想要管理自己的情緒或行為，也可能用極端的方式對待自己。

例如：

⊙小芳說：「上次我和同學出去好像花太多錢了，我怎麼這麼沒節制、浪費！我今年都不要再和同學約出門好了！」

在照顧情緒激烈，甚至有有自傷、自殺的兒童青少年，其情緒、想法、反應常卡在這兩極端，或在兩極端之間擺盪更為明顯（Harvey, 2015; Rathus & Miller, 2000）（見圖 12.2）。

(1) 過度寬容 vs. 過強控制：「都不管 vs 管太多」，或「太過放任、太少要求 vs. 太多控制、嚴格要求」

例如：

⊙小洋媽媽說：「你去上學媽媽就每天給你零用錢。」（過度寬容）vs「你要什麼零用錢？要用錢就提早講，讓我再想想看。」（威權控制）

(2) 過多保護 vs. 過早自主：青少年依賴或家長過度保護、鼓勵依賴vs. 過早獨立

例如：

⊙小芳媽媽說：「妳還小啦，遇到壞人也不知道，媽媽天天去接妳下課就可以了，……。」（小芳已經 17 歲了）（過度保護）

⊙「沒關係啊，妳長大了，妳**都**自己決定就可以，媽媽也管不了你。」（強迫自主）

(3) 病態化正常行為 vs. 正常化病態行為：家長對青少年一般行為過度反應、小題大作 vs. 對青少年的問題行為過度淡化、忽視。

例如：

⊙小芳考試成績不如自己預期很懊惱，回家進門後「碰」一聲大力關門，媽媽擔心小芳是不是又發病了。（病態化正常行為）

⊙小芳和同學在網路上看自我傷害的直播畫面，志樺想沒那麼嚴重，反正不是在割自己就好。（正常化病態行為）

　　治療師需協助家長透過辯證平衡的觀點，找出第三條道路，即中庸之道（Harvey, 2015; Rathus & Miller, 2000; Miller et al., 2007a）。

　　(1) 目標：減少過度寬容，增加權威、規則、教養、紀律；減少威權控制、無效的規定，增加青少年自我決定、獎勵有效行為。

(2) 目標：減少過度依賴、增加青少年個體化，漸漸獨立、自律；減少過早自主、增加與他人有效溝通和他的連結。

(3) 目標：減少兩極端、透過心理衛生教育，增加對正常行為的知識與對問題行為的辨識能力，減少把青少年的一般行為視為問題、降低對問題行為的接納度。

值得一提的是，家長要辨識問題行為其實有其困難。有些青少年的一般行為可以不用當成問題行為處理，例如：在意自我形象、設定目標又反反覆覆、和同學有爭執、親密關係分分合合、易怒、講話不耐煩／頂嘴、嘖、斜眼看人、關門大聲…。而所謂的問題行為可能包括：自傷、自殺、喝酒、嗑藥、晚歸或不歸、網路遊戲成癮、飆車、情緒暴怒、攻擊他人、拒學、被退學。

家長可以用一些指標，例如會不會到自我傷害、住院、中輟、威脅生命、或嚴重影響生活品質的結果的程度，來確認是否為問題行為。

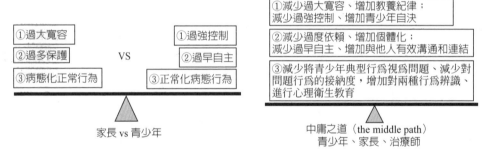

圖 12.2　辯證的兩難與辯證的教養

Rathus & Miller, 2000/2015；張依虹改編，2022

(二) 認可

承接前述，辯證的概念就是不同觀點可能都是對的；認可是面對和處理前述不同觀點的一種態度。

1. 什麼是認可

認可是在對方的情境中，尋找核心事實，重點在傳達了解對方的觀點，透過表達接納或理解他人在此情境中所見、所感、所渴望，就是認可。要注意的是，認可不等於同意，也不是假裝某件事是事實（林納涵，2015a）。

認可可表達**關注、理解、不評價**且**具同理心**，可看到事實、真相所在及行為的起因。

2. 要認可的原因

在關係中能表達認可時，可減少對立、降低去證明誰才是「對」的壓力、扭轉負面反應。保持對話、增加緩和、親近、支持的感覺，進一步提升效能感，有機會更精確、有效表達感覺和想法、回應對方，也更易認可對方，引發互動的正向循環，提高問題解決的機會（Rathus & Miller, 2015）。反之，不被認可、被否定是很痛苦的。

3. 需要認可的部分（林納涵，2015b）

只認可**符合事實**的部分，不要認可不該認可的部分；即認可**情境中的事實**（與事件本身或背景相關，且有意義之處；或合邏輯的推論；或廣為接受的說法）；認可**一個人的經驗、感受、信念、意見或想法**；認可其**痛苦與困難**，不認可他做出的不合理行為。

例如：

⊙小芳很生氣弟弟小志把她下課回來要吃的巧克力蛋糕吃掉了，爸爸覺得又沒什麼大不了，幹嘛吵吵鬧鬧（忽視、不認可小芳）；媽媽想安撫小芳表示再買一個就好了，沒關係啦（淡化小芳情緒），小芳更生氣，覺得媽媽偏心；倘若我們要認可小芳，可以表示：「我知道妳心愛的巧克力

蛋糕被吃掉了覺得很失望、期待下課要吃的卻沒有了,很難過。」小芳的
情緒有可能因此稍緩和。

又如上述,也許蛋糕不是小志吃的,但我們也不需要爲了安撫小芳,
就要弟弟亂承認他沒有吃的蛋糕。

4. 如何認可

Linehan 博士將認可分成不同的層次去理解,筆者將之摘要並用一簡
單口訣來記憶:**「清正心有效人」**(見圖 12.3)。

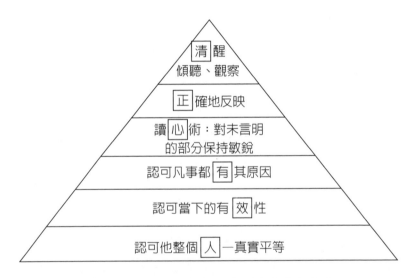

圖 12.3　如何認可的口訣:清正心有效人

以下分述之:

(1) **清醒**、注意對方:基本的專注、傾聽、普通的非語言行爲、開放
的態度。

- 集中注意力
- 注意口語、非口語訊息
- 積極主動

- 開放的傾聽與理解
- 同在並同頻
- 個案世界的「人類學家」─帶著關心和好奇去了解注意、了解對方

(2) **正確**回應而不評斷：反應或認知到對方的經驗，他在想／感覺／想要什麼。

- 如實的回應：情緒、想法、假設、行為
- 辨識、描述、標定：主觀經驗加客觀的事件序列，不評價且嘗試去理解

(3) **讀心術**：幫助對方澄清，問有助於澄清的問題。

- 理解並表達出那些未被個案表達的情緒、經驗。個案透過被理解，而得以理解、信任自己，相信自己是可以的、正常的、可被接受的
- 要注意避免過度揣測或認定個案的意圖或動機

(4) 事出必**有**因：基於**過去**，個案行為發生的原因是「可以理解」的。把對方的行為放在情境脈絡下，給一個比較理解的看法；接受那是基於生理因素或過去的學習的經驗；記得那個「人」，而不是他「糟糕的行為」。

- 事出必有因，有因必有果。所有事情的發生都是可被理解的
- 把行為放在背景脈絡或時間架構裡來理解（包括個體過去的學習經歷、不被認可的過去經驗、生理的障礙等）

例如：

⊙一個人很怕燙的食物，我們可以理解因為他小時候吃東西被燙傷過。

(5) 承認事**實**有**效**的部分：肯定個體在他**當下**的時空情境，行為是合理的（一般人也會有的反應、也會想這麼做），正常化對方的行為。

- 尋找並反映行為的正確性、適當性、合理性、有效性
- （思考）當前情境、正常的生理功能或反應、與個案目標的關聯性

例如：

⊙你和室友同住，輪到你倒垃圾卻沒倒導致垃圾臭掉，而被室友指責：你就承認、道歉，並採取行動（就去把垃圾倒了）。

(6) 表現平等、眞誠的看待一個「人」，認可個人本身的價值，整體接受這個人；視對方是有能力的，不視對方爲脆弱或無能，以平等的態度對待。一個人情緒敏感不等於脆弱、不堪一擊。

* 跳脫角色關係，去看見、反映、理解、相信對方；能力與優勢；困難與脆弱性、改變的希望等等
  * 覺察人的全面性與複雜度
  * 慈悲、關懷；平等尊重
  * 對自己身爲人／照顧者限制的了解與接納

5. 以語言、非語言的方式認可

非語言的方式包括態度、肢體動作，或實際採取行動都是。包括：
(1) 以一種**認真看待**的方式回應（不只有言語，還有行動）

例如：

⊙若知道對方餓了，除了知道，還提供食物。
⊙春嬌來參加技巧訓練團體，有寫上週的作業時，團體帶領者眼神注視春嬌、口語肯定其投入和願意練習技巧。

(2) 提供**照顧及支持**

例如：

⊙春嬌來參加技巧訓練團體，當她在團體中覺得冷的時候，團體協同

帶領者提供其小毯子。

⊙當她覺得情緒很痛苦的時候，團體協同帶領者可以理解並提供她冰
敷袋（運用痛苦耐受技巧）。

6. 從不被認可中恢復：自我認可

(1) 為什麼要自我認可？（Rathus & Miller, 2015）

「自我認可」可協助個案降低情緒和身體的激化狀況（因較容易平靜
下來），也可以降低情緒心的脆弱性，幫助其接近智慧心，必要時也幫助
其較有能力選擇有效的回應。

許多情緒失調的青少年傾向不認可自己、常常評價自己的經驗。

例如：

⊙「我真笨，什麼都做不好！我是白癡！」

有時個案的自我不認可是從不認可的環境學來的。例如個人或經驗被
忽略、被否定、不被理解，甚至被誤解，或被用錯誤的方式詮釋；或因憂
鬱等情緒因素，而帶著負面眼光看世界、解讀。

例如：

⊙當小芳上數學課表示聽不懂，想問老師，老師（可能剛好在忙）
說：妳去問同學；去問同學的時候，同學說：這題這麼簡單妳怎麼不會。
小芳可能形成一種解釋是老師故意不教我，因為我很笨、同學嘲笑我……
「大家」都排擠我；或者我是白癡，別人都會，我什麼都不會。

故個案學習「自我認可」很重要，包括不評價地觀察、描述和接納自
己的情緒。確認自己的感受、想法和行動在某情境之下是**正確的**且**可以理**

解的。甚至自我認可也可以拿來對待他人。（治療師可教家長協助青少年自我認可，特別當青少年需要從父母親之處得到再保證；或教雙方互相認可；或者，青少年或家長可學著把認可的技巧運用在自己身上，當自己不被他人認可時）。

故上述例子：

⊙當**小芳**要自我認可時，可能可以看到自己確實這一題數學不會，但不代表自己「什麼都不會」；也可以認可自己很想解決這題數學的決心。

(2) 協助個案自我認可的步驟

①要個案將所有認可他人的步驟用來對待自己。

②核對事實，所有的事實。

• 核對所有的事實，看看是否有某部分是無效的

• 當個案是對的、反應是合理的、對情境來說是正常的，就要認可自己這些正常合理的有效反應

• 若個案行為對情境來說並非合理或有效的反應，就去看該行為發生的原因，提醒自己已盡力了，並嘗試改變無效的想法、意見或行動

• 要個案記住，即便其反應確實有效，仍可能不被認可，但不被認可也不一定是個災難。也許個案是受到他人不當的指責與對待，或他態度真誠的解釋，卻不被他人相信

⊙**春嬌**和朋友相約，但因塞車而遲到，朋友卻說她是故意的，她是在找理由。

• 需要時，使用**情緒調節**技巧

③對可以信賴之人描述事實（可能需要一遍又一遍）、核對，認可自己或他人有效之處。

· 描述自己的想法、情緒、行爲及事實

· 放下**評價**。要記住：**事實就是事實，沒有好或壞**

· 停止**指責**，它對情況沒什麼幫助

也許有時候別人的指正有助於我們的學習和成長。

例如：

⊙志明爸爸防疫期間戴口罩，但常常摸口罩又摸口鼻，被朋友指正。爸爸中性的描述狀況給媽媽聽，媽媽表示你有心配合防疫政策了（認可爸爸有效之處），只要不要摸口罩又摸自己口鼻就好。

④練習完全地接納自己。

· **承認**不被他人認可是很痛苦的，即使他人是對的

· 對自己**慈悲**（當別人不慈悲對待你的時候，你對自己慈悲更是必要的）

· 練習**自我撫慰**

· 練習**完全地接納**否定你的人

(3) 協助個案在語言、認知或行動上的自我認可反應

①保持安全。

②用技巧支持**智慧心**的目標。

③注意到自己的想法、感受和渴望，接受這些經驗，不忽略、不評斷、不拒絕或試著想改變。

④注意是否有遺漏什麼重要的或相關的部分。

⑤對犯錯或問題要保持不帶評價、中性的描述。

⑥正常化自己的反應（包含初級情緒、平常的興趣或渴望等），安撫並接納它。

⑦當**改變**是必須的，就用改變的策略；當**接受**是必須的，是用接納的策略。

⑧再回到**智慧心**。

⑨有效的做。

(三)行為改變策略

從行為改變策略來看，個體會受環境、受人際互動影響，但若能帶著智慧心與了了分明，運用行為策略，是可**主動**改變互動的品質，達到想要的目標。

例如：

⊙如果志樺對丈夫常常和女同事用 line 開玩笑、傳曖昧的笑話感到挫折和失望，沒有和對方溝通而以嘮叨、反覆碎念甚至酸言酸語、生氣，這樣可能只造成雙方情緒更高漲，甚至失控，產生關係衝突等，似乎沒什麼效果、也不能激發丈夫的新行為（志樺想要的改變）。所以志樺需要想想如何用有效的方法來改變自己或丈夫的行為，達到目標。

有效的策略能增進自己或別人去採取行動；減少不想要行為發生的次數，包括（表 12.1）：

1. 增加想要的行為：(1) 增強、(2) 型塑（逐步養成）、(3) 間歇增強。
2. 減少或停止不想要的行為：(1) 削弱、(2) 處罰（盡量不要）。

表 12.1　行為改變策略

	增加行為發生次數	減少行為發生次數
給予	• 正增強 • 行為塑造（逐步養成）	• 處罰
移除／拿走／停止	• 負增強	• 削弱

1. 增加想要的行為，及其原則

• 增強：透過給予個體想要的事物或移除其不想要的事物，以有效增加行為發生的次數。
• 增強物：可以增加行為發生次數的事物
正增強＝給予正向事物（即獎勵）
負增強＝移除負向事物（即減輕壓力）
正增強易理解且通常是人們喜歡的。

例如：

⊙媽媽說小志這星期每天晚上九點前可以完成今天的回家作業的話，他就可以玩一個半小時的手機。如果「玩手機」是小志喜歡的事物的話，玩手機就是增強物，媽媽的提議就是正增強，促使小志快點在九點前完成作業。

⊙銀行推出刷信用卡獲得點數，可以換商品或直接折抵刷卡金計畫，會讓顧客消費時更想刷它們家的信用卡。

負增強著重的是個案執行「特定行為」後，移除負向事物而達到增加此特定行為的機轉。即有種「釋放」的效果。

例如：

⊙一個人頭痛（負向事物）的時候，服用了普拿疼便緩解了，普拿疼就是增強物，下次個案頭痛的時候就會想再服用它（增加的特定行為）。

⊙這星期輪到小志當家庭值日生，而他最不喜歡的項目就是倒垃圾。媽媽跟小志說：如果你今天功課在兩小時內寫完的話，就可以不用倒垃圾。

⊙有些青少年也因為情緒痛苦而用自我傷害的方式「緩解」（ps. 雖然

這是一個失功能的行為），但如果青少年有感覺到緩解時，下次他遇到痛苦的時候就很容易再用該方式來緩解情緒。（ps. 雖然我們很希望他不要這麼做）

型塑（逐步養成）：增強朝向目標行為的小步驟。把想要改變的行為或想達成的目標化成幾個小步驟，在每次達到一個小步驟的時候就給予增強，再多要求一點直到達到你要的行為。

例如：

⊙小志下週準備期末考，一共五科（可能需要花一段時間）。每完成一科，媽媽就給小志一個小獎勵，直到五科都準備完成。

增強的重要原則：

(1) 立即性，增強最好在行為一發生就給；如果行為發生太久才給予增強物，就難以和個體想要的行為產生聯結。

例如：

⊙媽媽說如果小志今天（vs 連續一星期）完成功課，就給他玩手機30 分鐘。

(2) 增強要有激勵性，是自己或對方想要的。

例如：

⊙媽媽說如果小志完成功課，就帶他去外婆家（但如果小志不喜歡去外婆家，那麼去外婆家就變成處罰）。

如果完成功課就可以開始複習參考書，那麼這也不是激勵而是處罰（因為越早寫完功課沒好事，還要再複習參考書，可能讓小志寫作業拖拖

拉拉）。

　　若小志喜歡玩手機，那麼給他玩手機半小時就是增強。

　　(3) 在型塑新行為時，首先要增強每次發生這種行為的情況，當行為漸漸被建立起來之後，就改成間歇增強。

　　注意：親子互動中要非常小心的狀況是，有時家長為了避免小孩吵鬧而給他買玩具，該行為同時增強雙方：一方面正增強了小孩下次要買玩具的時候，用吵鬧的方式（ps. 因為這次用吵的有效）；另一方面也負增強了家長，為了小孩不吵，更容易使用買玩具的方式安撫（因為有效，小孩果然不吵了）。

2. 減少或停止不想要的行為

　　• **削弱（extinction）**：停止正在進行行為的增強物，以減少不想要的行為發生次數。

　　• **飽足（satiation）**：在行為開始發生前，就提供壓力減輕或對方想要的，以減少不想要行為發生次數。

　　• **處罰（punishment）**：施予一個令人反感的後果，以減少不想要行為發生次數。

（林納涵，2015b）。

削弱的重要原則：

人們常常會去注意他人出現我們不喜歡的行為，而不是他的好行為。

　　例如：

　　⊙當小孩好好坐在書桌前時家長沒有說話；但當他駝背、翹腳或邊看書邊分心滑手機時，家長往往就放下手機、不看電視出聲制止了（注意他了）。

雖然家長不是故意的，但這往往變成一種增強。所以當家長所不希望的行為出現時，我們移走增強物，如家長在小孩坐好讀書時注意他、誇獎他（增強）；翹腳的時候忽略他（削弱）。

處罰的重要原則：

處罰不是一個好方法，因其副作用比效果多太多了（Rathus & Miller, 2015）可能會讓個案只是怕被處罰，或怕施予處罰的那個人，而非學到新行為，或只有那個人在才會減少不想要的行為；甚至造成個案自我懲罰；或造成關係破壞（Fruzzetti, 2019）。原則如下：

(1) 可以的話，盡量還是用增強來取代處罰。

(2) 真的要使用處罰時，要清楚表達規則、期待和處罰內容。

(3) 處罰最好搭配一個增強，當對方停下來該行為的時候，就要給他增強。

例如：

⊙小志在店裡面吵著要買新玩具，媽媽不買給他、走開（要忍受一開始的行為爆發），接著告訴小志如果他可以安靜下來，不在店裡面繼續吵鬧，回家就可以吃巧克力（如果是小志喜歡的，就是一種替代增強）。

(4) 處罰要具體、有時間限制的、處罰要和犯行程度相當或相關，不可用暴力、太不相關的處罰，或情緒失控地回應。

例如：

⊙小志功課沒寫完就偷偷跑去玩電腦，媽媽罰他一個月都不可以玩電腦。

(5) 要處罰就立即為之，不要拖延施行。

(6) 允許自然的結果。

例如：

⊙小志賴床導致上學來不及搭爸爸的車去學校，將會遲到，媽媽就讓他搭公車去，讓遲到真的發生（校規可能會要求學生請假或進行愛校服務，這就是自然的結果），而不是急忙送小志去學校，之後再自己想怎麼處罰小志。

讓我們來看看下面的例子：

小芳期中考英文考不好而難過、失望，回家一開始想重新複習英文；爸爸說：「考不好就算了啦，有什麼關係」、「現在看有什麼用，假認真」。小芳覺得自己連英文都考不好，簡直是廢物，更難過，看不下了開始哭。爸爸又說：「以前就給妳補英文，都不知道補哪裡去了，我以前要是像妳現在一樣有機會可以好好讀書，不知道成績會多好，哭什麼哭。」小芳聽了不說話，衝進房間甩門、鎖門並躲起來。爸爸碎念小芳反應過度、吼她玻璃心、小題大作……，小芳生氣，開始在房間裡尖叫、撞牆，並表示：「我不上學了，我就是爛、我去死一死好了！」爸爸開始慌了，軟化，不唸小芳了。媽媽跑去敲小芳的門關心、安撫小芳，拿衛生紙給小芳並說：「好啦，沒事了沒事了，我們去吃牛排。」

從行為鍊鎖分析（參見第四、十一章）結果可見媽媽正增強了小芳失功能行為（撞牆之後母親去關心、拿衛生紙給小芳、邀她吃牛排……），增加了下次遇到類似狀況小芳如此反應的機率；爸爸負增強了小芳的極端情緒（撞牆後爸爸吼、碎念的行為就停下來了），且爸媽時有反應，時沒有（間歇增強），後果可能更嚴重。另外爸爸也忽略了小芳的有效行為，甚至處罰了有技巧行為（一開始小芳回家想重新複習英文、解決考不好的問題，爸爸的酸言酸語、兩人互動結果也導致小芳讀不下去）。

治療師可整合、運用前述行為改變策略，讓雙方有所調整，包括了解

想減少的行為及想增加的行為，當中需運用的相關技巧、時間點和原則等。

3. 引導個案運用行為改變策略摘要（林納涵，2015a；Fruzzetti, 2019）

(1) 聰明應戰（當然，最好不要有戰爭，要記得提醒個案：與你互動的人是你的家人、朋友，不是敵人）。

(2) 要辨識改變的目標，及改變的速度，盡量運用「增加你想要的行為」，少用「減少你不想要的行為」。

(3) 最好使用正增強，辨明自己／對方的增強物為何。每個人的喜好、重視的事物不同、各有所好，對某 A 來說是增強，對 B 來說可能是處罰，所以要投其所好。

(4) 就互動當下的情境來看，如果你選擇**接受**這個情境：要使用「自我認可」技巧；如果你選擇要**改變**：使用「DEARMAN GIVE FAST」技巧。

(5) 量很重要，增強物太多或太少都不適合。

(6) 自然的結果最好。

(7) 對方想得到的行為結果（增強）是什麼、想避免的是什麼（處罰），和對方一起討論、訂定目標、一起合作。

(8) 運用人際效能技巧之目標效能（如你所願）DEARMAN、認可對方（或自己）改變當中的努力和不容易、同時也不吝稱讚對方（或自己）小小的改變。

(9) 觀察行為改變狀況，評估後或修正過程、或持續努力，或肯定目標達成。繼而設定下一個想改變的目標。

重點提示

1. **「辯證」**就是藉「行中庸之道」，平衡接納端和改變端。其中，**認可**就是走在「接納端」；**行為改變**就是走在「改變端」。

2. **「認可」**是在對方的情境中，尋找核心事實，重點在傳達了解對方的觀點，透過表達接納或理解他人在此情境中所見、所感及所渴望，就是認可。認可不等於同意，認可也不是假裝某件事是事實。認可可表達**關注、理解、不評價**且**具同理心**，可看到事實、真相所在及行為的起因。

3. 認可可分為幾個層次理解，**可用一簡單口訣記憶：「清正心有效人」**
(1) **清**醒、注意對方、(2) **正**確回應而不評斷、(3) 讀**心**術、(4) 事出必**有**因，基於**過去**，個案的行為是「可以理解」的（表達對於個案會這麼做原因的了解）、(5) 承認事實有**效**的部分（肯定在他**當下**的時空情境，行為是合理的（一般人也會有的反應））、(6) 表現平等、真誠的看待一個「**人**」（認可個人本身的價值）。

4. 有效的策略能增進自己或別人去採取行動；減少不想要的行為發生的次數，包括增強、削弱、處罰等技巧。要辨識改變的目標，及改變的速度，盡量運用「增加你想要的行為」，少用「減少你不想要的行為」。

參考文獻

林納涵（2015a）：《DBT技巧訓練手冊：辯證行為治療教學》（江孟蓉、吳茵茵、李佳陵、胡嘉琪、趙恬儀譯）。張老師文化。（原著出版年：2014）

[Linehan, M. M. (2015a). *DBT skills training manual, second edition* (M. R. Jiang et al., Trans.). Living Psychology publishers Co. (Original work published 2014).]

林納涵（2015b）：《DBT技巧訓練講義及作業單》(馬偕醫院辯證行為治療團隊譯)。張老師文化。(原著出版年：2014)[Linehan, M. M. (2015b). *DBT skills training handouts and worksheets, second edition* (MacKay Memorial Hospital DBT team, Trans.). Living Psychology publishers Co. (Original work published 2014).]

Fruzzetti, A. E. (2019). 青少年辯證行為治療家長團體手冊。未出版。

Harvey, P., & Rathbone, B. H. (2015). *Parenting a teen who has intense emotions: DBT skills to help your teen navigate emotional & behvioral challenges.* New Harbinger Publications.

Linehan, M. M. (1993). *Cognitive-Behavioral Treatment of Borderline Personality Disorder.* Guilford Press.

Miller, A. L., Rathus, J. H., DuBose, A. P., Dexter-Mazza, E. T., & Goldklang A. R. (2007a). Dialectical behavior therapy for adolescents. In L. A. Dimeff, K. Koerner, & S. Rizvi (Eds.), *Dialectical behavior therapy in clinical practice: Applications across disorders and settings* (pp. 245-263). Guilford Press.

Miller, A. L., Rathus, J. H., & Linehan, M. M. (2007b). *Dialectical behavior therapy with suicidal adolescents.* Guilford press.

Rathus, J. H. & Miller, A. L., (2000). DBT for adolescents: Dialectical dilemmas and secondary treatment targets. *Cognitive and Behavioral Practice, 7,* 425-434

Rathus, J. H. & Miller, A. L., (2015). *DBT manual for adolescents.* Guilford Press.

第十三章
情緒調節

詹美玉

　　春嬌透過交友軟體認識了新網友，兩人常互通訊息，網友對她關心備至，春嬌對其印象極佳。第一次約會見面，兩人相談甚歡，當晚即發生親密關係，但之後網友卻在交友軟體上消失。春嬌想到前男友一開始也是很關心她，但到後來會對她暴力相向、監禁限制行動，令春嬌情緒十分低落、傷心，覺得自己總是遇到不對的人，是不是自己不值得被愛？在強烈的痛苦情緒下割腕自傷。

　　痛苦的情緒總是讓人難以承受，失功能的行為（如：自傷、自殺）常是解決情緒困難的方法。每個人都期待自己能夠控制情緒，在什麼時候有什麼樣的情緒，但情緒的產生並不是完全能控制的，尤其是強烈的情緒發生時，往往讓人失控。情緒調節是一種能力，它可以影響我們如何經驗和表達情緒，本章的「情緒調節」技巧將透過辨認並命名情緒、改變不想要的情緒及降低情緒脆弱性等三個部分來提升情緒調節能力。

一、情緒的產生

　　我們每天都會有不同的情緒（emotion）產生，有時感到開心雀躍、有時憂心忡忡、有時憤恨難平，而每個情緒感受可能牽動著我們與人的關係或對事物的行為反應。「情緒」指的是個體受到某刺激所產生的身心激

動狀態，包含複雜的情感反應與生理變化（張春興，1990）。情緒也呈現著我們身體內部的訊號，告訴我們內在正在發生什麼。當我們擁有不同的情緒能力時，會讓我們對生活及世界的感知變得豐富。

　　每天發生的不同情緒感覺，有些是我們喜歡的、有些是我們不想要的，情緒到底是怎麼產生的？

　　春嬌兩天前在浴室滑倒，腰椎和屁股疼痛不已，今晚和媽媽在客廳看電視時，突然覺得腰很痛想要媽媽幫她按摩，媽媽連續劇正看得起勁，所以就拒絕了春嬌，叫春嬌自己去用按摩器按摩。春嬌認為媽媽不愛她、不關心她，所以生氣地摔了電視遙控器，對媽媽大吼後怒氣沖沖地甩門進房間。

　　由春嬌生氣的例子我們可以理解到情緒的產生是一個歷程，其中包含了一些因素。

　　1. 促發事件：情緒發生前所發生的事件即為促發事件，它可能是個人內在的想法、行為或身體反應，也可能是外在環境中的人事物。春嬌情緒的促發事件是「希望媽媽幫她按摩，但是媽媽拒絕了」。

　　2. 對事件的理解或詮釋：我們對所發生的事件都會有一些想法或解釋，所以在日常生活中會發現為何同一件事情，不同的人反應會不同，可能是來自於個人經驗不同，對事物的理解、詮釋也不同，所以才有不同的情緒反應。因此對當下促發事件的理解或詮釋，會引發不同的情緒反應。在媽媽拒絕幫春嬌按摩，要她自己去使用按摩器時，春嬌的解讀為「媽媽不愛我，根本就不關心我」，所以感到生氣。

　　3. 脆弱因子：在情緒產生的歷程中也須注意到，在促發事件前是否個體本身存在著脆弱因子，以至於變得敏感或是影響對事件的解釋。春嬌在跟媽媽看電視前幾天跌倒，身體的疼痛可能導致其對疼痛敏感，變得容易不耐煩，所以在媽媽拒絕時，強烈的情緒很快就出現。

4. 生理反應：當情緒激動時，我們的身體會啟動一些神經系統的變化，例如面對壓力刺激時，自律神經系統會被啟動，交感神經系統活化後身體出現放大瞳孔、心跳加快、減少唾液分泌、擴大氣管、降低腸胃蠕動與分泌、釋出儲存的葡萄糖、分泌腎上腺素及副腎上腺素等，這些生理變化讓我們的身體準備好採取行動。在壓力緩解時，副交感神經系統接手，瞳孔縮小、降低心跳、促進唾液分泌、收縮氣管、促進腸胃蠕動與分泌、促進膽汁釋放等，身體獲得緩解與放鬆。

5. 感覺與行動衝動：情緒能讓我們覺知身體的變化，也能讓我們產生感覺體驗（sensation），也就是所謂的情緒感受（feeling）。在情緒產生的同時也會促發行為的反應，如前面所描述的生理反應，我們的神經系統會幫我們活化身體，以準備採取行動，因此在激動的情緒下容易有衝動的行為發生。春嬌被拒絕時感受到憤怒、失落及激動，有股想要罵人或是破壞的衝動。

6. 表達：情緒具有溝通的功能，在透過臉部表情、言語描述或肢體語言等表達方式，可以讓他人知道我們的情緒狀態。春嬌當下雙手握拳、皺眉、怒視著媽媽，大聲地對媽媽說：「妳根本就不在乎我，一點都不愛我！」

7. 行動：情緒引發生理變化為我們的身體準備好採取行動，當情緒衝動出現時很容易帶出行為反應。春嬌在事件中出現了摔遙控器、大吼及甩門進房間的行動。

8. 情緒命名：由促發事件開始後，接連一連串的歷程讓我們覺察到情緒的存在，每個社會文化都會為情緒命名，在能夠覺察及辨認確實的情緒感受，同時為其正確命名，這樣我們才能跟自己及他人做準確性的情緒溝通。春嬌被媽媽拒絕的情緒為「生氣」，因為事情的出現不是自己期待的，感覺自己受到忽視。

9. 後續影響：在情緒開始出現後，我們的身、心也開始產生變化，生理反應、行動衝動、情緒表達與行動可能帶來身體的耗能而有疲累感，也可能帶來感受宣洩的快感，甚至於可能讓對方達成我們想要的目的，不過

有時也可能帶來懊惱，變成下個促發事件，引發另一個情緒。春嬌回在房間後感到身心疲累，內心孤獨及不被愛的想法一直不斷出現，不過春嬌也注意到媽媽將電視關上了，可能知道她生氣了。

　　下面的情緒模式圖可以協助我們更清楚情緒產生的歷程。

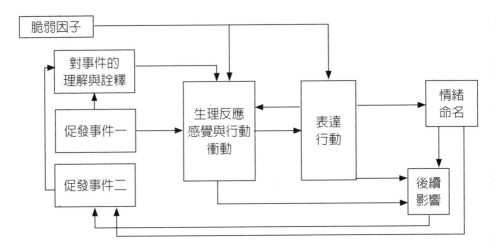

圖 13.1　情緒模式圖

二、情緒的功能

　　當一早看到老闆臭著臉進辦公室，心裡大概有底，「老闆心情不好，今天少去招惹他」；小孩回到家後眉飛色舞地說著學校球賽的事，媽媽就會猜測今天的比賽應該是贏了。情緒在每天的生活上有著不同的功能。

　　1. 協助我們與自己及他人溝通：當國手在奧運上奪得金牌時，他們雀躍地又蹦又跳、大聲吶喊，此時大家都可以感受到他們的喜悅，同時也感受到自己激動開心的心情，這個情緒向自己跟他人傳達了「開心」、「成功了」的訊息。當球員打輸球時，教練一臉嚴肅，球員此時知道教練生氣了，對於自己的表現可能感到失望、挫折或自責。我們可以從情緒的表現

上理解到自己或他人的感受。

2. 協助我們採取行動：阿尼小時候被鄰居家的大狗追趕咬傷屁股，現在只要聽到狗叫的聲音就不由自主地發抖、想要拔腿快跑，害怕的情緒讓阿尼快閃離開危險環境。又如考試前的焦慮情緒會讓考生積極地唸書；家人被欺負會想挺身保護。這些情緒為我們準備好身體的反應，同時也為我們節省反應時間，好讓我們在事件中採取行動。

我們可以在生活中檢視自己的情緒展現，就會發覺我們的情緒有著怎麼樣的功能。

三、影響調節情緒的因素

情緒沒有好壞之分，只有正負向及強弱之區別。正向情緒包括：快樂、興奮、愛、雀躍等，負向情緒包括：生氣、悲傷、厭惡、內疚等，每個人都會有喜怒哀樂，所以正向或負向情緒的產生都是正常的。生活上的情緒困難往往來自於個人覺得無法控制或調節情緒，以致於為生活帶來困境或痛苦。

影響情緒調節的因素可能有：

1. 生理因素：有些人天生就比較敏感，一點點的風吹草動就會感覺到，因此情緒產生的頻率會比別人多。而有些人對於刺激的反應度是大的，當情緒產生時反應強度比別人強，若加上情緒恢復時間也比較長時，一個情緒的發生到結束就會耗費比別人還多的能量和時間。

2. 缺乏技巧：「小傑的同學不讓他玩溜滑梯，小傑生氣打了同學，媽媽告訴小傑生氣時不可以打人。隔兩天老師告知媽媽，小傑在學校咬人，又過幾天小傑在學校踢人，同學們因小傑的粗魯動作而不喜歡跟他玩。」小傑因同學不讓他玩溜滑梯所以生氣，但是他缺乏處理情緒的技巧，生氣時打人、咬人或踢人，以至於影響其人際關係。

3. 情緒反應被增強了：有時候我們很想要用不一樣的方式與他人互

動，但是別人的反應讓我們很難調整。例如：先生下班在電視機前看電視，太太希望先生能進廚房幫忙，每次和顏悅色、輕聲細語地請先生幫忙，先生不是沒回應，就是說「好」後沒有動作，直到太太衝到客廳生氣且大聲地說「到廚房來幫忙」，先生才會真的進廚房，因此之後太太需要先生幫忙時就直接用生氣的口吻說話。又如小莉希望爸媽可以多關心自己一點，好好地跟他們說自己很傷心、難過，他們都只有口頭安慰，只有在小莉大哭或自傷時，爸媽才會抱抱他，因此小莉自傷的行為就很難停止。

4. 情緒化：展現適當的情緒需要有一定的努力與動機，如果沒有真心地花時間及心力去調節情緒，讓自己的情緒恣意而為，就會變成他人眼中所見的喜怒無常、情緒化。一個人縱使具有能力，但在情緒化及缺乏動機下，無法善用智慧心而是被當下情緒心帶著走，這樣要調節情緒就會變得困難。

5. 情緒強度超過認知負荷：有時情緒被高度激發時，整個腦袋充滿著擔憂的想法，不斷反覆地回想，甚至於出現災難化的念頭，情緒也可能變得極端化，在兩相交互之下，腦袋可能會出現當機狀態，無法思考、無法適當反應，這時縱使有再多的技巧，可能都因當機而無法運用。強烈的情緒就像斷線的風箏，無法掌控只能等風停。

6. 情緒迷思：對情緒錯誤的信念也會干擾情緒調節的能力。

• 「讓別人知道我現在心情很差是一種軟弱」，這會讓我們迴避情緒。

• 「痛苦情緒不重要，應該忽略」，我們會刻意忽視或壓抑痛苦情緒。

• 「我的情緒即代表我」，所以我開心代表我是好的，我挫折難過就代表我很糟。

• 「比起努力調節情緒，極端情緒會讓你更易獲得想要的」，因此我會放任情緒的展現。

「知己知彼，百戰不殆」，理解自己情緒調節困難的因素，可以在情緒調節的學習上減少失敗的危險。

四、辨認並命名情緒

我們知道情緒沒有好壞之分，它具有許多不同的功能，也並不是所有的情緒都需要調整，在 DBT 中，只有不符合事實或是影響達成目標的情緒才需要改變。因此在學習情緒調節前，需要先學會情緒的辨認，如果不知道自己的情緒感受，要改變情緒就會有困難。

1. 辨認並命名你的情緒

我們常將情緒和自我畫上等號，有糟糕的情緒出現時就會認為自己是糟糕的人，事實上情緒是我們的一部分，它代表我們的感受及行為反應。為了增進情緒調節能力，我們要學習覺察內在的情緒感受，將情緒視為自己的一部分，有時也需學習跟情緒分開，這樣才能夠思考及應用因應的策略，而藉著學習觀察情緒可以幫助我們更清楚情緒的經驗。

按照下列步驟做記錄，練習「觀察與描述情緒」以辨認並命名自己的情緒：

步驟一：情緒的引發事件─什麼人、什麼事、什麼時間、在哪裡、是什麼引發了這個情緒？

步驟二：對引發情緒事件的詮釋─對這個處境的解釋、信念、假設或評價。

步驟三：身體上的改變和感覺─在我的身體上感覺到什麼？

步驟四：身體語言─我當下的面部表情、姿勢、手勢如何？

步驟五：行動衝動─我想要去做什麼？想要說什麼？

步驟六：在這個情境下我說了什麼或做了什麼？

步驟七：情緒為我帶來什麼後續的影響─我的心理狀態、行為、想法、記憶、身體狀態等。

步驟八：情緒名稱─這是什麼情緒？它的強度有多少？（情緒名稱可參閱 Linehan 著，《DBT 技巧訓練講義及作業單》第 214-223 頁）

以前面春嬌要媽媽幫忙按摩卻被拒絕的例子來填寫：

步驟一：情緒的引發事件──媽媽在客廳看電視，春嬌覺得腰很痛，想要
媽媽幫她按摩，媽媽連續劇正看得起勁所以就拒絕了，叫春嬌自
己去用按摩器。

步驟二：對引發情緒事件的詮釋──媽媽不愛我，根本就不關心我。

步驟三：身體上的改變和感覺──體內一股氣往上衝、心跳變快、腦袋空
白。

步驟四：身體語言──雙手握拳、皺眉、怒視著媽媽。

步驟五：行動衝動──好想衝去打媽媽、罵三字經。

步驟六：在這個情境下我說了什麼或做了什麼──大聲地對媽媽說：「妳
根本就不在乎我，一點都不愛我！」然後摔遙控器、大吼大叫及
甩門進房間。

步驟七：情緒為我帶來什麼後續的影響──在房間覺得很傷心、身體感到
疲累、過去的負面想法一直跑進腦中，不過媽媽將電視關上未再
繼續看，可能知道我生氣了。

步驟八：情緒名稱──這是生氣的情緒，它的強度有 90 分。

五、改變不想要的情緒方法

情緒很大的功能是協助我們與自己及他人溝通，如果我們的情緒是無
效的、會干擾人際互動的、無法達到想要的目標，這樣的情緒就是我們不
想要的。由前面的情緒模式圖可以知道，促發事件、對事件的理解與詮
釋、行動與表達都會影響情緒的產生，因此，接下來要介紹核對事實、相
反的行動、問題解決等技巧來改變不想要的情緒。

(一) 核對事實

「小莉覺得自己很胖，拼命在減肥、節食，體重已經掉到 39 公斤，

BMI 是 16，但小莉在鏡子前看自己仍覺得自己很胖。」

我們常常不是對事實的真相做反應，而是根據自己對事件的想法或詮釋做反應，小莉的體重已經過輕，但是想法裡還是認為自己很胖，所以依然在節食、減肥，每一餐的食物都需要秤重、每天都需要運動 3 小時，如果無法確實執行就會焦慮到想死，若這樣的行為持續下去可能會危害到整體的健康及生命狀態。因此，改變自己對於事件的想法或信念以符合事實，就能改變我們對事件的反應，也能改變我們的情緒反應。

1. 核對事實的重要性

(1) 當我們對情境和事件的想法與詮釋與事實不符時，很容易引起痛苦情緒。

「事情非得在我的掌握之中不可」、「我如果沒有考到第一名，我在班上就抬不起頭來」、「我不用準備就能通過考試」，存在著絕對性（非黑即白）的思維或是對自己抱持錯誤的想法，會讓你隨時處在戰戰兢兢或是懶散鬆懈的狀態下，只要結果不如預期就會有強烈的情緒反應，甚至引發新的問題產生。

(2) 情緒有時也會影響我們對事件的想法。

大家可能曾經驗過在心情愉悅的時候，遇到平時就很尖酸刻薄的朋友，當下跟他互動似乎覺得他沒那麼討厭。又如果你現在剛被老闆罵了一頓，心情極糟，坐隔壁的同事正在跟朋友在電話裡說笑，你可能會想大聲斥責同事「怎麼那麼吵，一點同理心都沒有，很討厭耶！」所以，情緒在某些時候會影響我們對事件的想法或態度，也會影響接下來的行為反應。

(3) 了解事實才能有效地解決問題。

對於事實的訊息不完整或是抱持錯誤的信念，在有效解決問題上會產生干擾。例如考試不及格，相信是老師偏心或洩題，而忽略了事實上是自

己沒有認真唸書，因此下次考試也不會認真地準備，成績也不會有進步。事實有不同的面向，大家對於一個事件因看到的面向不同而常有不同的看法，既然看待事情的方法不只一種，解決問題的方法也非單一，因此多方了解事實，整合不同訊息才能找出有效的問題解決之方。

2. 核對事實的技巧

核對事實是要檢核你的反應是否符合情境的事實，透過調整符合事實的想法或信念，可以協助你改變對情境的情緒反應。

步驟一：問自己目前想要改變的情緒是什麼？

透過情緒辨認寫下目前想改變的情緒是什麼。

步驟二：促發情緒的事件是什麼？

描述你的感官所觀察到的事實。我們在描述情境、情緒或想法時，往往會不自覺地帶著評價性或是絕對性的語言，這種描述可能會引發強烈的負向情緒反應，所描述出來的是我們對事件的心理描述而非事實本身。因此，以你的感官所觀察到的事實來做描述，對於事實的看法越全面性，對情緒改變的可能性也越大。

步驟三：我對事件的想法、詮釋或信念是什麼？

一件事發生時我們會對現象添加自己的解讀，然後按著自己的解讀產生情緒或行為反應。寫下自己對事件的想法及詮釋，同時也想想是否有其他可能的解釋，想到的都一一寫下來。在寫的過程中，練習注意環境中所有向度的訊息和所有可能的觀點。然後檢視你的詮釋和假設，看看它們是否符合事實。

步驟四：我假設是否有威脅？評估威脅事件真的會發生的機率有多少？

當事情發生的時候我們有時會想像事件是否會帶來威脅的結果，痛苦的情緒常與威脅有關，因此可以詢問自己，預期這個事件可能會帶來什麼樣的負向後果？對我會造成怎樣的威脅？標籤出可能的威脅。

接著需要評估可能性，就是評估威脅事件眞的會發生的機率有多少。可以試著回想過去的類似經驗，這些類似經驗的結果爲何？想想看目前的事件會有相似的結果嗎？也可以透過提問、找尋更多訊息或核對已知的事實來協助評估。若能在眞實世界進行實驗，檢視預測是否成眞，這樣對於評估發生機率也有莫大幫忙。

除了評估威脅發生機率，也要盡可能的想想是否有其他可能的結果。在探索其他可能的結果過程中，可以提升個人的信念，增加相信可能有其他的結果。

步驟五：這會帶來什麼災難？想想自己如何應付這個災難。

有時事實並不見得如我們所擔心的那麼糟，我們如果把它災難化，就是誇大事實的負面特性、把焦點放在最壞的結果上，那身體和情緒上的痛苦都會加倍地上升。

我們可以先想像一下「會發生什麼樣的災難」，同時想像「眞的發生了，會是怎麼樣」。接著想想自己如何應付這個災難，可以採取什麼方法、什麼步驟，有效地讓自己安然度過這個災難。

預先演練可以讓自己在事情來臨時較不慌張、較有掌控感。

步驟六：檢視自己的情緒反應或情緒強度是否符合實際的情境事實？

透過前面幾個步驟，一步一步地核對每個情緒的事實，檢視情緒與事實之間的關聯，調整符合事實的想法或信念，就可以協助你改變對情境的情緒反應。

(二) 相反行動

暑假快結束了，阿奇和幾位好友相約到墾丁旅遊，因爲是旺季，旅遊的人很多，旅館常常是一房難求，阿奇在網路上好不容易訂到一間民宿，預刷了信用卡，開心地和好友一起出遊。玩了一整天累斃了，阿奇一行人來到預訂的民宿，櫃台的工作人員查了電腦告訴阿奇沒有他的訂房資料，阿奇拿出電腦訂房及刷卡紀錄，工作人員再次核對表示旅館這邊眞的沒有

這個訂房紀錄，而且旅館已客滿，無房間提供住宿。阿奇希望對方再查查，也希望可以有地方住，服務人員表示無法協助，阿奇當下感到生氣，忍不住與對方大吵。

阿奇的生氣情緒的確與事實符合，因為期待的目標受到阻礙了，在這樣的狀況下，阿奇是可以生氣的，但是阿奇若一直生氣著，可能就會出現言語或是行為上的攻擊，這樣會使工作人員不想為其服務，或是乾脆報警將其趕出旅館，玩了一天很累很想休息的阿奇需要的是一個可以休息的空間，因此阿奇需要思考接下來要採取哪個技巧來調節情緒反應，以協助其達到目標。

1. 使用相反的行動的時機

相反的行動是指做出與你的情緒衝動相反的行動來改變情緒，什麼時候需要考慮採取相反的行動？

(1) 當情緒符合事實，但是順著情緒的行動卻無法達到目標的時候。前面阿奇的例子，順著生氣情緒所帶出的衝動行為無法讓阿奇有效地達到目標，如果阿奇試著以和顏悅色的態度拜託工作人員協助找尋空房，或是幫忙詢問附近是否有空的房間可租，這樣的態度會讓人比較願意幫忙，找到空房的機率也較高。

(2) 當情緒不符合事實，而且順著情緒行動也無法達到目標的時候。明明看到狗被拴著、同時有柵欄圍著，但是聽到狗的叫聲仍害怕到不敢穿越巷子，可能因此影響下面安排好的行程，以致於上學遲到、失信於客戶、被主管認為是不守時的員工。如果希望能順利進行，就需要讓想逃脫的自己鼓起勇氣、穿過巷子。

(3) 逃避該做的事情時。有時候狀況不是情緒是否符合事實的問題，而是出現衝動性地想迴避一些該做的事。例如考試壓力大，一直逃避念

書，然而順著迴避的行動只會讓焦慮感更強、考不好的機率更高。情緒憂鬱低落時不想跟外界互動，越是把自己關著就越覺得孤獨，情緒會因此而更低落；如果起身離開房間，試著與他人互動或接觸外面世界，孤單和低落情緒才會獲得改善。

2. 相反行動的技巧

步驟一：識別你想改變的情緒。

透過情緒辨認寫下目前想改變的情緒是什麼。

步驟二：核對事實和檢查你的情緒是否符合事實，或者你的情緒對於你的目標是否有效。

如果你的情緒不符合事實，或者如果照你的情緒行動不是有效的，轉到步驟三。

步驟三：識別你的行動衝動。

順著情緒你會想要做什麼或是說什麼？

步驟四：詢問智慧心這個情緒是有效的嗎？

步驟五：辨識相反行動是什麼。

描述如何以及怎麼做出相反的行動。

步驟六：做出完全相反的行動。

步驟七：重複做與你的行動衝動相反的事，直到你的情緒對引起情緒事件的敏感性下降。

回到阿奇的例子：

阿奇核對事實之後，無房可入住休息的確是令人生氣的事。順著生氣的情緒，阿奇可能會拍桌指責飯店疏失、不負責任，要櫃台人員馬上生出房間來，甚至威脅要投訴，這些生氣的行為可能無法讓阿奇在客房客滿的狀況下找到可住的房間。為了達到有房可住的目的，阿奇當下可以採取相

反的行動。阿奇先做一小段的暫停，同時慢慢地吸氣與呼氣，嘗試從櫃台人員的角度來看事情（手上真的沒有訂房資料、今天客滿忙翻了、不是故意不讓我住……），改變身體的姿勢，雙手張開不握緊、手指放鬆、放鬆胸部和腹部肌肉、鬆開牙齒、放鬆臉部肌肉。做完一輪的相反行動，情緒可能有改善百分之二十或五十，這樣的情緒強度或許還無法在當下情境中發揮作用，這時需要進到步驟七重複做相反的行動練習，直到情緒減弱到可以帶著微笑用溫柔和緩的語調向櫃台人員提出自己目前的困境，希望對方能協助處理。

在緩和的氛圍下，雙方一起想想解決之方，阿奇找到房間的機會才會增加。

(三) 問題解決

志明最近情緒低落、失眠睡不好，送餐的工作常因精神不濟而延遲或送錯，被顧客投訴後，薪水被扣，也被公司警告要取消送餐員的身分；幾天前在趕送餐時發生機車碰撞的意外事故，賠錢給對方才了事，這個月身上真的沒有什麼錢了。下週要繳房租，已經 2 個月繳不出來，房東說再繳不出來就不讓他住了，志明不知如何跟房東說這個月也繳不出來，擔憂沒地方住會讓自己的狀況更不穩定，想到可能沒工作、沒錢、沒地方住，整個人就更緊繃、焦慮。志明不喜歡這種焦慮、擔憂的情緒，面對自己的狀況真不知該如何處理。

當不想要的情緒符合事實時，表示著「事實」是一個問題，如果解決或改變了「問題」，情緒反應應該就會有所改善。而有時順著情緒行動，不太可能達到目的或效果時，也就需要思考問題解決。

問題解決就是聚焦於會引起不想要的情緒或無法達到效果的情境，針對情境中的問題找出解決之道，困境解決後情緒就會有所不同。

1. 問題情境的類型

問題解決之前必須要先確認有問題需要解決，常見的問題情境如下：

(1) 會引起痛苦情緒的情境或人。

(2) 會引起痛苦情緒而讓我們習慣逃避的情境或人。

(3) 突然發生的問題情境。

(4) 一再重複出現的問題情境。

(5) 想要抑止或遠離具破壞性的行為，卻一再失敗的情境。

(6) 長期性的問題情境。

2. 問題解決的技巧

步驟一：觀察與描述問題情境。

　　運用「描述」的技巧，單純地描述情境、情境的問題、解決問題的障礙，例如情境的哪個部分有問題、它的後果會為你帶來什麼困境、目前要解決它的障礙或衝突是什麼？

步驟二：核對事實。

　　詢問自己：事實是否正確？若事實是正確的，且此情境是個問題，就要去問題解決，若事實不是正確的，去觀察並描述真正的事實。

　　要注意所描述的情境痛苦、障礙或衝突是否反映情境的事實，因為我們很容易掉入災難化的想法，也就容易放大衝突或障礙的事實。

步驟三：確認你在問題解決中的「目標」。

　　目標要簡單明瞭並且是你真的能達成的。同時確定這些需要的改變能讓你感覺很好，減少痛苦情緒。

步驟四：腦力激盪出大量的解決方案。

　　盡你所能地想出更多的解決方案，也可尋求你所信任的人的建議。記住不要在一開始就出現批評任何方案的想法，可以天馬行空地想，點子越多越好。

步驟五：選擇一個可能有效的解決方案。

在拋出許多方法後，要辨識出一至兩個能夠執行的方案，可以試著朝發揮作用的可能性和落實執行的可行性來進行方案的優先順序排列。

先挑選兩個看來最好的解決方案，然後進行兩個解決方案利弊分析的比較，可以透過優缺點分析或詢問智慧心的技巧來做練習。最後選擇最佳的方案來先進行嘗試。

步驟六：將解決方案付諸行動。

採取行動，嘗試訂出該解決方案的步驟，由第一步驟、然後再進行第二步……，逐步完成。

在進行的過程中難免會出現「這太難了」、「我可能做不到」、「別人會覺得我很笨」、「這真的有效嗎？行得通嗎？」等想法，這些人性內在的惰性、恐懼或執念會削弱我們的執行能力，試著在執行過程中善用了了分明等技巧，來協助解決方案的執行。

步驟七：評估成果。

詢問自己「這樣做是有效的嗎？」「我滿意問題解決的成果嗎？」有時問題解決要達到效果可能需要多方嘗試不同的解決方法，最後才能找到一個或是一套有效的對應模式，因此在執行方案後需要評估成果。第一次就達到效果當然很棒，如果這樣做是沒有效的，就可再嘗試其他的解決方案，也可再回到步驟四、五、六，重新找出新的解決方案並執行之。

志明已經 2 個月未繳房租，最近身體狀況不好又出車禍賠錢，身上已經沒有多餘的錢可繳房租，擔心如果不繳可能就會沒地方住。志明需要解決的問題是「如何讓自己有地方住」，只要有地方住就較能穩定地工作賺錢。志明腦力激盪列了幾個方案：跟家人或朋友借錢繳房租、跟房東懇求寬限、尋問社會急難救助金、先到朋友家借住一段時間、將機車賣掉繳房租、到公園當遊民…。在進行解決方案利弊分析後，志明先嘗試跟小學好友借錢繳房租，他約了好友碰面，告知自己的困境，承諾會專注工作來還

錢。不巧，好友的家人最近生病需要開刀，醫療費用龐大，無法借錢給志明，於是志明想嘗試第二個方案，跟房東懇求再給寬限期。志明運用在DBT 所學的人際效能 DEARMAN 技巧打電話給房東，告訴房東自己真的很想如期繳交房租，但是最近身體狀況不好又出車禍賠錢，這個月身上已沒有剩餘的錢可以繳房租，真的對房東很抱歉。因為穩定的居所對他在工作上有很大的幫助，所以很希望房東可以再寬限他一些時間來繳房租。志明提到近 1～2 年來自己很用心在照顧房子，屋況維持得不錯，而且過去都有按時繳房租，近幾個月是身體狀況不好、上班途中出車禍，所以才延誤交房租，如果房東願意寬限房租讓其繼續住，相信有穩定的居所一定可以讓他恢復得較快，這樣工作賺到的錢就可以趕快繳交房租。房東有點猶豫，擔心志明的房租越拖越多，志明與房東協商，一領到錢就先分期繳交房租，最後兩人達成協議，房東願意讓志明繼續住，房租可以寬限分期繳納。

六、降低情緒脆弱性

大家可能有聽過身邊的朋友說「我腸胃比較差，所以不能吃太刺激性的食物」、「我氣管較弱，冬天就要圍圍巾」，好像每個人的身上或多或少都有一些脆弱性的地方，為了讓生活能順暢一點，我們都會盡量做一些事情來補不足的地方，以減少脆弱性對我們的身體或生活造成干擾。

我們在情緒上可能也有一些脆弱性，以致於我們對促發痛苦情緒較敏感、也更容易感受到痛苦情緒的影響。這些脆弱性可能與個人生理性或生活模式有關，下面我們可以透過「增加正向情緒經驗」、「建立自我掌控感」、「預先因應」、「照顧好自己的身體」等技巧來降低情緒脆弱性，以增加生活品質。

(一) 增加正向情緒經驗

一般人的情緒多由生活事件引發的，正向的事件產生快樂的情緒，負向的事件引發痛苦的情緒，如果在生活中缺乏正向經驗就會減少快樂、增加痛苦，這樣對於促發痛苦情緒的事件就會變得更加脆弱，因此在平時的生活上增加正向情緒經驗就可以增加快樂、減少悲傷痛苦，也可以改善生活品質。

1. 每天至少為自己做一件快樂的事

每個人對於快樂或不快樂的事會有所差異，因此視個人的喜好與經驗，每天至少為自己做一件能引起正向情緒的事，這個正向情緒包括：愛、愉悅、歡樂、寧靜、得意、享受或自信等，可以做的活動例如：品嚐一下手沖咖啡、回家提早一站下車讓自己放鬆散步一下、欣賞公園裡盛開的花、和家人一起用餐等。

2. 事先規劃好活動

很多人期望自己快樂但並不習慣為自己「規劃」快樂，好像只能等著快樂到來，或者會疑惑自己是否值得快樂，在等待或疑惑中，時間和快樂往往與我們擦身而過，真是太可惜了！快樂跟其他事物一樣是需要靠行動力去獲得的，所以可以事先規劃每天想做的正向事件，甚至先約好夥伴，若遇到突然心情不好不想動時，還有夥伴可以鼓勵自己一起行動。

3. 使用技巧來促成正向活動的執行

有時我們會覺得被許多壓力、事務壓迫到沒有時間去做其他事，又或者是心情低落時會想逃避正向活動，因為覺得累、覺得懶、覺得麻煩。在這個時候可以使用學過的問題解決、相反的行動、優缺點分析、智慧心等技巧來協助自己，克服迴避的心態，找到可進行的正向活動，嘗試做做看。

4. 對正向經驗的覺察

有時候做了正向活動，似乎沒有感覺到愉悅或享受的情緒感受，這時候可以讓自己將注意力放在正向活動上，盡可能地去覺察及經驗整個過程。當我們的心思分散在其他事物上時，的確很難感受到正向活動所帶來的經驗；也可能我們並不習慣感受經驗，所以連快樂的情緒都被壓抑了。當生活中負向經驗多於正向經驗時，我們就很難將心思從痛苦情緒中抽離。因此在參與正向經驗時需要全然地投入，將注意力放在此時此刻、留心覺察。

5. 不要讓擔憂影響正向經驗

在做技巧練習常會發現被其他想法或擔憂所影響，在進行正向活動時可能會擔心正向的感受何時會結束？之後該怎麼辦？自己的正向感受對不對？自己是否值得「開心」？在擔憂的時候真的很難專心經驗正向活動。我們可以在憂慮念頭出現時，輕輕地提醒自己將心思帶回當下的正向活動中，一次一次輕輕地帶回。

6. 成效是需要時間累積的

一、兩次的正向活動要帶來很大的改變是不可能的，「聚沙成塔」、「滴水穿石」就是鼓勵我們要有恆心、有耐心、不斷努力，一定會成功的。每天不斷地累積正向情緒經驗，相信生活品質的改變指日可待。

(二) 在情緒性情境中建立自我掌控感

你還記得自己是怎麼學會起身走路的嗎？觀察嬰兒學走路，你會看到他們要先學會站起來，然後手扶著旁邊的東西平衡身體，再一步一步的移動腳往前行，在能抓到身體的平衡訣竅後，就不需要靠旁邊的輔助，腳步就能自在地移動。嬰兒在不斷重複練習的過程中，可以發現當他們能做到

一個之前不會的動作時，他們臉上自然流露出愉悅的笑容，代表著開心、
成功、勝利，接著會看到他們有自信地繼續嘗試新的挑戰或練習。自我掌
控感就是從活動中感受到自己是有能力的、有自信的、可以掌握自己的，
這個能力是天生就具有的，但是若不常使用或增強這個能力，它就會隨時
間慢慢消失。特別是在情緒情境中，我們被負面情緒所困，幾乎吞噬掉自
信和自我掌控感，就會處於憂鬱、無望、無助、無意義的深淵中，因此在
情緒情境中，我們更應該建立自我掌控來對抗負向情緒，幫自己爬出深
淵。

如何建立自我掌控感：

1. 每天至少做一件事

透過活動才能讓自己感受到有能力、有信心，因此每天需要要求自己
規劃做一件事，透過這個活動來累積能力感與自信。

2. 從事困難但有可能的事

活動如果太容易就無法產生滿足感，若太困難到不可能就只會產生挫
敗與放棄感，在開始規劃活動時可挑選具有困難度但是有可能達成的。

3. 隨著時間或自己的狀況逐漸增加難度

人有「自我實現」的需求，會希望自己不斷地成長、進步、變得更
好，所以所從事的活動也需逐漸增加困難度，透過解決難題來增加自信，
進而能勇於面對情境中的挑戰。

(三) 預先因應

不同的情境可能會遇到不同的麻煩或困難，在覺得自己是具有能力的
的狀況下，再加上適當的準備，相信在面對困境時就能降低情緒心所帶來

的影響，也能增加有效能的行為。

如何預先因應

步驟一：描述。

描述可能發生問題行為的情境。描述後先核對事實，以確定這會是個問題。同時命名出最可能干擾你使用技巧的情緒或衝動。

步驟二：決定。

決定在此狀況下你要使用哪些因應或解決問題的技巧，可以具體地、仔細地寫下你會如何應付這個情境，會如何因應你的情緒和衝動。

步驟三：想像情境。

盡可能在心中生動地想像自己「身處在」情境中，而非「觀察」這些情況；想像時間點是「現在」，而非「未來」或「過去」。

步驟四：在你的腦袋中有效地排練。

鉅細靡遺地在你的心中排練，包括想法、行動、說話的內容和方式都要排練。在心中排演應付出現的新問題、應付自己最害怕的災難等。

步驟五：在演練後放鬆。

因應的演練之後，可以做漸進式放鬆、調節呼吸速率、智慧心的練習、聽音樂，讓身心有平靜感。

(四) 照顧好自己的身體

失衡的身體會增加負向情緒和情緒心的脆弱性，例如多天未睡的爸爸，聽到嬰兒肚子餓的哭聲，可能會面露不耐或對嬰兒生氣；忙了一整天沒吃東西的主管，很難有耐心地聽下屬冗長的報告。照顧好身體就可以提升情緒的復原力及降低情緒脆弱性。

如何照顧好你的身體：

1. 治療身體疾患

生病除了造成身體不舒服外，也會降低對負向情緒的抵抗力，因此身體不適時需要看醫師。盡早就醫、盡早治療、按時服藥，保持身體的健康。

2. 均衡飲食

進食的分量不要過多或過少，盡可能讓自己感到舒服。食物的種類應該多元，以均衡不同的營養素。每天盡可能規律進食，同時遠離會讓情緒起伏的食物。

3. 避開影響情緒的物質

酒精和毒品會降低你對負向情緒的抵抗力，遠離禁藥、酌量飲酒、少用成藥，會讓身體變健康。

4. 適度的睡眠

情緒失調的人常有睡眠困擾問題，尤其睡得太少時會特別容易受到負向情緒的影響。試著睡幾個小時，讓自己感到舒適的量即可（通常是 7～9 小時），別太多或太少。

5. 做運動

運動可以穩定神經系統，使大腦思緒清晰，同時會分泌快樂激素，有助於面對生活上的壓力，增加負向情緒的抵抗力，而固定運動又可以建立自我掌控感。試著每週運動幾天，每次運動的時間可逐漸增長為20分鐘。

　　情緒調節的技巧可以幫助你更清楚自己的感受，抑制與強烈正、負向情緒相關的衝動或不適當行為，不被這些情緒擊倒，然後再根據外在目標來組織及協調自己的行動。技巧需要練習才會精熟，也才能變成自動化的反應，為了維護你的情緒和身體健康，建議你常常練習，也將練習視為是一種養生之道。

重點提示

1. 情緒調節是一種能力，它可以影響我們如何經驗和表達情緒，減少不適應的情緒行為發生。因此透過「情緒調節」技巧的學習，可以幫助你更清楚自己的感受，抑制與強烈正、負向情緒相關的衝動或不適當行為，不被這些情緒擊倒，然後再根據外在目標來組織及協調自己的行動，以增加生活適應性。

2. 情緒的產生是一個歷程，要了解自身的情緒為何，可以透過對：促發事件、對事件的理解或詮釋、脆弱因子、生理反應、感覺與行動衝動、表達、行動等的觀察，來為情緒正確命名。

3. 生活中影響情緒調節的因素包括：生理因素、缺乏技巧、情緒反應被增強了、情緒化、情緒強度超過認知負荷、情緒迷思等。

4. 本章提到「改變不想要的情緒」，方法有：核對事實、相反行動、問題解決。

5. 每個人情緒上可能都有一些脆弱性，以致於我們對促發痛苦情緒較敏感、也更容易感受到痛苦情緒的影響。這些脆弱性可能與個人的生理或生活模式有關，我們可以透過「增加正向情緒經驗」、「建立自我掌控感」、「預先因應」、「照顧好自己的身體」等技巧來降低情緒脆弱性，以增加生活品質。

參考文獻

林納涵（2015a）：《DBT技巧訓練手冊：辯證行為治療教學》（江孟蓉、吳茵茵、李佳陵、胡嘉琪、趙恬儀譯）。張老師文化。（原著出版年：2014）[Linehan, M. M. (2015a). _DBT skills training manual, second edition_ (M. R. Jiang et al., Trans.). Living Psychology publishers Co. (Original work published 2014).]

林納涵（2015b）：《DBT技巧訓練講義及作業單》（馬偕醫院辯證行為治療團隊譯）。張老師文化。（原著出版年：2014）[Linehan, M. M. (2015b). *DBT skills training handouts and worksheets*, second edition (MacKay Memorial Hospital DBT team, Trans.). Living Psychology publishers Co. (Original work published 2014).]

張春興（1990）：〈從情緒發展理論的演變論情意教育〉。《教育心理學報》，*23*，1-12。[Chun-Hsing Chang (1990). A historical review of the development of theories and researches on emotion and cognition and its implication to school education. *Bulletin of Educational Psychology, 23*, 1-12.]

第十四章
辯證行爲治療的自殺評估與處遇

劉珣瑛

　　自殺是當代全球性公共衛生以及心理衛生工作的重要課題。研究發現藥物治療雖然有助於減輕自殺患者常見的憤怒、焦慮、憂鬱、衝動等症狀，自殺和非自殺自傷的有效治療仍有賴心理治療。鑑於自殺個案的高風險特質，心理治療的方法應有實證基礎。在重複自傷自殺的處遇中，辯證行爲治療是少數具有實證療效的心理治療之一，已有多個隨機分配的控制研究證明 DBT 可有效減少邊緣型人格障礙患者的自殺意念、自殺行爲和非自殺的自傷行爲，而且是減少自殺自傷行爲的治療方法中，有最多實證療效證據支持的心理治療（NICE, 2009 & 2015; DeCou et al., 2019; Kothgassner et al., 2020）。例如：患有邊緣型人格障礙的反覆自殺個案，接受辯證行爲療法會比社區專家的非行爲療法，降低了 50% 的自殺行爲（Linehan et al., 2006）。

　　辯證行爲治療是 Linehan 博士在 1980 年代爲了改善邊緣型人格障礙患者的慢性自殺行爲而設計的。研究顯示 60-70% 邊緣型人格障礙患者曾在一生中的某個階段試圖自殺（Oldham, 2006）；與健康對照組相比，他們自殺死亡的風險增加了十倍以上（Black et al., 2004）。患者經常經歷自殺危機，可能會在壓力或情緒失調下重複無數次的自殺行爲或非自殺的自我傷害行爲，來調節痛苦和壓倒性的情緒。他們常在自殺自傷後被送至綜合醫院急診科就診，甚至被安排至急性精神病房住院治療。醫療人員對於患者的重複自殺自傷行爲倍感壓力，常因此導致不需要的重複住院、無效

的處遇和治療失敗。許多慢性自殺自傷個案只接受短期危機導向的治療，因而造成了惡性循環，反而更增強了失功能的自殺自傷行為。

　　由於辯證行為治療是為了改善邊緣型人格障礙患者的慢性自殺行為而設計的，因此有別於其他的心理治療，辯證行為治療是將自殺行為設為首要處理的目標，把自殺想法和行為列在需要優先解決的關鍵問題，直接評估導致或維持自殺想法和行為的因素，並提出處理這些因素的解決方案。Linehan 博士發展了二種自殺危險性評估工具：提供評估人員使用的**華盛頓大學風險評估協議**（the University of Washington Risk Assessment Protocol, UWRAP for assessors）、和治療者使用的**華盛頓大學風險評估和治療協議與註釋**（the University of Washington Risk Assessment and Management Protocol and Note, UWRAMP）（Linehan et al., 2012; Reynolds et al., 2006）。這二份工具分別提供評估人員和治療師在面對有自殺傾向個案時，透過提示的結構化評估與紀錄，進行自殺風險照護完整的標準化評估與處遇，以減少評估者和治療者的疏漏。Linehan 博士要求所有治療師都必須接受風險評估和處遇方面的訓練，且於治療前例行使用這二份評估工具，徹底評估自殺風險。這些標準化的自殺風險研究評估迄今已應用於 DBT 的多項臨床試驗中，以此作為自殺風險評估和管理的工具。UWRAMP 是一個長達七頁的工具，內容概述了進行評估的基本原理，指導治療者要評估的風險因素和保護因素，治療者需依照提示，記錄自殺風險的評估內容及所採取行動處遇。所有個案在開始接受 DBT 治療前以及治療期間，當自殺意念增加時或出現臨床徵候時，治療師應使用 UWRAMP 進行徹底的自殺風險評估，包括評估自殺風險的直接指標（例如，自殺意念、計畫和準備）、間接指標（例如，嚴重絕望、衝動或獲得致命的自殺方法）、急性危險因子和保護因素（例如，對家庭的責任，相信自殺是不道德的等）。在評估自殺風險後，接著應進行自殺風險管理，針對自殺／自傷行為訂出治療措施，包括對導致當前自殺／自傷想法和行為的促發因子和事件後果作鏈鎖分析（或對以前的自殺意念和行為進行

行為分析），聚焦於危機干預和／或問題解決，制定或審查現有的危機計畫，並致力於行動計畫，對可能干擾行動計畫的因素進行疑難排解，預測危機應對再次發生並制定備用危機計畫等，同時要增加社會支持。由於臨床上不同個案的自殺和自傷的危險性可能差異甚大，治療師需根據環境和個案的不同，系統性的評估危險性、並制定明確的指導方針和協議，幫助個案確保自己的安全。本文將以馬偕紀念醫院辯證行為治療團隊了結合華盛頓大學與其他相關自殺風險評估與處遇、及台灣本土的經驗後，在臨床上實際的做法，分二大面向詳述辯證行為治療的自殺自傷危險評估與處遇，以提供台灣心理衛生專業人員在處理自殺高風險個案時的參考。

一、評估自殺和自傷行為的風險

在評估高自殺危險患者前，建立關係是很重要的。建議初次評估自殺風險時，應以面對面的會談為主，臨床面談不僅有助於建立治療聯盟，更可以提供重要的非語言訊息，包括情緒狀態和對評估者的依從性。在第一次接案評估時，由於還沒有跟個案建立治療聯盟，治療師不了解個案，這時適當的傾聽與同理、採取非評斷的態度、與患者建立信任、支持的關係，有助於建立關係與治療聯盟。

大多數臨床指南建議完整的評估自殺行為嚴重性及自殺風險，是提供治療和保護不可缺少的第一步。自殺風險評估是一項複雜、困難且具有挑戰性的臨床任務，完整的評估可提供治療的方向與策略，例如，辨識可調整和可治療的風險因素並確定患者的安全。在自殺評估中最好使用結構化格式（Linehan et al., 2012; Sadek, 2019），包括臨床會談、半結構化訪談和自填評估量表，以獲得關於任何自殺自傷的全面訊息。半結構式訪談有助於確定精神疾病的存在、自殺風險程度與自殺危險因子與保護因子；而自殺相關的自填量表則是半結構式訪談的重要補充，研究發現有自殺傾向的個案可能在自填量表中更能批露當前的自殺意念（Kaplan et al. 1994;

Velting et al., 1998）。徹底的自殺危險性評估的目的，是爲了解風險嚴重程度以決定適當的行動，因此，需要足夠明確的答案和訊息以做出臨床決定。要記得完成完整評估，不要偏離評估的主要任務，方能於評估完成後訂出臨床決策的安全處遇計畫。所有評估結果應立即記錄下來，以免遺漏或忘記。

　　沒有任何單一標準化的自殺風險預測量表可以預測哪些患者會自殺，治療師不能將自殺風險評估量表作爲臨床決策的唯一依據，因爲自殺是多重因素的結果，包括診斷（精神病學和醫學）、心理動力學、遺傳、家庭、職業、環境、社會、文化、存在感、任何時間點的機會因素和壓力性生活事件等等，都與自殺死亡有顯著的關聯。結構化或半結構化自殺量表皆可提供重要訊息，但不應替代系統性自殺風險評估。在接受辯證行爲治療前，所有個案都必須接受自殺、自傷和殺人的危險性評估，且應該在治療前的準備階段或第一次治療接觸時進行完整的評估。此外，針對目前或過去曾有自殺或自傷想法或衝動的個案，每次治療或接觸時都應持續評估安全性。即使過去病史上沒有安全問題的個案，只要出現顯著的壓力源、風險因素及臨床變化時，仍應重新評估自殺風險。

　　理想情況下，初次面談應有深入的自殺危險性評估，包括臨床會談、半結構化會談和標準化問卷。完整評估應包括蒐集病史、確定行爲問題的範疇、自殺危險性（包括風險評估、自殺意圖、醫療上的致命性以及當前和過去自殺行爲的情況）、精神疾病的診斷（包括人格障礙和／或物質濫用等共病）、危險因子與保護因子、內在與外在資源和全面性的社會心理評估等。對患者風險和需求的評估還應包括對當前生活困難的評估，例如：可能的人際衝突或失落、遭受創傷性壓力、缺乏社會支持、經濟問題、工作場所／學校問題、身體疾患或不適，及性取向相關議題。完整評估可能需要數小時，因此有時得分兩三次會談方能完成完整評估，以訂出安全計畫與治療、確定是否適用 DBT 及主要治療目標。然而，並不是所有的情境都有時間和／或資源來進行廣泛深入的評估，因爲初次評估可能

從急診室、門診或住院病房等部門轉介時開始。馬偕醫院自殺防治中心接受轉介後，通常使用簡短的篩選工具，進行大約 15-30 分鐘的個案初評，目的是快速評估潛在個案是否符合自殺防治中心的後續服務或個案管理標準。馬偕醫院自殺防治中心提供轉介個案後續服務的條件是：個案有自殺想法或行為、或非自殺的自我傷害的想法、衝動和行為。如果符合初步收案標準，將在 5 個工作日內完成初始評估會談。

自殺自傷危險性的完整評估應涵蓋過去和現在的自殺想法、衝動和行為，包括與自殺計畫有關的方法、手段和意圖；引發自殺行為的事件或精神症狀，特別是絕望程度、衝動，以及自殺危險因子和保護因子。以下詳述完整的自殺自傷風險評估內容：

(一) 評估自殺意念、自殺行為、非自殺自傷行為或想法

評估高自殺危險患者時，要適當的傾聽與同理、採取非評斷的態度，與患者建立信任、支持的關係。自殺危險性評估可以從直接詢問目前的自殺想法和衝動開始，如果個案否認目前有自殺想法，則詢問個案過去是否有自殺想法、衝動或行為，以及自殺的家族史。如果個案承認自殺的想法或行為時，需進一步詢問頻率、強度和持續時間。對於強度，可以 0 至 10 分（0 分無自殺想法、10 分最強烈的自殺想法）來自我評估自殺想法或衝動的程度。當確定自殺強度後，要進一步詢問個案是否可以控制該強度的想法和衝動，以更清楚地了解個案的情況。因為有些個案在強度 10 分時是安全的，而另一些個案可能在較低的強度下就可能有自殺自傷的行為。

接下來評估過去的自殺行為史，了解過去曾否有自殺行為，及其促發因子和結果等詳細資料。了解過去自殺行為有助於評估目前的風險程度和隨後的安全規劃。最後還要詢問家族自殺史，及朋友中與網路上是否有自殺相關的接觸。

接著要確定個案最近是否有自殺計畫，該計畫有多致命？是否依該計

畫採取了行動（例如：已經買好炭、存了藥等行動）？是否有其他方法要執行自殺計畫？然後評估對計畫採取行動的意圖，並評估意圖的強度及何時採取行動。治療師需要特別關注那些執行可能性高、醫療上致命性高、難預防的計畫。如果個案沒有採取行動的意圖，要去探詢沒有採取行動的理由，這個問題有助於評估保護因子，以作為提供安全措施及問題解決的參考。如果個案目前有採取行動的意圖，接著和個案討論是否考慮放棄自殺想法或計畫；或者，如果不可能完全放棄自殺想法的話（許多個案對自己的自殺行為是感到無法控制的，所以也無法過度地承諾治療者），如何在自殺想法和自殺行為之間插入障礙以減少衝動。如果確定個案有即將採取行動的意圖，則需要採取緊急措施以確保安全，甚至安排住院治療。

如果個案拒絕回答上述有關自殺的問題，則需要回到建立治療關係上，並了解是否個案擔心會被安排住進精神科急性病房而拒絕回答。個案拒絕回答上述的自殺問題大多是因為擔心被誤解、評價或被安排住院，或者不想放棄自殺行為。建議的處理方式是先認可個案，並探索他不願意回答自殺相關問題的原因；同時堅定地表達要共同努力，就必須有合作和信任。需讓個案感受到治療師對他／她安全的關心，並讓個案了解詳細評估是攸關後續安全計畫的擬定。如果個案仍然拒絕，治療師必須決定是否應安排住院，如果是 DBT 治療中的個案，則治療師需考慮是否願意承擔責任，繼續跟無法承諾以減少自殺自傷行為為目標的個案合作。

會談中需進一步確定個案是自殺行為或是非自殺的自傷行為，並了解引發自殺／自傷想法、衝動和行為的事件，以及其他前因和後果。雖然自殺行為和非自殺的自傷行為之間的界限不是很明確，自殺行為常與憂鬱狀態和絕望有更強的關聯，而非自殺的自傷行為常與失調的情緒和認知困難比較有關聯；兩者都經常與逃避相關，死亡是自殺行為最終的逃避，但非自殺的自傷行為目的並不是為了死亡，而是以自我傷害處理情緒來逃避或減輕痛苦。研究發現常見的自傷原因包括：分散對情緒痛苦的注意力、提供一種釋放和解脫的感覺、感受真實的存在感、將痛苦的情緒「有形

化」、向他人傳達情緒的痛苦、懲罰自己以減輕內疚等原因。在評估上，自我傷害的評估與自殺評估類似，包括評估當前和過去計畫或採取的自傷行為，以及這些行為的頻率、強度和持續時間。詢問自我傷害發生在身體的哪個部位、傷害的程度，以及是否需要醫療處置。關於醫療處置，需進一步詢問個案是否預約後續的門診追蹤及門診追蹤的結果。如果個案沒有尋求所需的醫療照顧，且最近發生的自傷事件仍需醫療處遇，則應與個案確定當天或他將如何接受相關醫療的幫助。在這些情況下，應指導個案尋求醫療照護。若個案拒絕為自傷尋求適當的醫療照護，應視為治療干擾行為。最後，一些青少年或年輕人的冒險行為，例如酒後駕車、毒品共用針頭、與不明伴侶發生無保護的性行為等高風險行為，雖然沒有明顯的自我傷害或死亡意圖，也需進行評估。

(二) 評估危險因子與保護因子

接著開始系統性評估自殺危險因子和保護因子，藉由完整的評估和歸納，得出臨床判斷，使治療師或臨床人員能夠做出安全管理決策及進行實證治療。

1. 自殺危險因素

自殺危險因子在文獻中有詳細記載。自殺危險因子除了自殺相關的具體問題（如：當前的自殺想法和衝動、計畫以及有立即性的自殺意圖）之外，常見的危險因子還包括當下的精神狀態、症狀以及其他因素（如藥物濫用、最近的失敗、絕望以及價值和意義）等，詳述如下：

(1) 合併精神疾病的共病。為了有效地治療自殺個案，進行徹底的精神疾病第一軸向的診斷評估至關重要，包括情感疾患（憂鬱症、雙極性疾患等）、焦慮疾患、物質使用相關疾患和飲食障礙（特別是厭食症與暴食症）、思覺失調症等都會增加自殺風險。早期建立第一軸診斷有助於 (a) 評估風險、(b) 告知治療計畫以及 (c) 確保提供適當的治療。由於診斷精

神疾病是一個漫長而詳細的過程，有時需要分次完成評估。完整的第一軸向診斷評估在成人可以考慮使用神經精神醫學臨床評估表（Schedules for Clinical Assessment in Neuropsychiatry, SCAN）；或在兒童青少年可使用半結構式診斷會談，如 Kiddi 情感障礙和思覺失調會談表（Kiddie Schedule for Affective Disorders and Schizophrenia, K-SADS）等。一些自評量表，如病人健康問卷（Patient Health Questionnaire, 9-item, PHQ-9），或症狀檢核表（Symptom Checklist-90, SCL-90）也都有一定的參考價值。

(2) 第二軸向的人格疾患。可以從個案在各個領域的衝動和危險行為的經歷開始進行評估。衝動可以用來預測各種精神疾病的自殺行為，具有明顯衝動性格的人更容易受負面生活事件和壓力促發自殺危機（Beach, et al., 2021）。人格障礙患者的自殺風險是一般人群的 10-15 倍（Soloff et al., 2000）。自殺患者中，30-40% 有人格障礙，其中以 B 類人格障礙，尤其是邊緣型人格障礙和反社會型人格障礙的自殺風險最高。邊緣型人格障礙患者幾乎都合併有多種精神疾病的共病，意味著個案有更複雜和難以治療的疾病及症狀，增加了患者的自殺危險性。研究發現在控制了藥物濫用和憂鬱症後，邊緣型人格障礙患者的衝動性與自殺企圖仍有顯著相關性。馬偕醫院的辯證行為治療計畫，主要納入的個案通常需符合邊緣型人格疾患三項以上的症狀，加上有強烈自殺意念，或最近有自殺企圖或重複的自傷行為，因為符合上述條件的個案通常有顯著的功能障礙，需要全面完整的辯證行為治療。

(3) 合併有身體疾病和慢性病的共病：研究發現慢性化的身體疾病且合併功能障礙、或最近診斷出慢性病或威脅生命的身體疾病，如癌症、愛滋病、多發性硬化症等，都會增加自殺風險。新診斷的重大精神疾病（如：思覺失調症）也會增加自殺風險。

(4) 曾有自殺企圖史，尤其是嚴重的自殺行為。

(5) 家人或朋友的自殺和自殺企圖史。

(6) 最近的壓力事件，特別是重大的失落壓力事件，例如人際關係的

結束或衝突、失業或學業中輟、嚴重健康問題、財務和地位的損失、紀律處分或法律危機等。

(7) 衝突、不穩定的治療關係或治療關係的結束或轉換：許多患者因為過去負面或不被認可（invalidated）人際關係經驗，例如：虐待、創傷、被忽視或被拒絕，很難與治療師建立信任關係。此外，穩定信賴治療關係的結束或轉換，也會引起邊緣型人格障礙患者的嚴重痛苦和情緒反應。

(8) 急性和極度痛苦，包括憂鬱、沮喪、屈辱、內疚、羞恥和失眠。

(9) 嚴重的絕望感、無價值感、激動狀態、精神病狀態等。

(10) 嚴重的喪失興趣和快樂感。

(11) 注意力下降和做決定的能力受損。

(12) 認為自己是他人的負擔。

(13) 與他人和／或社會隔離和退縮、獨居、目前或將被隔離。

(14) 無法解釋的情緒變化，尤其是戲劇性的情緒變化。情緒上突然出現無法解釋的積極轉變也要注意。

(15) 進行無法解釋的拜訪親友或贈送有意義物品。

(16) 特定人群／環境的急性自殺風險：例如最近剛從精神科病房出院者、或精神科住院病人在住院前或住院中有自殺行為、精神科住院期間變得越來越躁動、焦慮和坐立不安，尤其是在合併有睡眠困難時；在監獄中監禁的第一週、青少年或年輕人最近有接觸媒體或社區的自殺事件、現任或前任軍人，尤其是在參加戰鬥行動的情況下。

(17) 個案有自殺動機或謊報自殺風險。

(18) 考慮年齡、性別、種族和其他因素。年輕人和老年人通常有更高的自殺風險。

2. 自殺保護因子

詢問和建立保護因子在後續的治療處遇的安全計畫中扮演很重要的角

色，治療師可以藉由強調保護因素來增強安全性，讓個案能看到這些保護因子而承諾遵守安全計畫、不採取自殺的衝動行為，這是很重要的自殺防治處遇。文獻中已報告一些保護因素可以降低自殺風險。例如，生存原因調查量表（Reasons for Living: Chiu, et al., 2019; Osman et al., 1991）可以提供了解個案任何活下去的理由。治療師也可以直接問個案：「如果你自殺了，你家人會怎麼想？你的父母、妻子、兄弟姊妹、子女會受到什麼影響」，或者「自殺衝動很高的時候，是什麼阻止了你的行為？」。有時以臨床訪談的形式重新評估這個問題，而不是通過自填量表，會得到不同的訊息。

需要去評估的保護因素，包括家庭或家庭以外的因子如下：

(1) 對未來抱有希望。

(2) 有良好的解決問題能力：問題解決能力障礙的個案感到受困時會增加自殺風險，DBT 提供的技巧培訓可以幫助解決生活壓力源和忍受痛苦。

(3) 對孩子、家人或其他人或寵物的責任都是重要的保護因子。然而，一些有自殺傾向的人可能計畫殺死子女作為自殺計畫的一部分，因此，評估身為幼童父母的自殺風險時也要小心評估兒童的危險性。如果自殺個案不將兒童視為保護因素，則需評估個案的孩子是否面臨危險，這時兒童安全的諮詢和安全計畫至關重要。

(4) 積極的社會支持或聯繫可以緩衝風險：參與及建立社交連結，特別是與同儕朋友的凝聚力。在治療中也應盡可能調動社區資源來強化支持系統。

(5) 正面的治療關係或對醫師、輔導員、其他服務提供者的連結：穩定而強大的治療聯盟是治療中最重要的自殺防治關鍵，與治療師或其他心理健康提供者的連結都是具有直接影響的一個保護因素。

(6) 經常參與宗教儀式：宗教和靈性有助於自殺防治，當個案需要時，將他們與這些支持連結或重新連接。然而少數情況中，宗教可能會帶

來壓力，例如：教友認為個案有業障才會想自殺，並且阻止個案就醫，可能就需要協助個案評估資源的影響。

(7) 責任感和意義讓人們度過難關。

(8) 對自殺死亡和瀕死的恐懼。

(9) 害怕社會不贊成自殺，或相信自殺是不道德的。

二、提供安全計畫與治療

　　許多治療方法認為是精神疾患導致自殺行為，因此主要策略是治療精神疾病而不是自殺行為，透過改善精神疾病來降低自殺風險。從 DBT 的角度來看，自殺行為可以獨立於任何精神疾病，自殺行為代表了失序行為，而不只是精神疾病的結果，即使精神疾病得到治療，自殺行為並不一定會獲得緩解。因此有別於其他治療方式，DBT 將危及生命的行為視為首要處理的標的行為，治療目標是直接治療自殺行為以提高安全性，患者和治療師在治療前的準備期就要同意為實現此目標而共同努力合作。治療師在治療一開始就明確表示會定期監控自殺自傷行為，並將此列為治療最優先處理的重點。DBT 在治療環境清楚定義統一的指導方針和協議來管理安全問題，包括應直接評估導致或維持特定的自殺念頭和行為發作的因素，並提出這些因素的解決方案，以防止自殺行為或自我傷害復發或升級，並停止或減少其他高危險行為。

　　在評估自殺風險後，必須進行自殺風險管理，訂出治療措施。詳述如下：

(一) 建立信任和持續性的支持關係

　　DBT 非常重視治療聯盟，因為正面穩定的治療聯盟是治療中最重要的自殺防治關鍵。在 DBT 中治療關係被視為治療改變的必要條件。Linehan 博士（1993）認為「治療師可以透過治療關係來實現治療，治療關係

本身也是治療」（Linehan, 1993, p.514）。DBT的治療關係是不帶評斷的風格、互惠（reciprocity）和溫暖的，並且通常涉及治療師的自我揭露等特點，這些特點都可以直接或間接地增強治療關係。DBT治療師在慈悲的基礎上，結合與平衡互惠（reciprocity）及溫暖、無厘頭（irreverence）和完全的真誠（radical genuineness，這是DBT中第六層次的認可）的治療關係，有助於讓個案感覺到治療關係的平等與真誠的關懷。研究發現治療聯盟對DBT治療的預後很重要，例如，研究發現治療師和個案之間治療聯盟的強度與DBT療效程度有關（Bedics et al., 2015; Hirsh et al., 2012; Turner, 2000）。在另一項研究中發現，當DBT個案認為他們的治療師是溫暖和保護性的，會顯著減少自傷行為（Bedics et al., 2012）。當治療師使用第6層次的認可（完全的真誠）可以減少個案的負面情緒（Carson-Wong et al., 2018）。因此，治療師對自殺或自傷行為應採取非評斷的態度，以認可（認可自殺自傷的感受，但不去認可自殺或自傷的行為）、承諾、相互溝通、在治療中採取積極的角色、與患者建立信任和持續性的支持關係等，這些對於有重複性自殺自傷行為的患者尤其重要。其他加強治療聯盟的方法包括讓患者在治療早期注意到進展，即使個案僅有很小的進步。在治療早期避免設定太大的目標，以免造成個案壓力與挫折而適得其反。

（二）治療過程中持續監測（monitor）自殺自傷意念與行為

與有自殺自傷風險個案的每次治療或接觸，都需定期持續的監測自殺想法和衝動。由於自殺個案的情感反應性和衝動性高，風險程度可能隨時迅速改變，自殺想法和衝動可能每週、每天甚至每小時都在波動。高風險個案有時雖然數週或數月沒有任何自殺想法，卻在治療過程中重新出現了自殺想法。因此，DBT強調需定期監測自殺想法和衝動，特別當個案曾有自殺行為病史時。在辯證行為治療的治療期間，日誌卡是持續安全評估的重要工具，藉由個案填寫的日誌卡持續每日監測評估自殺衝動。DBT

日誌卡是一種每日的重要自陳評估：包括評估適應不良行為（例如，自我傷害、吸毒）、情緒強度（例如，憤怒的痛苦程度：0-5 分）以及他們每天使用哪些新的行為技能與其效果（參見第七章）。因此，DBT 日誌卡蒐集了大量用於臨床和研究目的的訊息。日誌卡的主要優點之一是，每次治療時可以同步追蹤安全問題並進行有效監控。治療師應於每次治療一開始先回顧日誌卡，注意個案是否有自殺想法、衝動和行為，並在必要時進一步仔細詢問安全性。藉由這些例行監測使治療師能進一步了解導致自殺衝動的因素，並在自殺衝動增高時及時介入處理。許多臨床醫師擔心，如果在治療過程中系統地提出自殺相關的詢問，會增加患者的自殺行為。然而研究與臨床上並不支持這種可能性，事實上，DBT 藉由日誌卡定期評估安全問題並提供重要線索，而當個案沒有這些問題時，治療師也可適當鼓勵個案、正面增強個案的行為安全。

(三) 對導致自殺／自傷想法和行為的促發因子和事件後果進行鏈鎖分析

對於當前或過去曾有安全問題的個案，治療師要先由行為分析了解自殺和自傷行為的功能。因此，在 DBT 治療過程中，如看到日誌卡中出現自殺、自傷的行為，該事件都應透過行為分析加以處理，並評估是否有後效強化了這些行為。DBT 治療師要和患者合作，進行鏈鎖分析來探索自殺行為相關的環境和事件，了解導致自殺或自傷行為的心理生理脆弱性和環境因素的促發事件，以及鏈鎖中的重要環節，包括情緒或想法、其他人的反應、和自殺／自傷的後果。例如，啟動自殺自傷的脆弱因子可能包括負面情緒的增加、傷害的災難化思想、自我照顧變差等。要探索的領域包括情緒、思想、行為、情境和環境因素，以及身體和健康方面的經驗。促發事件可能是被拒絕或與重要他人爭執，或強烈的感覺，如內疚、恐懼，或憂鬱、絕望，或任何觸發行動的事件。至於評估自殺自傷行為的後果，則要探索個案從這些行為中，特別是重複發生的自殺自傷行為，得到了什

麼。自殺行為可能是為了逃避、或因自殺行為而得到幫助、或從壓倒性的情況下得到休息；至於自我傷害行為則可能分散了個案對情緒痛苦的注意力、提供一種釋放和解脫的感覺、向他人傳達情緒上的痛苦、懲罰自己以減輕內疚等（詳參第三章：個案概念化）。

　　DBT 治療師應在治療中，針對自殺自傷行為或治療干擾行為等第一階段的問題，經常性地進行鏈鎖分析，來研究這些行為發生的時間和地點，以及情緒、認知、生理、情境和行為因素，讓個案了解行為鏈在行為中發揮作用的關鍵環節，從而發展出解決方案與安全計畫，以避免未來的自殺自傷行為；治療師也透過對問題行為的強烈興趣且提出詳細探究，來表達對個案的認可。然而一般而言，患者通常不太喜歡鏈鎖分析。因此，鏈鎖分析所激發的嫌惡刺激也有抵消討論自殺自傷行為可能產生的增強作用，雖然這並不是治療師使用該方法的主要意圖。評估結束時，應確定個案當前的情緒狀態，以及是否仍有自殺或自傷的想法、計畫或意圖去採取行動等，以及是否願意配合參與安全計畫。如果自殺或自傷的頻率、強度或持續時間增加，則需要更進一步的醫療處遇。

(四)透過技巧訓練改變行為，並聚焦於危機管理和／或問題解決

　　DBT 將自殺自傷行為視為患者用來解決問題的適應不良行為，通常是患者用來解決無法改變或容忍的強烈痛苦情緒。為了降低直接的自殺風險，治療師應先認可個案當下的情緒，再幫助個案找到調節情緒或容忍負面情緒的替代方法（solution），個案方能停止自傷自殺行為。治療師可以認可個案自殺的感受，但不去認可自殺或自傷的行為。當出現自殺自傷行為時，需運用行為分析和其他家庭作業，來解決安全問題，藉著個案不喜歡的行為分析及家庭作業來消除不當的增強。

　　治療師在認可個案情緒之後，運用行為鏈鎖分析了解自殺自傷行為的功能，幫助個案辨識脆弱因子、促發事件及其後果。一旦自殺或自傷行為

的前置因子和後果明確，治療師就可以從 DBT 技巧模組中找出應對的解決問題技巧和改變策略，訂出危機應對的安全計畫或問題解決策略，以除去、修復促發事件，致力於找出面對該問題更有效、更健康的替代行為，並且需要挑戰與自殺／自傷相關的適應不良信念，指導個案使用在 DBT 治療中學習到的技巧，澄清和增強個案的適應性反應，讓個案產生希望和活著的理由，並強調不要自殺或自傷。

　　一個完整的安全計畫常常需要教導個案多個領域的技巧。例如，了解個案的脆弱性和警告信號後，安全計畫可能包括如何應用所學到的技巧達到提早預防的效果，像是強調提早及時的自我照顧、壓力管理和獲得社會支持等。了解自殺或自傷行為的促發事件後，治療師可以跟患者一起找出因應該事件的適當技巧，如果促發事件是與他人的爭執則教導如何應用人際效能技巧處理；如果是強烈的內疚、恐懼，或憂鬱、絕望等情緒，則可以在促發事件發生時以情緒調節技巧來替代自殺或自我傷害行為的發生。當了解自殺自傷行為在過去曾經強化了什麼，則可量身定做的教導如何使用技巧來滿足這些需求。例如，若自我傷害能平靜情緒因而得到增強，那麼可以學習利用五感自我撫慰及其他放鬆技巧來平靜情緒。若自我傷害能有效跟周遭的人溝通或傳達痛苦而得到增強，那麼學習和使用人際效能技巧來表達自己和尋求支援，將是一個更好的替代行為。或者，如果重複自殺行為是對促發事件的反應，解決方案應包括如何停止促發事件、或教導如何預防此類事件的發生、或教導如何應對、或增加對此類事件容忍度的技巧。其他解決方案可能還包括治療相關疾病，例如以藥物來治療憂鬱症、雙極性疾患或處理藥物／酒精的濫用或依賴等，因為安全計畫的重要目標是防止自殺自傷行為的復發或升級，並停止或減少其他高危險行為。因此治療精神疾病也是優先的目標，若自殺自傷個案合併有第一軸精神疾病時，需積極以藥物來治療第一軸的精神疾病（例如治療憂鬱症或雙極性疾患等）。

　　DBT 藉由教導個案四大模組的行為技巧，提高了個案調節情緒、忍

受痛苦、改善人際關係和有意識地生活的能力。目標是讓個案使用這些技能來防止自殺衝動增加，並且在出現自殺衝動時不採取行動。研究發現，使用 DBT 技巧可以減少自殺和自傷行為（Neacsiu et al., 2010），表示學習和使用熟練的應對策略對於降低自殺風險至關重要。

對於有高度自殺危險的患者，在治療的最初幾週和幾個月內，常會發生自殺危機。由於自殺患者經常需要在白天和晚上的不同時間獲得危機支持，為了提供個案在需要時有效危機干預而不強化危機行為，DBT 的解決的辦法是提供危機時的電話輔導（crisis phone coaching），及時地教導如何使用技巧來解決問題、調節情緒、處理人際關係、適當地尋求幫助、忍受痛苦。DBT 使用危機電話輔導的重點是鼓勵患者在自殺危機之前，或者至少在傷害自己之前打電話，以便治療師能夠指導危機策略或技巧的使用。如果患者已經自殺或自傷，則在自殺或自傷後的 24 小時內不能打電話給治療師尋求支持或指導。DBT 鼓勵治療師在治療期間接聽患者的電話，同時觀察他們自己的個人限制以防止治療師耗竭。在 Linehan 博士的臨床試驗中發現，提供危機時的電話輔導，可以減少自殺行為。

(五) 制定明確可操作的書面安全計畫

在明白了那些技巧可以在什麼情境下使用之後，治療者要進一步與個案共同制定出明確可操作的**書面**安全行動計畫，計畫中應提供可預測性和可操作的方法，能讓個案感到安全、知道如何應對危機、簡化問題並做出決策。在制定這些安全計畫時，應確保個案充分參與，特別是有關其自身醫療的決策、規劃和目標設定。

討論安全計畫先從**不自殺和不自傷的理由**開始。討論不自殺自傷的理由可增強個案動機並讓個案專注在重要的保護因素上，若該理由對個案很重要，就會有助於安全計畫。在建立安全計畫的過程，則要從前述 (三) (四) 節的行為鏈鎖分析開始，找出自殺自傷行為的前置因子和後果，並從 DBT 技巧模組中找出對應的問題解決技巧，跟個案一起訂出安全計畫和

應對危機策略。所訂出的安全計畫應有專業標準並適合治療的強度，且必須是治療師和個案共同討論而訂出的，而不是由治療師自己訂定或哄騙或說服個案使用，個案應充分參與在目標設定上。訂出安全計畫後需取得個案的安全承諾，確認個案有意願、有能力且真心承諾要執行安全計畫。

訂定了安全計畫後要進行**疑難排解**：先讓個案思考實施安全計畫可能會遇到的任何障礙，並逐一列出，接著針對可能的各個障礙問題解決，以技巧和行動計畫克服障礙。在進行鏈鎖分析和問題解決策略時，治療者要隨時記得運用認可、接納、承諾以及辯證等 DBT 的策略，來平衡問題解決策略。

列出社會支持清單也是安全計畫的重要一環：在確定了自殺行為的促發因子、後果，以及可使用哪些技巧的替代行為後，接著請個案列出社會支持清單，找出環境中有哪些特定的支持者，可以在危機中支持他，包括個人和專業資源以及如何聯繫的資訊（電話、email、line 等）和可以連絡的時間。在列出社會支持清單的過程中，如果個案的社會支持來源是網路上的朋友時，治療者應提醒網路上可能遇到的風險。缺乏社會支持的個案如有立即的高自殺風險時，求助急診或安排住院也是增加社會支持的方法。

患者和治療師應在治療早期制定好安全計畫，包括描述患者需要注意哪些高風險情況或情緒狀態（觸發安全計畫的使用），患者可以自己管理的方法（例如解決問題的技巧），患者可以在環境中向誰尋求幫助，以及可以使用哪些專業幫助（有電話號碼）。一旦共同制定了安全計畫且取得個案執行的承諾後，必須清楚地記錄下來，DBT 非常強調有書面的安全計畫，盡量能製作多個副本的安全計畫，以因應個案偶而會找不到他們的安全計畫。

(六) 定期執行、更新和審查安全計畫

制定好安全計畫後，也應討論哪些安全計畫上的技巧是需要每天練習

的，或哪些技巧是要依照情境使用。安全計畫需要積極的預演，練習是很重要的，因為如果在平日沒有預先嘗試練習過技巧，在危機中要使用這些技巧就有很大的困難。正如消防演習或其他安全演習，在平日應先有演練，緊急情況下方能有效應用。因此 DBT 鼓勵個案即使沒有處在危機中，也需經常練習安全計畫上的技巧和行為。

DBT 治療師應持續追蹤安全計畫，確認個案實際執行的狀況：在每次治療中都要花一些時間提早檢查日誌卡上的安全性，建立安全計畫，持續追蹤審查，直到安全問題得到明確解決。有時，當個案沒有陷入危機並表現相對良好時，查看日誌卡與安全計畫就會被遺忘擱置，這是一個不符合 DBT 原則的做法。由於個案每天都需在日誌卡上準確報告安全問題，因此治療師每次治療只需很少的時間檢查日誌卡，找出日誌卡上的所有安全問題及安全計畫的執行狀況。當出現安全問題時，以行為鏈鎖分析處理而不要去強化它。當個案能有安全行為及有效的管理情緒時則應給予增強，包括增強適應性反應、安全行為、練習技巧和安全計畫。

要定期審查與更新安全計畫：在定期審查安全計畫的執行時，可能會發現解決方案仍有不足之處，這時就需調整與加強安全計畫。當個案在技巧訓練團體中學習了新技巧後，治療師應導引個案積極修訂和更新安全計畫，加入新的技巧與解決方案。

(七) 努力尋求自殺的長期解決方案。

儘管發展急性自殺風險的解決方案至關重要，但治療師幫助個案發展長期降低自殺風險的解決方案也同樣重要。治療精神疾病，改善社會和職業功能及提高生活品質都是長期優先的治療目標。在 DBT 中，治療的最終目標是幫助個案建立有價值的生活。簡而言之，我們必須幫助個案建立一種不再將自殺視為可行或必要選擇的生活。要做到這一點，治療師必須了解個案期許想要活著過怎樣的生活，也就是 Linehan 博士強調的「值得活的人生」，然後與個案堅定的合作以實現這些生活目標。這通常涉及制

定可能較慢改變的價值驅動目標，例如發展積極和持久的關係、找到為他人做出有意義貢獻的方法，以及實現財務穩定等。

(八)住院治療的重要思考方向

有重複或慢性自傷自殺相關的邊緣型人格障礙患者常是住院治療的高使用者。然而，長期或重複的住院治療並未能降低邊緣型人格障礙患者的長期自殺風險（NICE, 2009）。研究發現住院有時可能會透過與工作人員或其他患者的負面相互作用而變得更糟，這可能導致自殺威脅、自傷或自殺行為升級。大多數專家認為，應盡量避免住院，如果需要住院，宜盡量縮短時間，並將重點放在危機管理上。

DBT 期望以最少的限制為高風險個案提供治療，藉由治療師積極與個案合作，以緩和危機並制定安全計畫，或危機中提供電話輔導來指導個案避免危機或處理危機的技能，致力於讓個案留在門診治療，避免他們經常去急診室或住院治療。當有自殺風險時，DBT 治療師通常不推薦或依賴精神科的住院治療，因為缺乏實證研究證實精神科住院可降低自殺風險。DBT 認為個案必須學習能在自然的環境生活且同時降低自殺風險，重複的精神科住院反而可能增加長期風險，因為個案會感受到有自殺傾向時比沒有自殺時得到了更多照顧和關注，DBT 力求避免這種模式的增強以減少自殺危機和行為。此外，DBT 假設當個案經常進出精神科病房就無法維持功能和獲得合理的生活品質。雖然住院可以在短期內緩解日常生活的壓力，但從長遠來看，重複住院可能會造成職業功能的障礙、增加經濟困難並損害人際關係。因此，減少精神科住院可改善個案功能與生活品質，讓個案能保持在自然環境中生活，學習使用新技巧及如何在相當大的情緒困擾下仍維持著他平常的功能。研究證明 DBT 比起常規治療更能減少精神科急診與住院的使用，同時也減少了自殺行為（Linehan et al., 2006），而且減少急診或住院等危機服務使用與後續追蹤期間自殺風險的降低有顯著關聯性（Coyle et al., 2018）。

　　然而，當個案的自殺或自傷衝動有迫在眉睫的風險時（可能造成死亡或嚴重醫療後果），仍需要使用醫院，因爲如果沒有醫院環境的保護，患者可能會結束自己的生命。DBT 將住院分類爲有技巧的或沒有技巧的住院。無論是技巧的住院或非技巧的住院，通常 DBT 治療師不會在住院期間照顧個案，以免增強個案住院。DBT 治療師與住院個案保持最低程度的接觸，接觸重點是放在從住院治療到門診治療的過渡過程上。

　　有技巧的住院是，儘管盡了最大的努力，個案仍然無法保持安全。有時個案幾乎盡其所能，但因臨床症狀變得非常嚴重，或因爲遇到眞正重大危機破壞個案的穩定性。因此，當個案選擇在衝動自殺自傷發生之前去住院，這取代了過去因自殺行爲導致住院，這樣的住院就是有技巧的住院，是 DBT 治療師所增強的。此外，住院有時是爲了進行重大的藥物調整。因此，有技巧住院的特點是：個案遵循建議，在安全確認後或實現任何其他住院目標後，立即返回 DBT 治療。如果需要保護而必須住院時，應該是短期數天的住院，且在住院前先設定好固定的住院日期與日數，並明確告知患者及其家人。當個案運用智慧心考量住院是最好的治療選擇時，治療師會同意個案住院，並鼓勵家屬也認同。

　　對於非技巧的住院，治療師應積極移除住院的增強物，並鼓勵環境（自然環境與住院環境）也這樣做。針對非技巧的住院，醫院可以在住院時安排很多工作，包括各種行爲鏈鎖分析、彌補錯過的技巧培訓和家庭作業、修改安全計畫等等，避免讓個案將醫院當作休息的地方，而是要讓個案感覺到遠離醫院才是更好的選擇。其他非技巧的住院發生在個案違反安全承諾，因自殺行爲而住院時。由於這種情況造成治療聯盟中必須解決的破裂，個案要藉由遵守所有治療建議來重建關係與信任。治療師如果無法取得個案對安全的承諾，則必須討論是否要繼續治療的問題，因爲治療師也可以選擇避免與不可信任的個案合作。如果決定中止治療，則應提供適當的轉介以及過渡期的照護。

　　因此，安全計畫中應明確列出個案何時需要住院，以及他們將如何被

安排住院。例如，若自殺自傷個案不願意、或不能遵守安全計畫、或無法給予清楚的安全承諾，應考慮安排住院。治療師在每次 DBT 治療中要取得個案明確的安全承諾，像是「我想是的」、「可能」、「也許」，或「我的家人將注意我的安全」等模糊不確定的回答，都是不能接受的反應。如果個案無法承諾在二次治療期間保持安全，則建議考慮住院。真正安全的個案會同意按照計畫、保持安全、打電話求助或去醫院，而不會因著情況而改變他的承諾去採取自殺自傷行為。

　　非自殺的自傷行為通常不會導致住院治療，然而，當自傷造成嚴重傷害或可能死亡時，例如，嚴重切割傷及韌帶神經需要縫合、過量使用致命性藥物、或使用的藥物曾導致個案嚴重醫療危機等。大多數情況下，有自傷行為的個案在評估和安全規劃後會承諾安全。如果自傷個案拒絕承諾，大多數情況下，除非自傷可能導致嚴重傷害或死亡，否則不需住院治療。治療師應鼓勵個案在自我傷害的衝動採取行動之前，承諾努力練習技巧，希望個案經由體驗到使用技巧的好處後，讓自傷成為一個不那麼有吸引力的選擇。

　　當個案面臨迫在眉睫的高自殺風險需要安排住院時，應聯繫合格的緊急運送方式以確保安全，這正如身體上有醫療緊急危機的病患送醫應由急救人員運送一樣。高風險個案需要住院治療時必須聯繫警察、救護車或其他合格的急救人員運送至醫院，並且必須與該醫院的救護車溝通運送的安全性，因為沒有清楚傳達即將發生的風險和送往醫院的原因，可能造成溝通不良讓個案有機會逃離、或對自殺衝動採取行動、或說服非專業人員不再需要住院治療等問題。最後，要記得從評估到住院過程中的每一步驟，都要有完整的紀錄。

重點提示

1. 心理衛生人員面對自殺傾向個案，應進行完整的評估與處遇，包括患

者的精神疾患（包括人格疾患和酒精藥物使用疾患等）、自殺風險的直接指標（例如，自殺意念、計畫和準備）、間接指標（例如，嚴重絕望、衝動或獲得致命的自殺方法）、保護因素、資源和需求等，定期反覆重新評估，以提供充分的治療和保護。

2. 自殺風險評估與治療的重要目標是防止自殺自傷行為的復發或升級，並且制定危機計畫或安全計畫。治療精神疾病、改善社會和職業功能，以及提高生活品質，也是長期高度優先的治療目標。

3. DBT 在自殺風險評估與治療上，首要是與患者建立正面穩固的治療關係，以不帶評判的態度，認可個案的痛苦情緒，平衡互惠和溫暖、無厘頭和完全的真誠的治療關係，讓個案感覺真誠的關懷。

4. DBT 對自殺和自傷採取行為方法，以日誌卡持續關注此目標行為，並以鏈鎖分析確定導致或維持這些行為的前因和後果，聚焦於危機干預和／或問題解決，教導個案情緒調節、痛苦承受能力和解決人際關係問題的技巧，制定並致力於危機計畫或安全計畫。

5. DBT 在減少自殺和自傷行為、急診室就診、精神病院住院天數以及與自殺相關的各種症狀和行為方面都有實證效果。

參考文獻

Beach, V. L., Gissandaner, T.D., & Schmidt, A.T. (2021). The UPPS model of impulsivity and suicide: A systematic literature review. *Archives of Suicide Research, Mar 2*,1-22.

Bedics, J. D., Atkins, D. C., Harnes, M. S., & Linehan, M. M. (2015). The therapeutic alliance as a predictor of outcome in dialectical behavior therapy versus nonbehavioral psychotherapy by experts for borderline personality disorder. *Psychotherapy, 52*, 67-77.

Bedics, J. D., Atkins, D. C., & Linehan, M. M. (2012). Treatment differences in the therapeutic relationship and introject during a 2-year randomized controlled trial of dialectical behavior therapy versus non-behavioral psychotherapy experts for borderline personality disorder. *Journal of Consulting and Clinical Psychology, 80*, 66-77.

Black, D. W., Blum, N., Pfohl, B., & Hale, N. (2004). Suicidal behavior in borderline personality disorder: Prevalence, risk factors, prediction, and prevention. *Journal of Personality Disorders, 18*(3), 226-239.

Carson-Wong, A., Hughes, C.D., & Rizvi, S.L. (2018). The effect of therapist use of validation strategies on change in client emotion in individual DBT treatment sessions. *Personality Disorders: Theory, Research, and Treatment, 9*, 165-171.

Chiu, Y. C., Liu, S. I., Lin, C. J., Huang, Y. H., Fang, C. K., Sun, F. J., Kao, K. L., Huang, Y. P., & Wu, S. I. (2019). The psychometric properties in the Chinese version of the reasons for living inventory and the relationship with suicidal behaviors among psychiatric patients in Taiwan. *Behavior Medicine, 45*(3),197-209.

Coyle, T. N., Shaver, J. A., & Linehan, M. M. (2018) On the potential for iatrogenic effects of psychiatric crisis services: The example of dialectical behavior therapy for adult women with borderline personality disorder. *Journal of Consulting and Clinical Psychology, 86*, 116-124.

DeCou, C.R., Comtois, K.A., & Landes, S.J. (2019). Dialectical behavior therapy is effective for the treatment of suicidal behavior: *A Meta-Analysis. Behavior Therapy, 50*(1), 60-72.

Hirsh, J. B., Quilty, L. C., Bagby, R. M., & McMain, S. F. (2012). The relationship between agreeableness and the development of the working alliance in patients with borderline personality disorder. *Journal of Personality Disorders*, *26*, 616-627.

Kaplan, M. L., Asnis, G. M., Sanderson, W. C., Keswani, L., De Lecuona, J. M., & Joseph, S. (1994). Suicide assessment: Clinical interview versus self-report. *Journal of Clinical Psychology*, *50*, 294-298.

Kothgassner, O. D., Robinson, K., Goreis, A., Ougrin, D., & Plener, P. L. (2020). Does treatment method matter? A meta-analysis of the past 20 years of research on therapeutic interventions for self-harm and suicidal ideation in adolescents. *Borderline Personality Disorder Emotion Dysregulation*, *11*, 7-9.

Linehan, M. M. (1993). *Cognitive-behavioral treatment of borderline personality disorder*. Guilford Press.

Linehan, M. M., Comtois, K. A., Murray, A. M., Brown, M. Z., Gallop, R. J., Heard, H. L., Korslund, K. E., Tutek, D. A., Reynolds, S. K., & Lindenboim, N. (2006). Two-year randomized controlled trial and follow-up of dialectical behavior therapy vs. therapy by experts for suicidal behaviors and borderline personality disorder. *Archives General Psychiatry*, *63*(7), 757-766.

Linehan, M. M., Comtois, K. A., & Ward-Ciesielski, E. F. (2012). Assessing and managing risk with suicidal individuals. *Cognitive and Behavioral Practice*, *19*(2), 218-232.

Neacsiu, A. D., Rizvi, S. L., & Linehan, M. M. (2010). Dialectical behavior therapy skills use as a mediator and outcome of treatment for borderline personality disorder. *Behaviour Research and Therapy*, *48*(9), 832-839.

NICE (2009). Borderline personality disorder: recognition and management. Clinical guideline. Retrieved https://www.nice.org.uk/guidance/cg78

NICE (2015). Personality disorder: Borderline and antisocial. Clinical guideline. Retrieved https://www.nice.org.uk/guidance/qs88/resources/personality-disorders-borderline-and-antisocial-pdf-2098915292869

Oldman, M. A. (2006). Borderline personality disorder and suicidality. *American Journal of Psychiatry*, *163*(1), 20-26.

Osman, A., Jones, K., & Osman, J. R. (1991). The Reasons for Living Inventory: psychometric properties. *Psychological Reports*, *69*(1), 271-278.

Reynolds, S. K., Lindenboim, N., Comtois, K. A., Murray, A., & Linehan, M. M. (2006). Risky assessments: participant suicidality and distress associated with research assessments in a treatment study of suicidal behavior. *Suicide and Life-Threatening Behavior*, *36*(1), 19-33.

Sadek, J. (2019). *A clinician's guide to suicide risk assessment and management*. Springer Nature eBook.

Soloff, P. H., Lynch, K. G., Kelly, T. M., Malone, K. M., & Mann, J. J. (2000). Characteristics of suicide attempts of patients with major depressive episode and borderline personality disorder: a comparative study. *American Journal of Psychiatry*, *157*(4), 601-608.

Turner, R. M. (2000). Naturalistic evaluation of dialectical behavior therapy-oriented treatment for borderline personality disorder. *Cognitive and Behavioral Practice*, *7*, 413-419.

Velting, D. M., Rathus, J. H., & Asnis, G. M. (1998). Asking adolescents to explain discrepancies in self-reported suicidality. *Suicide and Life-Threatening Behavior*, *28*(2), 187-196.

第十五章
家庭辯證行爲治療的概念與處遇技巧

張依虹

一、前言

(一) 從家庭一團亂開始，怎麼了？

了解青少年家庭在該情境下之身心狀況與需求

　　志明的姊姊志樺已婚，育有兩個小孩，分別是女兒小芳16歲（高二生）、兒子小志10歲（小四生），其中小芳出現情緒失調狀況（不想上學在家哭泣、在學校拿童軍繩想上吊、拿小刀劃傷自己），過去被送醫院急診室數次，也曾主動到醫院去看門診，在精神科病房住院過兩次。小志則被診斷有注意力缺失過動症。

　　這天爸爸在上班途中突然接到學校來電：「小芳爸爸請你到學校一趟，小芳又出事了……。」爸爸心想：「啊！今天早上（甚至一整天）不用上班了，老闆會准假嗎？我要怎麼解釋……？」

　　志樺在小芳的手機FB、IG上面看到一些小芳似乎要傷害自己的蛛絲馬跡，「又來了？！」但這次是隨便說說而已，還是是眞的……萬一……？！我要不要跟小芳點破，但是說出來她會不會不高興，會不會就知道我偷看她的IG；但是不說萬一出事了怎麼辦……？

　　刺耳的救護車聲響起，停在家樓下準備奔馳往醫院的急診室，志樺和小志眼角餘光瞧見鄰居交頭接耳、指指點點……。

志樺在家中原本也想好好跟孩子講講話的，但不知道爲什麼，兩人越說越大聲、停不下來……「碰」的一聲，對方甩門拂袖而去。留下可能是懊惱、手足無措、生氣、挫折的自己……。

1. 家屬身心狀態

家屬無論是突然要面對個案自殺自傷行爲、情緒激烈反應，或長期時間處在這麼高壓緊繃的狀況，特別又牽涉到個案生命安全問題，產生各種身心狀況是相當常見的。

情緒上包括害怕、恐懼（個案的生命安全議題）、生氣、憤怒（個案自我傷害、破壞、干擾等失功能行爲）、羞愧（擔心被指責「你是怎麼當父母的？把小孩教成這樣？」）、內疚（「是不是我之前太疏忽他了」、「我對他太兇了……」、「我怎麼這麼失職」）、無奈、挫折（「還要我怎麼樣？」）、絕望……等。

因個案出現種種行爲造成的尷尬感、不知所措，不知道要如何向他人解釋，或有些羞恥、烙印感，長期照顧下來，部分家屬也出現疲憊、退縮、孤立挫折、失望等狀況。而照顧負擔包括因不時要處理個案的問題，自己原本時間被切割，及因需長期門診、住院、各種治療等花費，及個案或照顧者工作中斷產生工作和經濟壓力。

身爲父母也可能出現兩人對於照顧、處理意見不一致而情緒緊繃、爭執，或自我懷疑、自我否定。

部分家屬對個案、家庭的未來感到悲觀、恐懼，因爲不知道這樣的情況會持續到什麼時候。

也有家屬因爲照顧個案注意力聚焦在個案身上，忽略了其他家人而感到愧疚，也難以放鬆自己、感受快樂或享受生活，例如：小孩都這樣了，我怎麼開心得起來？我憑什麼休息……？

部分家屬也因長期照顧出現壓力相關的身體病痛、創傷反應、憂鬱焦

慮等精神疾病，甚至罹患 PTSD。所以，我們不只要幫助個案也要幫助家屬；或反過來說，協助家屬穩定、有效應對、處理問題，形成支持個案的有效環境，也能促使整個系統的轉變與成長。

2. 家屬需求

家屬在照顧情緒失調的家人時，有幾項共通的需求，包括：安全感的建立、理解個案和情境究竟怎麼回事：為何我們的孩子、伴侶，甚至我們自己，情緒轉變如此之劇烈？像一輛跑車，時速從 0 加速到 100km/hr 只要幾秒鐘；或像高速運轉的跑車引擎裝在小客車上，駛進車陣中衝撞得支離破碎；或像搭上了情緒雲霄飛車，這一秒鐘下降，下一秒鐘又突然衝向雲霄難以招架（Harvey & Rathbone, 2015）。

家屬也需要被支持、被理解，想知道如何穩住自己、關係和整個家庭。家屬也希望了解個案特質相關的知識與理論（例如：什麼是情緒失調、衝動行為、情緒障礙、邊緣性人格違常……等），及學習應對個案的技巧（例如：如何和個案溝通、處理／解決問題）。

(二)家庭運用 DBT 進行處遇的原因和重要性

從家族治療發展脈絡來看，家庭被視為一個系統，成員彼此間互相影響。家庭環境對每個成員的發展有其舉足輕重的影響力。當家庭中出現情緒激烈的兒童、青少年，或情緒失調的伴侶／家人時，彼此關係可能因交互作用影響，造成緊繃、僵化、壓抑、迴避，或激烈甚至失調行為。

透過家庭處遇過程，可讓家人有所覺察，降低彼此間的指責和怪罪、接納現狀、緩和情緒、減少受苦的感覺，穩住自己和彼此關係，繼而找到有技巧的方法以協助家屬了解雙方狀況、理解家庭目前的處境，及協助家庭獲得個案疾病或情緒特質之相關知識、理解彼此如何交互影響，從互動的兩難中掙脫，採取改變的行動、建立一個安全、健康、親近且有效的關係。

　　DBT 建立在辯證的基礎上，用於嚴重、反覆自殺、自傷個案身上，已有顯著成效（Linehan, 1993）。從前面章節介紹的「生物社會理論」中可知，個案先天體質上的脆弱性對其情緒調節的困難，可透過學習相關技巧來幫助覺察、穩住自己，運用有效耐受痛苦的技巧，進而調節自己的情緒，以及與他人有效互動。

　　本章將更多焦點放在社會層面，即針對家庭和社會環境的處遇上。主要原因：

1. 保持辯證平衡

家庭介入又特別看重下面幾點：

(1)「改變」（問題解決）與「接納」（認可）的平衡

　　有些狀況下家屬會發現要「改變」相當困難，越用力就越陷入關係的僵局、情緒越高張或越卡住；此時便需考量另一邊—「接納」：接納目前現狀、接納現實（例如目前無法改變我們所愛的人、事情無法照我們的期待進行）、接納各種情緒。當我們想法和行動可在接納和改變間移動時，更有機會促成彼此間的合作關係，尤其是親子間。

(2)「作為個案的諮詢者，引導個案與環境溝通」與「引導環境了解、協助個案」的平衡

　　治療師有時需直接對個案進行治療，引導其運用技巧，有效與環境溝通、改變環境；有時也可鼓勵家人學習和個案一樣的技巧，直接改變家人對個案的反應（Miller et al., 2007b）。從 DBT 的理論：「生物社會理論」與「情緒失調的交流互動模式」角度來看，也足以說明從家庭和社會環境介入的重要性。

　　個體有先天情緒脆弱性，加上後天環境（家庭）的不認可（未能認可），交互影響造成，使得問題難以改善甚至惡化，故治療也需從這兩方向同時著手（詳見第二、三節）。

　　實際上，國外已發展出許多型態的 DBT 處遇方案，如家庭處遇方案、校園處遇模式；或焦慮症、躁鬱症、酒藥癮等不同疾病的治療模式；或成人、青少年、兒童等不同年齡層的處遇；及從家庭不同次系統（如伴侶、父母、子女、手足等）介入處遇方案，均可看到對個案和家庭的助益。

　　家庭處遇方案包括：①取得技巧：透過個別治療和家庭 DBT 技巧學習；②強化技巧：辨識家庭成員的問題行為或有問題的家庭互動（可能是問題行為的前導因素或後果）並加以處理，以提高個案治療動機；③概化技巧：在家中提供機會演練；④對家庭進行處遇（Fruzzetti et al., 2007）。這也呼應前述辯證策略中「引導環境了解協助個案」（environmental intervention）。

　　總之，家庭辯證行為治療相當有效，是高度整合運用 DBT 的概念和技巧的一種處遇方式，可直接處理個案情緒失調和帶來的相關問題。

2. 困難家庭的成員需要被認可、接納和支持

　　Fruzzetti 等人（2007）認為 BPD 個案的家庭異質性相當高，除了有傷害性的家庭，有的家庭是包容的、關懷的、有愛的、付出的，願意為個案做任何事，只要對他有幫助。也有家庭被指責（也怕被指責）、批評是造成 BPD 或嚴重情緒困擾個案的來源。筆者也看到很多家庭本身相當痛苦，是需要被支持的，或情緒負荷過重甚至已耗竭（burn out），當然也有家庭會怪罪個案造成家庭困擾。家庭處遇就是在針對個案、家人及治療師共同協力的過程，以減輕上述狀況，或更積極地期待透過家庭處遇，帶來學習、改變和希望

　　依 Linehan 提出 DBT 對個案的假設之一，個案已盡力做到他可以做的最好了，同時還可以做到更好。其實個案的環境（家人、朋友）也是一樣。治療師肯定家屬已經夠努力了，同時還可以更努力學習技巧幫助孩子

或伴侶，理解個案如此表現背後都有其原因，接納、不批判他們，也照顧自己、緩和彼此情緒，讓個人、雙方及彼此關係變得更好。

治療師應將家庭視爲「治療夥伴」，而不是「治療標的」。家庭也可透過治療師的**認可**和**包容**，體會到連結和支持的感覺（Miller et al., 2007a）。如此以降低其情緒負荷，才有機會有效地與家庭建立關係，促成後續改變（Fruzzetti et al., 2007）。

(1) DBT 用於處理自傷個案和家庭有兩個優勢

一方面因其直接鎖定「問題行爲」的處理：自殺、自傷、情緒失調，直接去看行爲的功能及後果、影響，不將焦點放在潛藏的意義，以有技巧的方式引導個案運用技巧，以達到目標；另一方面 DBT 看到個案、家庭、治療師三者間的衝突是治療最大的阻礙，若彼此處於對立面，情緒不斷升高造成痛苦的情緒、關係的緊張，很難有效改變（Hollander, 2008/2020）。透過對話，減少是非對錯的評價，增加對事情的多角度理解，找到第三條路（the third path）一中庸之道則是解決的方案。

(2) 家庭 DBT 的運用目的

用新的、有效的方式，來取代危險的、有問題的行爲；其次以辯證的思考，接納看似矛盾的觀點、想法。這樣可以幫助我們在想法、感受和行爲更有效、更健康（Harvey & Rathbone, 2015）。

(3) 家庭 DBT 的重點

a. 引導家庭了解情緒脆弱、失調的伴侶／孩子的特質、疾病相關知識。

b. DBT 教養互動模式和相關理論了解。

c. 熟悉相關治療架構與技巧，協助個案安全、活化彼此關係、形成合作關係，爲未來治療／改變做準備、基本的個別和家庭關係穩定、緩和雙方情緒、增加認可關係、親近關係、精確表達、有效互動、衝突處理。

d. 支持家庭、以家庭爲中心，提高家屬自我接納與自我照顧能力，形成有效支持個案的力量，及彼此互相支持的網絡。

二、運用家庭辯證行為治療的形式、架構、策略和技巧

(一)以 DBT 和家庭一起工作的形式

目前以 DBT 架構進行的家庭處遇有以下幾種：家庭技巧訓練形式（DBT-family skill training, DBT-FST）（親職教養技巧學習團體）、家庭治療（DBT-family therapy, DBT-FT）、伴侶治療，及 DBT 式的家庭連結方案（DBT-family connection, DBT-FC）等等（Fruzzetti et al., 2007; Hoffman et al., 2005; Miller et al., 2007b）。

1. 家庭技巧訓練（DBT-FST）（親職教養技巧學習團體）

家庭技巧訓練的目的希望提供家庭學習 DBT，教導相關技巧以改善家庭關係。包括提供診斷和情緒失調等心理衛教知識，教導新的溝通方式（基於「了了分明」基礎）取代指責和評價，建立一個不評價、支持性的環境，及有效的溝通方式如精確表達、認可地回應、家庭問題解決與衝突處理。

其方式包括家長、伴侶及多家庭技巧訓練團體三大類。故團體可是異質性高的團體，如混和家長、伴侶、手足或子女等；也可是同質性高的，如成員中只有家長，或只有伴侶參加，端視治療目標、治療資源多寡，及個案年齡等條件決定。

家庭技巧訓練**內容包括**教導：(1) 辯證式的兩難與辯證式教養；(2) 相關理論：生理社會理論、情緒失調的交流模式、行為改變策略等；(3) 了了分明；(4) 情緒調節；(5) 認可；(6) 精確表達（人際效能）；(7) 痛苦耐受（哀傷、接納）；(8) 其他（PTSD、焦慮症、憂鬱症等）。

2. 家族治療與伴侶治療（DBT-FT）

DBT 式的家族治療方式相當彈性，是整合 DBT 治療策略和技巧來進行。（Fruzzetti et al., 2007; Miller et al., 2007b）

處遇方式可以運用傳統一次治療一個家庭方式來進行家族治療；也可採多家庭一起進行團體技巧訓練型態（Fruzzetti et al., 2007）。

適合參加的對象：個案的主要照顧者（父母、繼父母），次要照顧者（祖父母）、其他家庭成員（如手足或個案覺得重要的家庭成員）。治療師引導家庭了解 DBT、進行心理衛生教育、幫助青少年與家庭成員針對重要議題溝通、進行問題行為的行為分析、處理危機。

針對高衝突的伴侶進行伴侶治療，可從事件發生引發的關係衝突開始探討，運用 DBT 相關策略與技巧，從避免狀況更糟開始，到接納現實狀況、相互理解情緒以緩和情緒，到重建關係、往有效溝通方向前進，繼而談及問題處理與關係親近（Fruzzetti, 2006）。

3. 家庭連結方案（FC）

美國部分青少年 DBT 治療中心，也與 DBT 研究單位，及國際 BPD 教育聯盟（National Education Alliance for BPD）合作辦理「家庭連結工作坊」（Hoffman et al., 2005）。透過兩天兩夜的工作坊進行演講、角色扮演、簡短演練等方式，並安排家屬互相交流時段，提供關懷與支持。

其目的有三：

(1) 進行**心理衛生教育**，了解情緒失調與自殺、交流模式、壓力、創傷與 PTSD 關係。

(2) 提供家屬**相關技巧**，個別化自我管理技巧（迷你 DBT）、家庭處遇技巧（辯證式的教養、關係了了分明、活化關係、辨識情緒、認可、精確的表達、問題管理等）。

(3) 促進家屬的社會支持系統，創造一個社會連結網絡，在當中可針

對一般議題、問題和解決之道進行處理，增進彼此間的支持，降低烙印感。

在還沒有完整的 DBT 團隊資源來提供標準 DBT 前，可彈性運用不同方式提供 DBT 家庭處遇，包括：個別治療師受過 DBT 訓練，在個別治療時運用 DBT 治療策略和技巧，幫助個案處理家庭議題；或運用 DBT 策略和技巧進行伴侶治療；或針對單一家庭或多家庭團體方式，進行家庭 DBT 技巧訓練團體；或採用家庭連結方案等形式提供服務。

本章會針對前兩個處遇方式中的重要理論／模式和相關技巧進行介紹。

(二) 交流互動模式：家庭辯證行為治療重要的模式

在家庭或伴侶互動中，（情緒失調的）交流互動模式是一個理解家庭成員情緒、行為是如何互相影響，以及提供改變方向的重要模式之一。最早是由 Fruzzetti 等人（2005）提出（見圖 15.1）：

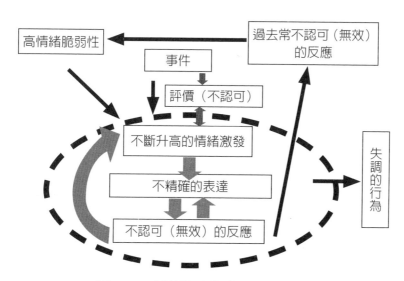

圖 15.1　情緒失調的交流互動模式

（引自 Fruzzetti et al. (2005); Fruzzetti & Payne (2015); Fruzzetti (2018)）

　　最早從「事件」開始（包括生活中常會發生的，例如：和同學打招呼但對方沒有回應、希望和伴侶一起去吃晚餐但對方不想、考試考差了；也有可能是不常發生但很重大的事件，或造成嚴重影響，如被退學、考績不佳、失業，出車禍等。）當個體負向情緒被喚起而升高的時候，常會持續專注在如何從這種痛苦的經驗中逃走，少關注問題本身，或如何去耐受這個經驗，或建設性地去處理，或有效解決問題（Fruzzetti & Payne, 2015）。負向情緒所帶來的失功能行為（如自我傷害、藥物濫用、或暴力行為等）可能都是要逃離嫌惡情緒的「有效」方法。

　　個體在事件發生後、情緒痛苦狀況下，很難清楚地描述其個人經驗（包括：情緒、想法、期待），無法中性的描述遇到的情況及自己的情緒（初級情緒）而卡住，甚至對自己／他人有負面評價、難接納自己原始情緒，造成情緒更負面。上述的評價（judgmental）會讓個案掉入極端的失敗感中（對或錯），包括對自己或他人，繼而產生次級情緒（如羞愧），讓個案更加退縮，此時個案不認可自己，講話不精準，情緒更加升高……，如此循環造成失功能的行為。

　　在互動關係中，要是個案評價對方，對方可能會因被攻擊（包括語調、情緒、臉部表情和語言內容）而憤怒、卡住、或退縮（Fruzzetti, 2006; Fruzzetti & Payne, 2015）。對方感覺被攻擊後，因也有其情緒脆弱性，致對方的情緒也被喚起，評價、不認可自己或對方，情緒更上升，此時他很難注意到個案的描述其實不精確（受到情緒失調影響），自己也很可能出現不精確的表達而影響對方。

　　這樣的交互作用不只在情緒失調家庭中可見，一般家庭也可以觀察到這樣的互動循環模式（Fruzzetti & Payne, 2015）。若要改善這個惡性循環，治療師要引導雙方看見該互動模式、自己在當中扮演什麼樣的角色，及如何相互影響。覺察並接納其初級情緒（可能是失望、孤單或擔心），澄清並建立合理的渴望（例如他想要被愛、被認同、被支持、彼此親近一點）和期待（例如他想要有多一點的時間在一起，或小孩早一點出門，時

間從容不急迫）。

　　當一方情緒可緩和下來，較能認可彼此，才能較精確的表達，而對方也可因感到被認可而情緒緩和下來，有效回應（健康的互動）（見圖15.2、15.3）。

　　故後續治療重點便需引導家庭成員退一步觀察、描述現況，專注在自己或關係的目標，練習不評價（亦即關係的了了分明），雙方開始學習調節自己的情緒；認可（自己／他人）；繼而有效表達、處理問題。

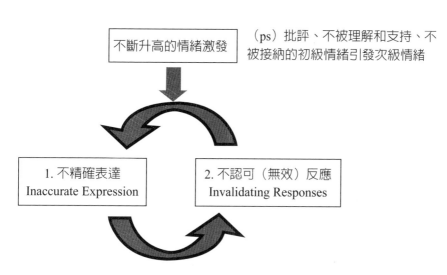

圖 15.2　問題主因：失功能的步驟
（改編自 Fruzzetti, 2018）

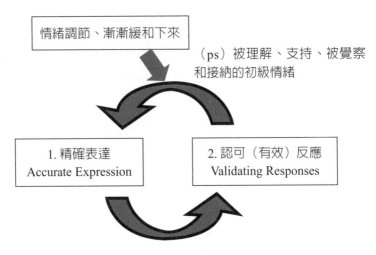

情緒調節、漸漸緩和下來

（ps）被理解、支持、被覺察
和接納的初級情緒

1. 精確表達
Accurate Expression

2. 認可（有效）反應
Validating Responses

圖 15.3　問題解決的主因：健康的步驟

（改編自 Fruzzetti, 2018）

(三) 家庭辯證行為治療的重點

進行家庭 DBT 前的準備：治療師要跟家庭成員解釋治療是遵循 DBT
原則和依循架構、抱持辯證思考的策略和技巧。改變和學習技巧也需要時
間，在治療過程中時有進展、時遇瓶頸，只要是朝最初訂定改變的方向即
可。正如同棒球選手的打擊率般，可能上上下下，只要整體表現是逐步往
上就好。

青少年家庭 DBT 和標準 DBT 治療原則大抵相近，但以治療有效性
來看，治療青少年時納入家庭一起進行效果較好，加上個案未成年有些
治療需家長理解與同意，故本節說明引導家庭成員參與 DBT 和取得家庭
承諾治療的重點，並列出家屬參與的部分如下（Fruzzetti, 2015; Hollander,
2008/2020; Miller et al., 2007b）：建構家庭處遇形式、促成家庭成員參與、
說明治療進行方式、了解 DBT 相關治療理論（如辯證思考、生物社會理
論）、了解家庭 DBT 的假設、日誌卡說明和使用、行為鏈鎖分析與雙行

為鏈鎖分析、諮詢團隊會議、電話諮詢、個案和家庭同意，並承諾進行治療。

1. 建構家庭處遇形式

治療師視團體標的（targets）決定處遇形式及個案是否要在其中。若要家長學習 DBT 技巧來支持和教導孩子，就建議個案和家長一起在團體中，參加多家庭或單一家庭技巧訓練團體；若想進行心理衛生教育、改善家長的自我管理能力、加強親職技巧，則家長單獨參加個別家長會談或家長團體較適合（Fruzzetti et al., 2007）。另視家庭需要安排 DBT 式家族治療或伴侶治療，及家庭連結工作坊等。

2. 促成家庭成員參與

(1) 認可家庭的經驗

家庭可能早已累壞了，家長和伴侶覺得壓力大、耗竭了，可能因處理過個案太多問題行為、過去治療經驗裡感覺被指責，他們的價值與付出（無論是時間和金錢和參與這麼多治療）沒被看到和肯定或效果不佳，這些都會影響家庭的參與。治療師**認可**而不評價，傾聽了解是什麼阻斷了個案／家庭積極投入、針對治療進行優缺點分析，了解家庭的治療目標（goals），再開始進行治療。

(2) 不情願參與的家庭成員需要額外的協助

針對不情願的家庭成員，治療師需予以澄清。澄清下會發現有些家庭成員以為要參與沒完沒了的治療，但他們沒錢沒時間，當治療師根據其期待指引一個清楚、簡短的處遇（如三節家庭治療或六節家長團體），他們可能就會同意。當然若需要時，還是會在之後提供更多的治療。一開始先得到簡短的承諾也好（"door in the face" 策略，參見第四章）。

(3) 家庭處遇不只對個案好，對家庭也有幫助

家庭處遇也可特別設計給家庭成員，有些耗竭的成員透過家庭處遇有機會緩解其情緒，改善緊繃的關係。交流互動模式可讓所有的家庭成員學習、有效運用在生活中，對其人際關係也有幫助。

(4) 針對不同家庭風格，給予不同素材

治療師需針對家庭的特徵設計教材，邏輯和認知性較高的家庭，可多提供相關資訊（有數以百計的研究和文獻結果可提供，包括 BPD 個案的家庭處遇、限制，和不同疾病處遇報告）；較感性的家庭，或孩子或伴侶已開始參加個別 DBT，可協助辨識情緒、了解原始的強烈情緒，在討論參加治療如何改善情況前，先提供認可、緩和家庭的負向情緒。

治療師提供上述素材、對治療合理性保持清楚和誠實態度，期待家庭參與、認可家庭成員、降低被指責感、擴大他們成功參與的機會（Fruzzetti et al., 2007）。

3. 了解DBT相關治療理論（包括辯證思考、辯證的教養、生物社會理論）

(1)「辯證」思考：貫穿整個 DBT 治療之核心（詳見第六章辯證，及第十一章人際效能下行中庸之道）。其中包括萬事萬物的整體性、連結性、變動性與交互影響性。

DBT 用於家庭的處遇亦如此，治療師引導家庭成員看到彼此是互相影響的，無論性別、年紀、職業與輩分等。家庭成員希望與其他人是有連結的。每個成員都要接納自己和其他人都有可能改變。當家庭成員不斷找尋誰才是對的、好的，這時候往往加深衝突和對立，惟有放下輸贏對錯，認可而不批判彼此的觀點、想法、感受和行為，情緒緩和下來，才能從家庭關係中找到出路，也就是所謂的「第三條路」（中庸之道），互相理解、充分表達。

(2) **辯證的兩難與辯證的教養**：青少年想法或行為往往有些極端狀況，當家長在面對這些情緒激烈、甚至自傷自殺的孩子時，其回應過程也可能更激化他們，讓青少年的情緒、想法、行動，卡在兩極端，或在之間擺盪。治療師同時需要協助家長和青少年找尋中間辯證平衡的觀點，也就是辯證的教養之道（Harvey & Rathbone, 2015; Rathus & Miller, 2000）（詳見第十一章）。

(3) **生物社會理論**：第二章已詳細說明，其兩大元素包括：(a) **(先天)情緒脆弱性**和 (b) **(後天)不能認可的環境**，及彼此間互動產生的影響（圖15.4）。本章則將焦點置於後者，及家庭的互動如何產生不能認可的反應，及調整方向。

1. 情緒脆弱性：情緒敏感度高易受刺激、反應度高、緩和／恢復的速度慢
2. 不能認可的環境：被忽略、批評、受到情緒性的傷害、缺乏溝通產生的誤解；自我不認可

圖 15.4 生物社會理論（Linehan, 1993）

所謂「**不能認可的環境**」（無效的環境），過去可能以為是指個案在成長過程中遭遇嚴苛、暴力、虐待行為。其實，在與環境互動中，個案感覺被忽略、批評、受到情緒性的傷害、缺乏溝通產生的誤解、感覺問題被淡化（都是未認可）；有時個案沒有表達出他想被認可的渴望、情緒、想法，這些都有可能是不能認可，甚至造成自我不認可。

治療師要讓家屬理解的是兩者交互影響，可能會強化了個案失功能。**不能認可的環境**並非要指責家長，有時家長並非故意，但卻在互動過程中

不知不覺出現未能認可的反應，或不知道自己這樣的反應是無效、不認可的。

Hollander（2008）也提出互動中環境很容易出現，但不自覺的不能認可反應。例如家屬可能在未理解個案之前、搶著解決問題、安慰、轉到家屬個人經驗，如「我以前也是這樣，沒關係啦」；或是太早給建議「你就換個角度想就好了，沒那麼嚴重啦」、「你不要理他就好了啦！」這些都不是認可。

甚至家長可能會發現，同樣的說法在個案小時候，情緒很快就可安撫下來（家長當時傳達出的是認可）；但到個案青少年階段時，聽起來就不是這麼回事，家長明明用的都是同一招，卻變成無效的，或不認可的親子互動。

例如：

⊙小芳跟媽媽說：同學都不跟我玩；媽媽說：「沒關係啦，媽媽叫表妹陪妳玩，晚一點我們再去買小點心吃。」在小學階段可能媽媽這麼說，小芳就可以安撫下來；但到了高中階段媽媽可能還是講一樣的話，小芳可能覺得媽媽不了解她，真幼稚、把自己當三歲小孩！

環境不能傳達認可的安撫方式，可能與下列因素有關，例如家屬自己也受到情緒高張影響，困難表達出認可；家屬也可能已經盡力了，但他們可能過去也沒有被認可的經驗、不知道什麼是認可、如何認可（理解），或不知道認可有多重要；或誤解認可，害怕或擔憂認可個案的情緒是不是在「縱容」個案，會不會讓個案更情緒化？！或有可能只是親子間「個性不同」（Rathus & Miller, 2015）。

在親子互動循環過程，也有可能出現不認可的回應，例如自己／對方情緒不斷升高、沒有精確表達、或和你期待的不同、或個別經驗不同，容易發生不能認可的回應。

Rathus 與 Miller（2015）也提出三種不認可的型態，包括：
①個案的想法、感受、行為不分青紅皂白地被拒絕

例如：
⊙「都是你的錯啦、當初就是你⋯⋯」
⊙「有什麼好擔心的，那又沒什麼大不了的！」

②情緒表達程度低，被忽略、甚至被處罰

例如：
⊙小芳和爸爸媽媽去演奏廳聽音樂，因空調太冷而打噴嚏、咳嗽、坐不住。志樺制止小芳，說她來聽音樂會卻不禮貌、動來動去⋯⋯。小芳越來越不舒服，但害怕被罵不敢講一直忍耐，但都未說出自己是因為很冷的關係。

③針對想達成的目標或想解決的問題過度誇大或過度簡化

例如：
⊙小志在學校上課時和同學講話被老師指正，媽媽跟他說：「你就乖一點就好了嘛！」（其實小志可能是因為注意力不足／過動症或其他因素的影響）。
⊙美國在雷根總統時代曾經的口號：對毒品 say no；臺灣過去反毒也曾出現類似的口號，其實過度簡化了吸毒問題。

失功能的情緒調節又加上無效的環境互動結果，往往產生惡性循環，及對雙方的負面影響（詳見第二章）。

依 Linehan 博士之「生物社會理論」，若希望改善狀況，除個案需學

習種種技巧，其所處環境能認可個案也很重要。故治療師在過程中運用DBT 技巧增強個案的有效的行為（對其生活目標有幫助的行為），減少不適切、危險的、失功能的行為，同時建構認可的環境。而家庭處遇也是透過介入調整個案所在的重要環境——家庭，提升互動品質使家庭有機會成為認可的環境。雙管齊下可同步、全面地協助個案和家庭。

4. 行為鏈鎖分析與雙行為鏈鎖分析

第四章已詳述**行為鏈鎖分析**，從刺激事件開始探索在每個環節的連結，當中出現的想法、感受，導致問題行為，及後續的影響是否強化了問題行為。也進一步期待打破舊模式，形成新的、有技巧的行為。

雙行為鏈鎖分析更呈現了兩個人的互動，除行為鏈鎖分析外，更注重雙方表達出來的行為如何對對方產生影響（如口語表達內容、可觀察到的面部表情和肢體動作），該連結也呈現雙方行為背後的渴望、想法、情緒等。利用行為鏈鎖分析可辨識出改變的標的，及如何用技巧更有效地達成之外，還可以看到一個人是如何去影響另一個人，協助雙方（和治療師）開始去了解和認可對方的感受和渴望，以增加彼此的了解和溝通。同時也提供練習改變的機會，並體會有些問題不是那麼容易可處理的，同時也需要練習接納（Fruzzetti et al., 2007; Fruzzett., 2021）（圖 15.5）。

在第 11 章時，我們曾舉過一例，在此透過行為鏈鎖分析方式來看看**小芳**和爸爸兩人在事件發生當中的各個環節到後面結果、影響。

例如：小芳期中考英文考不好而難過、失望（初級情緒），一開始想複習英文；爸爸說：「考不好就算了啦，有什麼關係。（不理解、不認可）（初級情緒是失望）」、「現在看有什麼用，假認真（評價、不認可）。」小芳覺得自己連英文都考不好，簡直是廢物（評價的想法），更難過（情緒上升），看不下英文了開始哭（行為），爸爸又說：「以前就給妳補英文都不知道補到哪裡去了，我以前要是像妳現在一樣有機會可以

好好讀書，不知道成績會多好，哭什麼哭！」小芳聽了不說話（情緒：羞愧，因不被認可，產生次級情緒）；行為：衝進房間甩門、鎖門並躲起來。爸爸碎念小芳反應過度、吼她玻璃心、小題大作，小芳生氣（次級情緒），開始在房間裡尖叫、撞牆（行為），並表示（行為）：「我不上學了，我就是爛、我去死一死好了。」爸爸開始慌了，軟化，不唸小芳了。志樺跑去敲小芳的門關心、安撫小芳，拿衛生紙給小芳並說：「好啦，沒事了沒事了，我們去吃牛排……。」

　　治療師同時也針對爸爸進行行為鏈鎖分析，爸爸看到小芳英文成績不好時，初級情緒（失望）可能未被辨識、理解，覺得說「算了啦」是在安慰小芳，（但小芳感受到的是不認可），（可能自己成長經驗中可能也沒被認可的經驗）；當小芳情緒上升時，爸爸又說到自己過去沒有好好讀書的機會（表面是爸爸當年的事實，但傳達出的是不認可），致小芳情緒更高張、更不精確表達（衝房間甩門等，而不是說：爸爸我很難過，你先讓我自己靜一靜）；爸爸情緒其實也因小芳反應而升高，增加不認可的反應和不精確的表達變成碎念、吼小芳，不知道自己在說什麼。

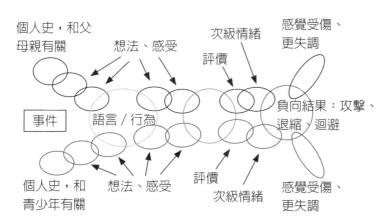

圖 15.5　雙行為鍊鎖分析

（引自 Fruzzetti & Payne, 2015; Fruzzetti, 2018）

　　雙方不良互動循環結果增加了小芳激烈的情緒和失功能的行為，減少了有效行為（想重新複習英文）（參見第十一章）。故治療師需引導小芳和父母親一步步運用雙行為分析，看到事件發生後的各個環節，到行為的結果與影響，在過程中引導雙方運用技巧進行改變，包括調節情緒、認可技巧、精確表達，以達成想要的目標。

5. 家庭辯證行為治療目標階層

　　正如同 Linehan 於標準 DBT 的治療階層，家庭 DBT 也遵循相似的階層（Miller et al., 2007b）：

　　首要目標：減少會導致青少年威脅生命行為的家庭互動狀況。

　　第二目標：降低家庭或父母干擾治療行為。

　　第三目標：降低家庭互動干擾生活品質的狀況。

　　第四目標：提高家庭行動技巧，特別是在認可、直接溝通、親子互動間，找到第三條路（可協商之處，也就是「中庸之道」（middle path））。

6. 取得家長同意

　　在家庭 DBT 處遇中，家長也要同意幾個規則，包括 (1) 積極參與家庭技巧訓練；(2) 需要時參與家族治療；(3) 願意為個案負擔交通或治療費用；(4) 遵守保密規則；(5) 保密的例外條款，當個案有自殺自傷等特殊行為，但會透過共同會談等討論和處理（Miller et al., 2007b）。

7. 運用承諾策略取得家庭成員承諾並強化之

　　家長承諾策略相對比個案少一些，但策略也相當類似（詳見第一章）。有時家長意願太低，需進一步理解和處理。也有些家長希望青少年參加但本身不願意，若已處理效果不大，治療師也可和諮詢團隊討論。（當然青少年還是可參加，但治療師也要讓家長知道，效果可能不如一起來得好）。

(四) 家庭辯證行為治療處遇策略與技巧

1. 家庭辯證行為治療處遇策略

家庭 DBT 處遇策略與標準 DBT 治療策略大部分是相通的，也就是運用辯證策略、了了分明、技巧學習與概化、團隊諮詢會議等，本段針對其中幾項重要的**家庭 DBT 會談管理策略 Session Management Strategies Family DBT**（Fruzzetti & Rayne, 2015; Fruzzetti, 2018）加以說明：

(1) 阻斷不良溝通（Blocking）

治療師在會談中用各種方法如溫暖、溫和、開玩笑式或面質等方法阻斷不良的或毀滅式的溝通模式，接著提供新的、有技巧的及行得通的方式。

(2) 旋轉門（Revolving door）：引導家庭成員分開談

當出現下列四種狀況時，可將夫妻或家庭成員分開談，例如 (a) 某方或雙方情緒太高張以致影響治療效果時，可暫時分開或進行幾次個別會談；(b) 在伴侶諮商過程，有一方正在練習新技巧但尚不成熟時；(c) 有時治療師較強烈地將一方推向改變時，為避免讓另一方感覺撿到槍在會談後開（例如評價、攻擊對方）；(5) 當治療師在認可某一方時，為避免在另一半面前引發更多羞愧或防衛，也可使用該策略。

(3) 為家長、伴侶、青少年發聲（Speaking "for" the parent, partner or teen）

治療師要深入觀察、了解其家庭成員的初級情緒（難過、失望、擔憂、羞恥…），繼而把自己當作家庭成員的智慧心（將之言明出來）也示範精確表達、認可「我知道你很擔心你的孩子」（與對方連結），「當你火氣上來攻擊的時候，很難看到你背後其實是擔憂和愛」。治療師的處理並非要給成員難看，而是要提高成員的技巧。

2. 家庭辯證行為治療處遇技巧

Fruzzetti 等人（2007）及 Fruzzetti 與 Rayne（2015）提出 DBT 式的家庭技巧訓練、伴侶處遇技巧和內容，除整合傳統 DBT 技巧，還發展幾項重要的技巧，包括：辯證式的兩難與辯證式教養；相關理論介紹（生理社會理論、溝通技巧：情緒失調的交流互動模式、行為改變策略等）；了了分明與關係的了了分明；有效認可；精確表達；痛苦耐受；問題管理技巧；親職技巧；親近與親密技巧。本節針對幾項重要技巧進行說明：

(1)「了了分明」與「關係的了了分明」

如同前述了了分明是 DBT 的核心技巧，所有家庭成員都需學習並在關係中運用該技巧，故稱之為關係的了了分明，即家庭成員中無論父母、伴侶還是孩子，能對自己和他人想法、感覺、渴望有所覺察，且有能力將眼光放在長期目標上而非眼前。提高現實感，一直提醒自己要用「智慧心」去看眼前這位家人／伴侶／孩子（他是我們所愛的家人，而非敵人、仇人）。

本技巧很重要的是在專注當下，及放下評價，將次級情緒轉回初級情緒，以穩住或緩和情緒，避免情緒不斷上升（如前一節**小芳**和父親互動事件，生氣是次級情緒；初級情緒是：難過、失望）。

最後練習將焦點放在每天的活動上，和你所愛的人互動，當你們在一起的時候讓自己投入其中，及**活化彼此的關係**（Fruzzetti, 2019）。

簡言之，「關係的了了分明」家庭對彼此關係有所覺察，繼而進行**情緒自我調節**，目的在降低負向反應、降低不認可的互動、以降低令人厭惡的衝突，提高關係改善的機會（Fruzzetti, 2019; Fruzzetti & Payne, 2015）。

(2) 有效認可：家庭「認可」的技巧

前面章節已介紹將認可用於個別治療（即 Linehan 在人際效能技巧的「關係效能技巧」（GIVE）中的 V），此處的焦點是放在「關係上的認可」，特別是家庭關係。包括如何去了解家人、真誠地溝通、促進往後的

精確表達。

Manning（2011）提出當家屬與個案相處要避免成為「不認可環境」，有「二不二要」原則：**二不**：就是不要嘗試想勸個案「擺脫」情緒（用「否認」與「淡化」的態度面對情緒，認為對方反應過度或不應該有此反應）；也不要想創造一個不會讓個案受傷難過的虛假世界。

二要：指的是「要」了解你所愛的人的情緒調節方式，並「要」理解：「改變」對你所愛的人來說，是相當痛苦、不容易的。

「不認可、評價」與「強烈的情緒」彼此是高度相關的。當家庭成員注意並一再覺察事實、認可自己和對方時，會讓彼此情緒緩和下來，有機會讓關係拉近至少不再惡化下去。如前一節案例，小芳爸爸若有注意到小芳初級情緒是難過，可能小芳情緒不會持續升高；爸爸說小芳「反應過度」不是認可；說自己過去經驗、只描述事實未理解，也不是認可。

有關情緒困難被認可的例子，在印度電影《心中的小星星》可見。小男孩為注意力不足／過動症合併有學習障礙的孩子，當父母親和學校老師不理解他的狀況時，往往覺得奇怪，怎麼教都教不會，媽媽相當挫折，爸爸很生氣覺得是小男孩偷懶，哥哥覺得困惑不知如何幫忙。爸爸認為把小孩送去嚴格的寄宿學校就可解決問題，但問題不僅沒改善，反而更嚴重，男孩甚至連原本喜歡的畫圖都不畫了。老師詢問男孩，他也不說話。

老師透過家訪試圖讓父母親理解男孩狀況卻很困難，靈機一動拿了寫有日文的電玩盒子請父親唸出上面文字，父親當然不會，無論老師再怎麼邀請父親唸當然都不可能達成，老師故意罵父親不專心、不認真、裝的云云，此時父親才開始理解。老師也藉機說明個案學習的困難與狀況，當不被理解的時候只會更挫折，認為是自己的錯；或好像叛逆的樣子只是掩飾自己的無能；或因再怎麼努力都沒用，而呈現放棄狀態。

Fruzzetti 等人（2007）提出家庭的認可層次包括：

①維持專注、不批判的態度和積極傾聽。

②理解，並將你所知道對方的感受、想要和想法反應回去。

③更深地、更精確地去感受對方行為背後未表達的部分（特別是你曾經有處於類似情境但不一樣的經驗），或問對方問題，有助了解他未言明之處。

④將家人的「問題行為」，放到其行為背後的情境、歷史脈絡考量，以降低對他的負面情緒。（例如去理解過去別人曾如何對待他、他對事情理解的能力、或記得他也有比較沒問題的行為……，以降低負面的不認可。）

⑤「正常化」其正常行為（任何人可能都會有這樣的感覺）（例如：我也會這樣想，任何人可能都會……）。

⑥對等、公平、真誠地對待 BPD 的家庭成員，將之視為一個「人」，而非脆弱的「病人」（當然也要考慮到兒童、青少年當下發展狀況和能力）

⑦可適當揭露自己情緒脆弱的一面，表達出每個人都有其情緒易感的一面（例如：我很難過我們沒有辦法好好相處）。

表面上看似不同甚至相反的行為，都可能表達出認可。

小志早上沒有去上學在家發脾氣，我們罵他懶惰、愛生氣，表達了不認可；但我們也可問問他發脾氣的原因，知道他是因為功課沒寫完，所以不敢去上學，這就是認可，包括理解他不去上學背後的原因，而不是先罵他懶惰（不評價），了解他發脾氣（次級情緒）背後的情緒是害怕（初級情緒），孩子的情緒可能就緩下來，也比較有機會可以接近、進一步溝通，這樣也較可以有效幫助孩子。注意：我們認可、理解他的「情緒」，不代表我們贊同他不去上學的「行為」。

另一種認可：若我們考慮到孩子生理因素、情境影響，而接納其限制，行為上可能反而支持他留在家裡不去學校（比如他得了流感發燒），在他發燒的時候給對方維他命 C、退熱貼等等，這也是在行動上認可對方

的一種。

記住：在開口之前先開放你的心（OPEN YOUR MIND BEFORE YOU OPEN YOUR MOUTH.）（Fruzzetti, 2018）。

(3) 精確表達

在家庭學習覺察、穩住情緒，辨識初級情緒，對了情緒理解而不評價，可讓雙方感覺被認可，情緒更易緩和下來，促使表達的有效性，形成健康的互動（Fruzzetti, 2015）。

精確表達技巧主要運用前述人際效能技巧三大原則之目標效能（**如你所願**）技巧：描述、表達、堅持、增強、了了分明、自信、協商（即口訣：親愛的人 DEAR MAN）（見第十一章人際效能）。

(4) 問題處理（解決）技巧

當家庭學習有效認可、精確表達的有效溝通技巧後，繼而學習問題處理技巧。其原則包括：a. 一次處理一個就好；b. 運用腦力激盪方式；c. 協商取得同意；d. 承諾去執行；e. 評估有效性再視情況修正。注意，解決單一問題本身不是目標，重點是**改善關係使彼此更親近和了解**（Fruzzetti & Payne, 2015）。步驟如下：

①精確地描述／定義問題：以中性的態度描述、不評價。

②行為鏈鎖分析：不只辨識想改變的標的，在互動中也可顯示一個人如何去影響另一人。治療師幫助家庭每個成員認可其他家人的感受和渴望，可增加彼此的理解與溝通。可用前述「雙行為鏈鎖分析」觀察雙方互動如何影響彼此。

③建立並增加練習的機會。

④家屬有可能會發現有些問題當下不容易解決，需要**接納現實**和**調節自己**。

(5) 關係親近技巧

Fruzzetti 等人（2007）表示此技巧提供伴侶或親子雙方有機會將**衝突性的互動**轉為**了解和連結**。即從親密 vs. 獨立的兩極端、依賴 vs. 自主的兩極端去拉近距離。

該技巧模組包括三個步驟，是從 DBT「全然接納」技巧延伸而來：

①行為耐受：停止嘮叨、不再花力氣去改變別人。

②對模式的覺察：對衝突結果了了分明，不再將焦點放在對方有沒有改變。

③放手讓痛苦的情緒走吧：將焦點放在彼此的連結。

(6) 親職技巧

親職技巧針對家庭有 DBT 需求的青少年，或家長本身也有情緒失調狀況者均可學習，治療師可在單一家庭或多家庭團體傳授 DBT 親職技巧。內容與前述 DBT 家庭技巧訓練接近，另包含了解兒童身心發展、協助孩子處理生活事務的能力。

3. 辯證行為治療式的互動黃金三角3+1

筆者為整合並簡化上述技巧，提出「辯證行為治療式的互動黃金三角3+1」，包括**情緒歸位、有效認可、精確表達，並由核心技巧──了了分明貫穿其中**，分述如下（圖 15.6）。

當家長帶著覺察，一再提醒自己目標是什麼，持續專注在當下的感受、想法與行動不評價自己和對方（了了分明），繼而運用 DBT 情緒調節技巧覺察和緩和自己的情緒（情緒歸位），較能有效、真誠的認可個案（有效認可），才有可能開始清楚具體表達自己的意思或處理問題（精確表達），以降低衝突、改善關係、達到你想要的目標。

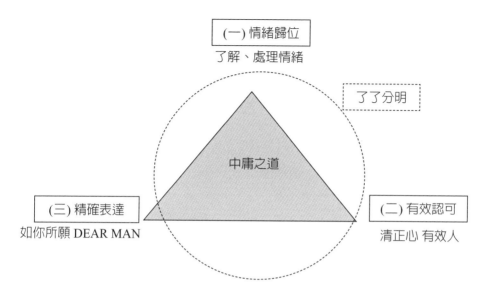

圖 15.6　互動黃金三角 3+1：情緒歸位、有效認可、精確表達 + 了了分明

三、給家庭的其他建議：照顧好自己以便照顧我們的孩子

了解自我照顧方式，及面對系統中的其他人

　　家長面對青少年階段的孩子，在身心急遽發展，同時又處在發展社交、探索與自我認同階段，何時要保護和支持、何時要放手他們獨立，實在相當難拿捏。而家有情緒失調孩子的雙親又更不容易，外人可能不了解家長的經驗和困難。家長可能因害怕個案會自殺或自傷，或出現種種失調行為，感到孤單、孤立、困窘、疲憊、被他人懷疑、指責、自責、自我犧牲、無奈甚至絕望。

　　此時家屬需能降低情緒自己的脆弱性，撫慰緊繃的心情，需要先找到方法經驗、甚至可「享受」自己的生活。當家屬能照顧好自己，才有能量

和資源幫助個案（Harvey & Rathobone, 2015）。

(一) 給家屬自身的建議

1. 覺察與理解目前處境和雙方狀況

家長要協助孩子前，需對雙方的狀況、目前處境有所覺察。當家長能夠理解現況、情緒穩下來（情緒歸位），才有可能進一步運用技巧有效協助孩子。

當外在環境對家屬，或家屬也對自己評價、指責時，家屬需要站穩自己。

「別人可能不知道我的生活是怎樣，我有權利保有自己的想法和感受」、「我不要因為他人的評價而感到難過、罪惡」、「我無法改變別人，只能試著讓他們了解以便幫助我的孩子」、「我可以選擇怎麼回應別人，放掉別人的評價。」（Harvey & Rathbone, 2015）

評價和自責會讓家屬感覺更糟，也會讓家屬困難運用智慧心，會降低思考和行動的有效性。

2. 照顧自己才能照顧個案 —— 家屬自我理解與自我照顧方式

家屬有時要接納自己有做不到的地方，明明自己已經很努力了，但效果卻不如預期的挫折和失望；或看著個案進進退退，情緒跟著上上下下。此時個案正在學習種種 DBT 技巧，家屬也同時學習並運用如痛苦耐受技巧、自我認可和自我照顧等技巧，就相當重要了。

Harvey 等人（2015）提出家屬可以自我認可的步驟如下：(1) 知道自己的情緒，在這樣的生活情境下是可理解的；(2) 注意自己的評價並放開它，就像你知道的，它們對你沒幫助；(3) 對自己好一點，接納自己的情

緒；(4) 接納自己。

Harvey 等人（2015）也建議家長運用 DBT 技巧進行自我照顧，包括：

(1) 運用技巧耐受壓力—如「痛苦耐受技巧」。

(2) 生活中安排一些可讓自己或彼此關係愉快和放鬆的活動（ps 也就是情緒調節技巧之減少情緒心的脆弱性（ABC-PLEASE）的 A：做短期／長期讓自己可愉悅的活動；或改變情緒反應，做問題解決或與情緒相反的行動）。

(3) 觀察自己的限制，加上設定界限（Mason & Kreger, 1998/2005）接納自己也有目前做不到之處，需要時真誠表達出來，同時提醒自己這不代表自己是壞人、是自私的、是一無是處的（不評價或不接受被評價）。

(4) 接納：可用「全然接納技巧」。接納不是放棄或全然讓步，或把生活變成悲劇，而是確認問題、處理目前可以解決的問題。接納不代表你可以改變，只代表我們承認目前狀況，且盼望未來可以更好。

接納也是一種積極的過程，包括覺察當下、開放自己接受新觀點、放鬆身體、願意接納痛苦的現狀、轉向新觀點（林納涵，2014/2015a）

(5) 了了分明：治療師要鼓勵家屬運用了了分明技巧，帶著覺察、穩住自己。

(6) 中庸之道：在自己的和孩子的需要間找到平衡、在自己的想要和應該間找到平衡。家屬的確有照顧孩子的責任和期待，但同時也有自己的渴望和需要，它們同等重要、需要平衡對待。

3. 協助家屬了解個案特質、相關知識與理論

家屬需對情緒失調家人的特質有所了解，同時也要對協助的相關理論模式有所理解，包括前述「生理社會理論」在家庭與人際互動的影響、「情緒失調的交流互動模式」、「辯證的兩難與辯證的教養」概念、與「行為改變」、「問題處理模式」等。

4. 以技巧和個案溝通、處理問題

Manning（2011）提出有效回應BPD或情緒失調個案行為的五個步驟：

(1) 管理自我情緒（包括暫停、注意自己的身體姿勢、微笑、自我認可與鼓勵）

當我們在情緒激動的時候，是很難有效進行溝通與問題解決的，此時需要一些簡單的方法協助我們穩住或緩解情緒，例如可用前述章節「痛苦耐受技巧」之「危機生存技巧」，若可在平常多熟悉、多演練這些技巧，當危機出現時才能較為有效地提取、運用。

(2) 認可對方

要注意個案狀況，積極傾聽，不要否定、批判、淡化或反應過度。明確地理解個案的處境，包括認可其情緒、想法與行為，可用前述「清正心有效人」的技巧。只認可你可接受的事實部分、認可個案的情緒，不要想用糾正或建議對方的方式，有疑問時用提問來代替直接推論、驟下結論。

(3) 詢問與評估

此階段家屬可溫和地詢問對方發生什麼事？你想要我怎麼幫你呢？此時家屬採取開放態度，也許對方只是想說說、吐吐苦水，只是希望你聽聽就好，家屬只要幫忙度過此時此刻，不一定要立刻幫忙解決問題或給建議，先給對方空間緩一點再說。記住：情緒脆弱的人要緩和情緒所需時間，本來就比較長。倘若個案希望可以聽聽你的意見或討論怎麼解決問題時，才進入下一階段。

(4) 腦力激盪思考問題解決

此階段可運用問題解決步驟來進行，包括列出解決問題的清單，一起合作找出目前可行的一個（或更多）選項，繼而採取改變的行動，倘若行得通彼此互相鼓勵、打氣；倘若行不通就做一些修改。

(5) 確認雙方的後續需求與計畫，促成有效互動

在此階段家屬可以思考在幫助個案的同時，自己也需要什麼樣的協

助？若個案已開始採取改變的行動，此時家屬也可詢問個案是否願意分享之後處理的經驗和效果，促成彼此持續有效的互動。

5. 結合、運用適當的資源

個案、家長可以一起參加 DBT 的治療（包括個別治療、家庭治療、個案及家屬的技巧訓練團體等），或視需要尋求社區心理衛生單位，或精神醫療等機構、自殺防治中心、醫院急診室，或與學校輔導室、導師、資源教室等單位合作。

(二)努力與其他家人、朋友、學校溝通

1. 視原因、目的，決定是否要讓其他同住手足知道

家中可能有其他家屬或未成年的子女，他們其實多少都有目睹或聽聞個案狀況，家長要思考如何向他們解釋、如何照顧到他們的狀態？

未成年的手足可能因個案的情緒激動反應、行為，甚至自我傷害狀況，感到不安、恐懼，也可能因為狀況不明感到困惑，或父母親因處理個案狀況精疲力竭，覺得父母親放太多心力在個案身上而感到被忽略，甚至覺得自己在家中像是隱形人（Harvey & Rothbone, 2015）。

手足可能會有種種的情緒和想法，包括：

- 對個案或對父母親感到不滿、怨懟；或覺得不公平。
- 害怕自己會變得跟個案一樣情緒失控。
- 個案失調行為送醫院、叫救護車，鄰居指指點點感到困窘、丟臉。
- 覺得個案都這樣了，自己憑什麼有自己的生活，不應該過太爽而有罪惡感。
- 覺得很想幫父母親或幫個案，但卻發現自己幫不上忙而自責、沮喪。
- 想要和父母親或個案親近，卻連不上線，甚至被攻擊而失望和挫

折。

- 焦慮、擔心個案的狀況是自己的錯，或自己哪裡做不好。
- 在互動過程中無意間為獲得注意或滿足需求，出現類似個案的失調行為。
- 父母親可能賦予手足過重的責任，例如照顧家裡其他年幼手足，要其偷偷監控個案安全，有無出現自我傷害或失控行為……而感到過重的責任和壓力。
- 覺得父母親對個案已經夠忙夠煩了，自己不應該再添亂加重父母的負擔，而表現得沒事或非常獨立自主，養成情緒壓抑或過早獨立現象，甚至形成代父或代母角色承受過重的壓力。
- 手足也有可能擔心如果個案失調狀況永遠都這樣，自己是不是要照顧他一輩子？

此時家長可能也需要理解個案手足的心情、需求並認可之。

例如志樺可能可以告訴小志：

「我知道你覺得很不公平，為什麼你姐姐可以不用做這些家事？」

「我知道當救護車又停在我們家在樓下，鄰居在看的時候，你會覺得很緊張、會覺得很不好意思。」

「現在要你待在家裡應該很不容易，對你來說應該覺得很恐怖。」

「媽媽現在因為要處理姐姐的事情，不能去參加你的親師會（沒有太多時間陪你），媽媽也覺得很可惜。」

「媽媽也很關心你的感覺。」

因手足很可能也會想知道個案到底怎麼了，發生什麼事？家長有時也要依據其年齡和認知能力，提供一些解釋。家長的態度需溫和、不評價，講述時也可同時觀察、傾聽他們的反應和想法，鼓勵手足認可，讓手足問問題。當中也需考慮到個案的隱私而評估要表達多少。

　　倘若個案有自我傷害等狀況，被手足發現，可以請他們告訴父母親，不是他們的責任，也不是他們應該獨自承受這樣的心理負荷。

2. 視情況讓個案的親戚、朋友了解其情況

　　家中可能還有親戚、朋友，是否要讓他們知道？這要看他們與個案的關係、他們扮演什麼樣角色，倘若個案朋友情緒狀況也有些敏感、不穩定，要注意雙方是否會因情緒脆弱性都高，在互動過程中產生不利的影響。在此可運用 DBT 的技巧來應對，包括：

　　(1) 注意（中性觀察）：了了分明。

　　(2) 不評價個案和自己和親友，認可目前的現狀。

　　(3) 澄清人際目標，確認透露的目的。（例如：獲得支持？獲得理解和關懷？具體希望對方為自己或家庭做什麼？⋯⋯）基本上是**要對個案或家庭有所支持和幫助的。**

　　(4) 可運用人際效能表達強度及背後考慮因素來做檢核：包括能力、目標、關係、自我尊重、權限、權利、時機、事前準備、互惠原則及長短期目標（參見第十一章）。

　　(5) 精確表達（DEARMAN 原則）。

　　記得，透露需帶著了了分明的態度（專注在當下你要做的事情上，以不評價的態度達到你的目標），有限度的、與目的相合的透露，可以有所保留不說細節但不說謊，同時也要考慮到個案的隱私而設定內容和深度。

　　當親戚聽到且理解家屬的解釋、需求和想法，較有可能成為真正的資源，無論是支持、安慰還是提供相關資源（Harvey & Rothbone, 2015）。倘若對方無法理解或不認可，仍要自我認可。

3. 多重治療系統

　　家長要向個案的學校、其他機構透露多少，同樣也需家長了了分明地

與系統互動，其原則與上述雷同。

　　從系統的角度來看，可偕同學校、其他醫院、社區心裡衛生、社會福利等機構合作協助個案和家庭。期待這些單位理解個案狀況、了解其情緒失調特質與環境交互作用影響，及當個案／家庭運用 DBT 介入處遇時，系統也可運用 DBT 的相關策略，一同支持個案，成為「認可的環境」（認可），同時也鼓勵／要求個案學習新技巧（改變）。

　　透過這些系統的串聯和整合，有機會協助青少年和家庭定位目前的問題、承擔更多的責任，引導青少年進入人生下一階段。

重點提示

1. 家庭處遇方案包括：①取得技巧：透過個別治療和家庭DBT技巧學習；②強化技巧：辨識家庭成員的問題行為或有問題的家庭互動（可能是問題行為的前導因素或後果）並加以處理，以提高個案治療動機；③概化技巧：在家中提供機會演練；④對家庭進行處遇（Fruzzetti et al., 2007）。

2. **（情緒失調的）交流互動模式**是一理解家庭成員情緒、行為是如何互相影響，及提供改變方向的重要模式。其中，會造成失功能的行為結果是因為不斷升高的情緒、不精確的表達、不認可的反應交流互動結果；故健康的步驟：情緒調節，漸漸緩和下來、精確的表達、認可的反應。

3. **家庭辯證行為治療處遇技巧**：「了了分明」與「關係的了了分明」、有效認可：家庭「認可」的技巧、精確表達、問題處理技巧、關係親近技巧、親職技巧。

4. 「DBT 式的互動黃金三角 3+1」：**情緒歸位、有效認可、精確表達 + 了了分明**。

5. 給家屬的建議：①覺察與理解目前處境和雙方狀況；②照顧自己才

能照顧個案─家屬自我理解與自我照顧方式；③協助家屬了解個案特質、相關知識與理論；④以技巧和個案溝通、處理問題；⑤結合、運用適當的資源。

參考文獻

林納涵（2015a）：《DBT技巧訓練手冊：辯證行為治療教學》（江孟蓉、吳茵茵、李佳陵、胡嘉琪、趙恬儀譯）。張老師文化。（原著出版年：2014）[Linehan, M. M. (2015a). *DBT skills training manual, second edition* (M. R. Jiang et al., Trans.). Living Psychology publishers Co. (Original work published 2014).]

林納涵（2015b）：《DBT技巧訓練講義及作業單》（馬偕醫院辯證行為治療團隊譯）。張老師文化。（原著出版年：2014）[Linehan, M. M. (2015b). *DBT skills training handouts and worksheets, second edition* (MacKay Memorial Hospital DBT team, Trans.). Living Psychology publishers Co. (Original work published 2014).]

Fruzzetti, A. E. (2006). *The High-Conflict Couple: A Dialectical Behavior Therapy Guide to Finding Peace, Intimacy, and Validation.* New Harbinger Publications.

Fruzzetti, A. E. (2018)。青少年辯證行為治療研討會講義。馬偕紀念醫院。未出版。

Fruzzetti, A. E. (2019)。青少年辯證行為治療家長團體手冊。未出版。

Fruzzetti, A. E. (2021)。"Brief DBT Family Interventions in a Crisis and Beyond" 研討會講義。Centre for MindBody Health。未出版。

Fruzzetti, A. E., & Payne, L. (2015). Couple therapy and borderline personality disorder. In Gurman, A.S., Lebow, J.L., & SNYDER, D.K.(Eds.), *Clinical handbook of couple therapy* (5th ed., pp. 606-634). Guilford press.

Fruzzetti, A. E., Santisteban., D. A., & Hoffman, P. D. (2007). Dialectical behavior therapy with families. In L. A. Dimeff, K. Koerner, & S. Rizvi (Eds.), *Dialectical behavior therapy in clinical practice:Applications across disorders and settings* (pp. 222-244). Guilford Press.

Fruzzetti, A. E., Shenk, C., & Hoffman, P. D. (2005). Family interaction and the development of BPD: A transactional model. *Development and Psychopathology*, *17*, 1007-1030.

Harvey, P., & Rathbone, B. H. (2015). *Parenting a teen who has intense emotions: DBT skills to help your teen navigate emotional & behvioral challenges.* New Harbinger Publications.

Hoffman, P. D., Fruzzetti, A. E., Buteau, E., Neiditch, E. R., Penney, D., Bruce, M. L., Hellman, F., & Struening, E. (2005). Family connections: a program for relatives of persens with borderline personality disorder. Family Process.

Hollander, M.（2020）：《協助自傷青少年：了解與治療自傷第二版》（邱珍琬譯）。五南圖書出版公司。（原著出版年：2008）[Hollander, M. (2020). *Helping teens who cut: Understanding and ending self-injury, second edition* (邱珍琬，Trans.). Guilford Press. (Original work published 2008).]

Linehan, M. M. (1993). *Cognitive-behavioral treatment of borderline personality disorder*. Guilford Press.

Manning, S. Y. (2011). *Loving someone with borderline personality disorder: How to keep out-of-control emotions from destroying your relationship*. Guilford press.

Mason, P. T., & Kreger, R.（2005）：《親密的陌生人：給邊緣人格親友的實用

指南》（韓良憶譯）。心靈工坊。（原著出版年：1998）[Mason, P. T. , & Kreger, R. (2005). *Stop walking on eggs: Taking your life back when someone you care about has borderline personality disorder* (韓良憶, Trans.). New Harbinger publications. (Original work published 1998).]

Miller, A. L., Rathus, J. H., DuBose, A. P., Dexter-Mazza, E. T., & Goldklang A. R. (2007a). Dialectical Behavior Therapy for adolescents. In L. A. Dimeff, K. Koerner, & S. Rizvi (Eds.), *Dialectical behavior therapy in clinical practice: Applications across disorders and settings* (pp. 245-263). Guilford Press.

Miller, A. L., Rathus, J. H., & Linehan, M. M. (2007b). *Dialectical behavior therapy with suicidal adolescents.* Guilford press.

Rathus , J. H., & Miller, A. L., (2000). DBT for adolescents: Dialectical dilemmas and secondary treatment targets. *Cognotive and Behavioral Practice*, 7, 425-434

Rathus , J. H., & Miller, A. L., (2015). *DBT manual for adolescents.* Guilford press.

國家圖書館出版品預行編目資料

辯證行為治療／劉珣瑛，吳書儀，張依虹，林
誼杰，陳淑欽，周昕韻，林承儒，張輊竑，
詹美玉，林穎著. ――二版. ――臺北市：
五南圖書出版股份有限公司，2023.06
面；　公分
ISBN 978-626-366-168-4（平裝）

1.CST: 心理治療　2.CST: 行為治療法

178.8　　　　　　　　　　112008554

1B2N

辯證行爲治療

作　　　者 ― 劉珣瑛、吳書儀、張依虹、林誼杰、陳淑欽
　　　　　　　周昕韻、林承儒、張輊竑、詹美玉、林穎

發 行 人 ― 楊榮川

總 經 理 ― 楊士清

總 編 輯 ― 楊秀麗

副總編輯 ― 王俐文

責任編輯 ― 金明芬

封面設計 ― 陳亭瑋

出 版 者 ― 五南圖書出版股份有限公司

地　　　址：106臺北市大安區和平東路二段339號4樓

電　　　話：(02)2705-5066　　傳　　真：(02)2706-610

網　　　址：https://www.wunan.com.tw

電子郵件：wunan@wunan.com.tw

劃撥帳號：01068953

戶　　　名：五南圖書出版股份有限公司

法律顧問　林勝安律師

出版日期　2022年12月初版一刷
　　　　　2023年 6 月二版一刷
　　　　　2024年 2 月二版二刷

定　　　價　新臺幣520元

經典永恆・名著常在

五十週年的獻禮——經典名著文庫

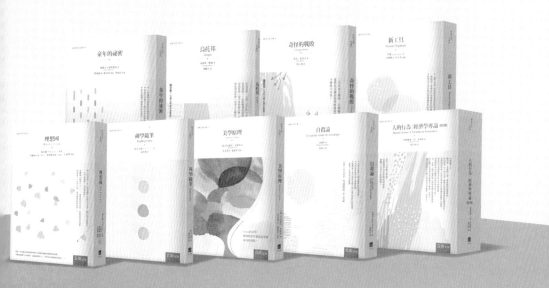

五南，五十年了，半個世紀，人生旅程的一大半，走過來了。

思索著，邁向百年的未來歷程，能為知識界、文化學術界作些什麼？

在速食文化的生態下，有什麼值得讓人雋永品味的？

歷代經典・當今名著，經過時間的洗禮，千錘百鍊，流傳至今，光芒耀人；

不僅使我們能領悟前人的智慧，同時也增深加廣我們思考的深度與視野。

我們決心投入巨資，有計畫的系統梳選，成立「經典名著文庫」，

希望收入古今中外思想性的、充滿睿智與獨見的經典、名著。

這是一項理想性的、永續性的巨大出版工程。

不在意讀者的眾寡，只考慮它的學術價值，力求完整展現先哲思想的軌跡；

為知識界開啟一片智慧之窗，營造一座百花綻放的世界文明公園，

任君遨遊、取菁吸蜜、嘉惠學子！